本书由
北京第二外国语学院区域国别分类发展项目
支持出版

资本主义危机中的选举政治

ELECTORAL POLITICS IN THE CAPITALIST CRISIS

石晓虎 著

当代世界出版社
THE CONTEMPORARY WORLD PRESS

目 录

导 论 / 1

第一章 震荡与趋势：资本主义国家选举政治新发展/ 7
第一节 21世纪以来资本主义国家选举政治突出动向/ 8
第二节 资本主义国家政治发展的新特点及其对选举政治的影响/ 17
第三节 内因将推动资本主义国家选举政治艰难前行/ 24
第四节 结语/ 28

第二章 21世纪以来北美和大洋洲主要国家选举政治变化/ 31
第一节 美国选举政治发展及其危机/ 31
第二节 加拿大选举政治发展及面临的挑战/ 38
第三节 澳大利亚和新西兰的选举政治比较研究/ 43

第三章 欧洲选举政治的交织变奏：政党碎片化与不确定政治联盟/ 48
第一节 欧洲选举政治的突出动向/ 49
第二节 经济和政治周期对欧洲国家选举政治的影响加大/ 59
第三节 影响欧洲选举政治走向的几对重要关系/ 65
第四节 结语/ 69

第四章 21世纪以来周边国家选举政治新发展/ 71
第一节 东北亚地区资本主义国家选举政治新发展/ 71
第二节 东南亚地区资本主义国家选举政治的新变化/ 75

第三节　南亚地区国家选举政治新变化 / 82

第四节　中亚地区国家选举政治新变化 / 88

第五节　俄罗斯选举政治新变化 / 91

第五章　21世纪以来西亚北非地区国家选举政治新发展 / 94

第一节　部分西亚地区国家选举政治多样化发展 / 94

第二节　"阿拉伯之春"后的北非地区国家选举政治发展动向 / 101

第六章　21世纪以来撒哈拉以南非洲国家选举政治新发展 / 110

第一节　撒哈拉以南非洲国家选举政治新变化 / 110

第二节　撒哈拉以南非洲国家选举政治变化的特点 / 117

第三节　撒哈拉以南非洲国家选举政治对政党政治的影响 / 121

第七章　21世纪以来拉美国家选举政治的新发展 / 126

第一节　拉美国家选举政治的新形势 / 126

第二节　拉美国家选举政治的新特点 / 130

第三节　影响拉美国家选举政治发展的主要因素 / 135

第八章　21世纪以来资本主义国家大众政治与选举政治 / 140

第一节　社会分化与发达国家传统左翼政党的选举得失 / 140

第二节　民粹主义政党发展与选举政治的不稳定性 / 144

第三节　社会大众广泛参与下的数字民主对选举政治影响加大 / 147

第四节　地域、民族、种族、宗教与选举政治 / 150

第五节　精英政治对选举政治的影响仍然很大 / 152

第九章　21世纪以来资本主义国家媒体政治与选举政治 / 155

第一节　新兴媒体与选民教育 / 155

第二节　新兴媒体与竞选博弈 / 158

第三节　算法政治与选举政治 / 161
第四节　媒体偏见与选举政治的极化 / 164

第十章　21世纪以来资本主义国家女性政治与选举政治 / 167
第一节　21世纪以来资本主义国家女性政治的新发展 / 167
第二节　一些资本主义国家女性参政的配额制度与有关规定 / 170
第三节　女性参政的制约因素 / 175

第十一章　21世纪以来资本主义国家选举政治与政治民主化 / 181
第一节　资本主义国家选举制度与政党制度的相互影响 / 181
第二节　全球化时代的选举竞争与资本主义国家政党适应性挑战 / 184
第三节　选举政治与西方政治民主化幻象 / 187
第四节　资本主义国家选举民主的未来走向 / 190

第十二章　21世纪以来资本主义国家选举政治与经济发展 / 195
第一节　选举竞争框架下的朝野博弈冲击西方国家发展 / 196
第二节　西方国家选举政治与经济不平等 / 198
第三节　新冠肺炎疫情、经济发展与发展中资本主义国家选举博弈 / 202

第十三章　资本主义国家共产党国内统一战线建设新探索 / 209
第一节　资本主义国家共产党国内统一战线建设面临复杂局势 / 209
第二节　资本主义国家共产党对国内统一战线的新认识及其特点 / 213
第三节　资本主义国家共产党国内统一战线的实践新探索 / 217
第四节　对新形势下资本主义国家共产党国内统一战线的评估和展望 / 222
第五节　结语 / 225

参考文献 / 227

后　记 / 229

导 论

　　选举政治一般指的是由部分限定资格的选民通过选举的方式和路径选出在政治系统中代表人民或选民的人。现代资本主义选举政治是资产阶级在同封建专制制度斗争中逐步形成的，并随着选举制度的建立和发展而逐步趋向完善。18世纪以来，随着西方老牌大国持续向殖民地半殖民地国家输出西方政治制度和模式，一些后发资本主义国家也加以移植或模仿，推动代议制、选举制、多数政治、政党轮替制等得到发展和巩固，并促使普通民众或选民与政治的联系更加密切。尤其是二战结束以来，以美国为首的西方国家进一步向世界推销西式民主，并借助所谓"第三波民主化浪潮"及"民主改造""颜色革命"等活动，极力让全世界接受和实践资本主义选举政治。从历史发展进程来看，资本主义选举政治有其进步性，但摆脱不了周期性资本主义危机的整体冲击，还受到部分国家具体国情演变的个性化、差异化影响，因而伴随着资本主义国家政党政治的复杂演进，其选举政治也呈现不同的发展状况。

　　对于资本主义选举政治的源头、适用性和功效，国外学者看法不一。早在20世纪60年代，知名政治学家李普塞特和罗坎就认为，传统选举政治结构起源于社会分裂及它们在政党制度中的客观反映。冷战期间，西方右翼学者极力鼓吹西式选举政治，认为"一选就灵"，有选举就可以提升国家的民主程度。但是随着资本主义选举政治缺陷的一再显露以及全球非议和质疑的增多，对资本主义选举政治的客观认知和评价也不断增多。冷战结束尤其是21世纪以来，西方学者及部分政治家对选举政治的认识更为清醒。如英国学者安德鲁·欣德摩尔2008年以熊彼特的民主政治视角梳理和解读了1950年至2005年的英国选举竞争，批判了安东尼·唐斯的民主经济理论以及更广泛的政党竞争理性选择理论，并认为政策创新会在政党之间形成持续的分歧和趋同过程，这与理性选择理论的均衡分析法中预测的情况大不相同。① 2016年美国绿党副总统候选人阿贾姆·巴拉卡表示，选举政治应该被视为黑人解放运动的战略问题，这取决于它在提出过渡要求方面的作用；更大的任务是建立独立的政治组织以"最终实现社会主义改造"；组织者应该避免无法对抗资本主义和"殖民"统治的资产阶级选举政治。② 2019年赛斯·阿克曼和丹尼尔·登维尔等美国学者研究了社会主义战略与选举政治，认为随着极右翼势力在全球的崛起，迫切需要一场可行的左翼替代运动。在美国，一场日益壮大的社会主义运动试图对抗并击败特朗普混合了种族主义、仇视女性、孤立主义和空洞的"反建制"言论的有毒"混合物"，以及给予其发展空间的两党现状。这场新生的社会主义运动面临着许多战略问题，特别是在选举政治方面。③ 冰岛学者伊娃·H. 奥努多迪深入研究了2008年国际金融危机引发大衰退之后的冰岛民主政治危机，尤其是这场危机对投票模式、选举参与和政党制度等的影响，她认为冰岛由此而产生的民主变化、波动及稳定性问题反映了希腊、爱尔兰、葡萄牙、西班牙和

---

① Andrew Hindmoor, "Policy Innovation and the Dynamics of Party Competition: A Schumpeterian Account of British Electoral Politics, 1950 - 2005", *British Journal of Politics and International Relations*, Vol. 10, No. 3, 2008, p. 492.

② "Only a Transformational Electoral Politics is Useful", https://blackagendareport.com/only-transformational-electoral-politics-useful.

③ "Socialist Strategy and Electoral Politics A Report", https://www.versobooks.com/books/3019-socialist-strategy-and-electoral-politic.

意大利等类似遭受衰退重创国家的情况。2020年瑞典学者詹姆斯·丹尼森和意大利学者乔纳斯·德雷格观察了"阿拉伯之春"后的突尼斯选举政治活力，认为性别、宗教信仰，以及对伊斯兰教在公共生活中作用的态度是影响投票选择最强烈和最一致的因素。根据对过渡时期民主国家的观察，伊斯兰世俗政治冲突主要是由精英驱动的，但是随着时间的推移，其重要性可能会下降。2021年澳大利亚记者凯特琳·约翰斯顿通过分析美英两国政党与政治家的政治态度及立场，认为相关国家选举政治不是为了造福人类，而是制造假象。他们的真正目标永远不是在选举政治中"获胜"，而是要让更多的人意识到他们已经被交给了一个不插电源的"控制器"。

21世纪以来，资本主义进入新的发展阶段，百年变局叠加世纪疫情影响下的资本主义系统性危机正日益加重。在政治上，资本主义国家引以为豪的选举民主表现差劲，受到广泛的质疑和批判。资本主义国家尤其是发达资本主义国家虽然极力为失色的西方民主辩护，强调选举政治的有序推进及选举民主的深入发展，但是却难以掩饰选举政治无法化解资本主义危机的事实，更谈不上解决资本主义所面临的现实问题。

其一，低投票率对选举政治的影响有所显现。受政治对抗、政治极化等因素影响，不少资本主义国家选举政治中的身份政治日益明显，不同社会政治群体恶性斗争，使中间选民往往对政治失去希望，出现不投票或投票的随意性增强的现象。这在很大程度上给不少国家带来选民投票率下降和选举结果的不确定性增强。同时，频繁举行的各类选举也带来了选民的选举疲劳，弱化了选民的投票兴趣。从选举效果来看，一些国家选民不参与选举或抵制选举，虽然产生一定政治影响，但并不能从根本上冲击资本主义选举体制。当然，选举投票率就具体国别及选举时间来看差异较大，在投票率很高的情况下则容易掀起政党、候选人及政策的对决，进而刺激政党更广泛的选民动员及相互斗争，加剧社会分化和政治仇恨。

其二，选举竞争中的技术性引导和操控增多使得选举竞争与民主政治的距离越来越远。对资本主义政党及其候选人而言，选举并不只是为了促进民主以及维护选民利益，而更多是抢夺政治权力并维护特定政党及政治人物的利益。因而，一些政党及其候选人积极利用现代信息技术、数字平台开展选举宣传、动员及组织等工作，并借助高科技企业使用算法精准助选甚至散布假新闻给竞争对手制造麻烦，从而提升选举竞争力。上述举动虽然强化了选举的技术支持，但是也无疑增加了更多的选举操控色彩，引发选民的不满并导致选举结果受到更多质疑。

其三，选票的日益分散及悬浮议会现象的日益增多使得原有的政党轮替效应弱化。随着资本主义国家社会结构的变迁，社会群体的不断细化以及政策诉求的差异化，资本主义国家选民的内部分化日益严重，其投票的共识性日益下降，导致选票的分散性日益突出。加之资本主义国家政党更新替代的加速发展以及政党分化组合的快速演进，进入议会政党的数量持续变化，单个政党获得议会多数席位的现象有所减少，多党联合组阁成为普遍现象。同时，议会第一大党失去牵头组阁机会并沦为反对党的现象也时有出现。这无疑加剧了资本主义国家选举政治的复杂性：一是联合政府组建难度很大，耗时冗长。在不少国家，选举后政府组建成为现实难题，有时不得不多次进行选举，以促进组建联合政府。二是由于联合政府缺乏强有力的领导，在政策磋商和制定方面面临严重的内部掣肘，降低了政策的针对性和有效性。三是联合政府内部不同政党各自掌握感兴趣的政府部门并推动实施各具特色的内外政策，容易凸显联合政府不同政党的政策差异，进而容易引发有关联合执政党支持群体的反对乃至抵制，导致部分联合执政的政党退出内阁并使政府垮台。四是少数派政府在一些国家艰难执政，在政策制定、中央和地方协调等方面面临很大困难，有政府垮台的风险。

其四，抗议政治盛行冲击选举政治的正常运行。2008年国际金融危机给资本主义国家带来深远的影响,一些资本主义国家迄今仍未彻底走出国际金融危机引发的系统性危机。面对新冠肺炎疫情及其扩散性影响,多数资本主义国家民众不满增多,他们谋求切实维护自身利益并推动国家向更美好的方向发展。因此,不少资本主义国家选民选择向执政党和政府问责,持续组织大规模示威抗议。同时一些国家在野党也借机大搞反对政治和否决政治,联手对政府不满的选民集体发难。上述情况既分散了政府精力、阻碍政府施政,也影响到社会正常秩序和稳定,加剧了政府困境。在部分资本主义国家,上述情况还转化为政治极化和政治恶斗,带来朝野关系的恶化及选民内部的深层次分化,进而危及政府施政质量与效率。

此外,随着资本主义代议制民主的危机一再显露,一些资本主义国家政党、政治家及政治学者开始鼓吹直接民主,谋求通过全民参与的方式体现全民意志,以促进解决一些棘手的争议性问题。上述主张的产生有其时代背景,反映了部分选民对本国代议制民主的失望,但是通过全民公投等方式来决定政策取向,并非一本万利,也不可能一劳永逸,因为这等同于政党或政治家放弃了自身责任,而将问题直接抛给选民,必将进一步加剧选民内部分化以及社会对抗。此外,一些反建制的民粹主义政党也诉诸直接民主,公开质疑代议制民主的缺陷并谋求推动更多的全民公投,进而对冲传统的主流资产阶级政党。上述情况有助于民粹主义政党持续炒作热点难题议题,煽动政治对抗并不断维持自身政治地位,但也可能为其反噬。

面对选举政治出现的诸多问题和挑战,不少资本主义国家朝野力量都谋求推动不同内容的选举改革。其中既涉及选举制度变革等重大议题,也涉及选区划分、海外侨民投票权、议会议员人数调整等具体问题。上述改革反映了特定政治利益集团的诉求,如果得不到执政党或政府的支持就难以推进,而反对党以削弱执政党力量为诉求的选举改革往往面临诸多阻力,因此,这些选举改革诉求加剧了朝野政党斗争。同时,受西方国家及有关周边国家的影响,不少发展中国家被迫探索或推进选举改革，以争取外界认可和更多发展援助。这种不顾具体国情，模仿或践行别国民主模式的做法，往往会在当事国造成消极的政治影响。此外，面对前所未有的资本主义危机以及由此带来的国际力量对比新变化，不少西方国家基于意识形态和价值观竞争，对资本主义选举政治的未来发展走向，以及西方民主话语权的主导地位忧心忡忡。其认为，随着资本主义选举民主的吸引力和影响力减弱，其他形式的民主探索和发展将迎来新的机遇，进而使得西方的民主输出和"颜色革命"遭遇更多反对和抵制，因而需要继续强化民主巩固尤其是选举民主工作，进而树牢选举民主的"神主牌"。但是不少发展中国家通过自身的选举实践，对选举政治和选举民主日益形成自我认知，不再盲目效仿西方并探索符合自身国情的选举政治之路，努力促进政治协商和社会团结使国家走向和平、繁荣、发展。

第一章 震荡与趋势：资本主义国家选举政治新发展

自2008年国际金融危机爆发以来，资本主义世界持续经受经济失调、社会失和及民主失灵等重大危机，导致资本主义国家选举政治乱象丛生。这使得国际社会对资本主义国家选举政治的关注明显增多，纷纷加大对资本主义国家选举政治的评估及其未来走向预判。

西方学术界传统上认为，定期、真正的选举不仅会赋予资本主义民主政治合法性，而且会促进政治参与和民主问责。21世纪以来，资本主义国家学者对资本主义选举政治新进展进一步作出不同解读，特别体现在对选举与民主关系的认知上。部分西方学者坚持认为，"竞争性选举可以为更大程度的民主化提供助益"[1]。他们往往并不认可资本主义选举政治危机的严重性，反而认为其体现了选举制度的包容性和韧性。同时，不少西方学者通过对资本主义选举政治运行的判断，认定其中存在不同程度危机，进而影响到选举民主的发展。如德国学者比约恩·布雷默等通过分析2000年至2015年30个欧洲国家社会抗议与选举结果，认为"经济抗议和选举惩罚密切相关，抗议活动导致经

---

[1] "Do Elections Imply Democracy or Autocracy? Election Processes, Liberation Movements and Democratic Change in Africa", https://www.cmi.no/publications/file/3670-do-elections-imply-democracy-or-autocracy.pdf.

济衰退期的欧洲政党制度不稳定"①。对此，部分西方学者仍坚持"两分法"，竭力为发达国家选举政治辩护并对一些发展中国家的选举政治异象予以批评。如美国学者索林根认为，"发达国家的选举政治以与官僚机构相适应的节奏发展，有助于促进社会政治联盟的构建、意识形态的巩固以及国家的进步。但是发展中国家的选举政治以种族中心主义为核心，聚焦于公共机构职位任命，并走向党派化和种族化，进而使得公共机构无效化"②。一些西方学者还攻击部分"转型国家"的选举除促进投票和建立"肤浅"政府外一无是处，指责竞争性选举没有强化威权国家的民主化反而促进了威权统治的长期化。此外，也有不少西方左翼学者鞭笞资本主义选举政治，认为选举政治等同于欺诈，只是帮助资本家转移议题，而无助于改变资本主义。如美国学者理查德·D. 沃夫认为，"资本主义与真正的民主从来就没有太大的关系。相比之下，选举中的正式投票对资本主义来说效果很好。资本家成功地将选举聚焦在其他地方，而非系统性的问题与抉择上。这一成功使他们能够首先将民主等同于选举，然后庆祝资本主义国家的选举，以此作为民主的证明"③。

本文拟围绕资本主义选举政治的相关动向、特点及趋势进行研究，努力梳理资本主义选举政治变迁下的世情，进而为更好地把握更宽广意义上的百年变局内涵提供一些参考。

第一节　21世纪以来资本主义国家选举政治突出动向

选举通常被视为现代代议制国家最重要的政治参与形式，也是推

---

① Björn Bremer, Swen Hutter and Hanspeter Kriesi, *Recession and Political Protest in Thirty European Countries*, Cambridge: Cambridge University Press, 2020, p. 227.

② Amankwa Mark Opoku and Agyabeng Kofi, "A Regional Comparative Analysis on the Role of Electoral Politics in the Decline of Africa's Public Sector", *Young African Leaders Journal of Development*, Vol. 3, 2021, p. 162.

③ Richard D. Wolff, "Capitalism, Democracy, and Elections", https://mronline.org/2013/06/21/wolff210613-html/.

进民主进程的重要手段。但是受资本主义世界系统性危机及部分国家经济政治危机等影响，选举政治的动荡性和不确定性有所突出，选举改革也不能满足需求，加重了选民的不满和失望。

（一）选举的不正常变动性有所增多

在资本主义国家选举政治中，政党、政治家重视取悦选民，以巩固和提升民意支持率，但是控制选举进程的是政党、政治家而非选民。2008年国际金融危机爆发以来，资本主义国家各类选举、全民公投日期呈现出明显的不确定性，主要表现为不少提前举行、少数延后举行。选举日期看似是一个时间问题，实际上涉及制度安排、政治力量对比以及选举形势变化等，影响重大。造成选举日期非正常调整的因素如下：一是部分国家执政党或执政联盟无力解决经济社会难题，被议会不信任投票赶下台，不得不提前举行选举。这种情况在比例代表制国家尤为多见，表现为执政联盟或少数派政府的骤然垮台。如2018年12月，圭亚那议会以微弱多数通过反对党人民进步党提出的政府不信任案，推动内阁总辞并提前举行大选。当然，并非所有未通过议会不信任投票的执政党或执政联盟都需要解散议会和提前举行选举，它们还可以通过政治操作或再次举行议会信任投票，以保住政府或重新赢得组建政府的权力。二是部分国家执政党和执政联盟基于国内政治形势尤其是阶段性的民意支持变化，主动选择提前或延后举行选举，以最大限度维护自身选举利益。此举有赖于执政党和执政联盟对政治形势的战略判断以及由此作出的战术调整。但上述做法既有可能产生预想的积极效果也有可能难以如愿。如2021年9月，加拿大自由党政府为改变少数派执政的不利局面提前两年举行大选，但在耗费巨额选举经费的情况下仍未能摆脱少数派执政的困境，引发部分选民和加国内政治力量的不满。三是部分政治动荡或"转型国家"内部斗争激烈，选举大为延迟。索马里、利比亚等部分国家内部派系林立，互不买账，对政治合作顾虑重重，使得国际社会期望的大选一再拖延。四是新冠肺炎疫情的传播和扩散对部分国家选举产生一定影响,迫使有关国家不得不推迟举行选举。根据选举制度国际基金会的不完全统计,"仅2020年全球共有77个国家和地区因为新冠肺炎疫情等因素推迟举行各类选举119次"①。综上所述,资本主义国家选举日期的变动,有些是全民共识并得到广泛社会支持的,因而社会消极反应和政治抗争较少;有些则属于部分政治力量的临时起意并未得到广泛认可,因而容易招致社会政治反感尤其是部分政党抵制选举、部分选民不参与投票。后一种情况,往往容易造成社会对立、对抗,并加剧选举政治动荡。

(二)选举争议增多且影响突出

鉴于资本主义多党民主制弊端的日益显现,近年来资本主义国家的竞选、投票和计票等活动往往并非和平有序,而是充满争议并产生一定的地区乃至全球影响。其突出表现为:一是以民粹式选举口号和语言煽动民心。不少资本主义国家政党、政治家在选举策略、选举口号中突出民粹主义色彩,释放破旧立新、再现国家辉煌、打破外来干涉等信号,进而鼓动和刺激选民。当选民对现状不满而又无力改变时,其对持鹰派立场的候选人可能予以更多支持。但是民粹式、拍脑袋式的宏大承诺并非灵丹妙药,还可能演变为不可能完成的任务。2016年,菲律宾总统候选人杜特尔特为体现对法律和秩序的支持,抓住了中产阶级和部分选民的现实忧虑,承诺坚决打击非法毒品和犯罪行为,但被部分菲律宾人认为他"可能赢得选举但低估了真正的挑战"②。如果选后不能实现选举承诺,就可能出现政府"跳票"以及领导人失信的风险。二是以负面竞选抹黑和打击竞选对手。在资本主义国家选举政治中,丑化竞选对手也是胜选的一个重要法宝。不少国家政党、政

---

① "The International Foundation for Electoral Systems, Elections Postponed Due to COVID-19 as of May 11, 2021", https://www.ifes.org/sites/default/files/elections_postponed_due_to_covid-19.pdf.

② Mc Jazer Rosini Malonda, "Duterte admin Falls Short on Promises to End Crime, Corruption, and Illegal Drugs", https://law.ateneo.edu/aps/asog/news/duterte-5-crime-corruption-promises.

治家面对深刻复杂的竞选环境往往祭出负面竞选策略,如揭露竞选对手的历史污点、家庭丑闻,公开通过竞选广告讽刺竞选对手的无能,暗中以竞选对手的名义散布虚假信息等。上述举措不仅会影响选举进程,而且会引发选民对选举制度的质疑。如2021年7月德国民调机构Forsa根据北莱茵-威斯特法伦州媒体管理局授权开展的一项调查显示,71%的受访者表示在政治竞选过程中曾在互联网上遇到过虚假信息,而2020年同一民调数据则为66%。[①] 尽管这种负面攻击可能有虚假成分,但是多少会对被攻击的政党或候选人产生一定消极影响,进而削弱其选举竞争力。三是以选举操控影响选举结果。这类问题往往具有强烈的人为干预色彩,涉及组织重复投票、买票贿选、暴力威吓选民、攻击或杀害候选人、推动选举委员会作出不公正裁决、争取国内外选举观察员刻意偏袒等情况。四是以技术性问题炒作选举舞弊。这些议题可能涉及选票分发不科学、邮寄选票丢失、选举观察员和监督员数量不均、选举投诉解决时限,等等。五是不接受选举结果。有些政党及其候选人(包括执政党及其候选人)缺乏公平竞争心态,要么一失利就指责选举不公或舞弊,要求重新计票或选举;要么对司法解决争议不满意,意图借助国外舆论和诉诸国际机构支持,以改变选举结果。

理论上来讲,资本主义国家的选举争议不可怕,关键是处理争议的方式以及相关政治行为者对争议处理结果的态度。只是资本主义国家选举具有强烈的零和游戏色彩,强调胜者为王,因而参选各方无不以赢得选举为第一目标并采取了各种合法或不合法的选举措施。对于选举争议,不少资本主义国家的选举落败一方往往极力加以放大和炒作,力争引发社会不满和共鸣,以迫使获胜一方作出妥协。在相关诉求得不到满足的情况下,上述国家的选举落败一方还可能抵制行政或司法裁判并煽动持续抗争,进而使得选举争议在这些国家演变为选举

[①] Vérane Meyer and Zora Siebert, "Reducing Disinformation and Hate in Election Campaigns: How Can We Detox the Debating Culture?", https://tr.boell.org/en/2021/09/30/reducing-disinformation-and-hate-election-campaigns-how-can-we-detox-debating-culture.

暴力或选举冲突。由此，不少资本主义国家选举政治面临不同程度的安全危机。如2020年美国总统大选中，共和党和民主党总统候选人得票数差距仅为700万张，时任总统特朗普一开始不承认败选，还公开煽动支持者冲击国会山，引发国际社会对美国自由民主体制的质疑。最终，特朗普迫于各种现实因素考虑于2021年年初才接受选举结果。美国中佛罗里达大学高级分析员克莱顿·贝索领导的一个冲突分析团队研究结果显示，2020年全球54%的全国性选举都出现某种形式的暴力，33个国家的全国性选举受到暴力破坏。该团队还预测在2021年全球42个国家的全国性选举中，40%将面临选举暴力风险。[①] 当前，选举暴力不仅在发展中国家增多，而且在发达国家也有所增加，这显示资本主义选举制度已经越来越难以抑制选举政治的内部压力。

（三）选民投票行为与选举结果的不确定性增多

一般情况下，在多党竞争体制中，选民对选情的理解及其具体投票行为有一定的确定性，但是随着社会利益多元化、政党碎片化等多方面因素影响，选民的心态日益复杂，投票意向和行为的不确定性增大。如英国选举政治的波动性和不可预测性有所增加，"综合评估2010年、2015年和2017年的三次选举，49%的选民没有投票给同一个政党"[②]。其根本原因是选民对政治和政治家的不信任增多，难以确定候选人当选后采取何种政策以及候选人政策的具体实践效果，这无疑导致选民自身的分化日益明显。其一，部分选民仍聚焦于传统价值观和意识形态，强调对身份和政治价值的认同。他们往往立场坚定，为捍卫传统价值和理念而斗争，系不少政党的核心选民但人数相对减少。其二，越来越多国家的选民对主要政党信心降低，使得摇摆选民

[①] Clayton Besaw, "Election Violence Spiked Worldwide in 2020–Will This Year be Better?", https://news.yahoo.com/election-violence-spiked-worldwide-2020-134334967.html.

[②] The British Election Study Team, "Electoral Shocks: The Volatile Voter in a Turbulent World", https://www.britishelectionstudy.com/bes-findings/electoral-shocks-the-volatile-voter-in-a-turbulent-world/#.Yg3KTIhBy70.

有所增多。不少资本主义国家的选民对主要政党的无能、腐败等不满增多，对政治忠诚和基于意识形态的政治斗争趋向冷漠，转而只关注选举结果可能给自身带来的利益。如2022年韩国总统大选，多数韩国选民对保守派和自由派失去信任，在投票上优先考虑自身利益，而不论候选人是谁及其所属的党派。摇摆选民不再局限于某些特定的群体，而是更为多元和分散。虽然这些选民投票意愿、投票意向不大稳定，但参与投票的比例往往能影响一些国家选举结果。其三，部分选民对魅力型民粹主义、民族主义政治家及新人素人的青睐不同程度增加。这表现在内外交困下，不少国家选民对传统政党、政治家的按部就班和无能为力感到失望，求变求新心态高企。因此那些反建制、反传统的民粹派政治人物以及政治新人素人受到青睐，成为一些国家选举中的"黑马"。其四，广大选民中的抗议性投票与求稳性投票并存。这主要表现在一些国家选民对国家发展现状及执政党、执政联盟的执政业绩不满，持续组织示威抗议活动，并谋求在选举中给予执政党、执政联盟教训，进而推动政权的更迭。同时，也有一些国家多数选民考虑到在困难时期没有政党能在短期内化腐朽为神奇，而选择回归现实，给予相对有能力的执政党、执政联盟机会。这就使得部分国家执政党、执政联盟虽然面临较多困境并饱受指责，但仍有机会再次赢得选举并继续执政。

综合资本主义国家选民的心态变化及其投票行为的变迁，我们可以看到资本主义国家的选举结果难以预测，传统的一党独大国家执政党也遭遇不少挑战，部分可能遇挫甚至落败。如2020年6月新加坡人民行动党在评估政府抗击新冠肺炎疫情成果对自身有利后，决定提前近10个月举行大选，以展现执政能力并凝聚新的政治共识。"结果尽管该党赢得选举，但得票率降至历史性的61.2%并失去两个集选区和一个单选区"①。一般意义上的两党制国家一定程度上有所减少，主要

---

① "Strong Mandate Eludes Government as Opposition Makes Gains", https://asiahouse.org/news-and-views/analysis-singapore-elections/.

两党力量此消彼长及"第三党"变强的态势有所发展，其选举结果的不确定性也有所显现。而在多党制国家尤其是同时实行比例代表制的国家，随着政党日益碎片化、主要政党的进一步弱化，以及进入议会政党数量的增多，越来越难以界定真正的选举胜利者和失败者。主要原因是多党联合执政成为常态，进入议会的各党都有可能参加联合政府，即便是第二大党也可能牵头组建政府。这使得部分国家政党更多趋向政治投机主义，谋求在变化的多党竞合态势中取得更好的位置，并力图利益最大化。

（四）选举外包在争议中推进

随着信息技术的快速发展，越来越多的资本主义国家开始采用电子投票技术并推进选举外包。一些营利性私人公司开始更多地介入选举服务，从事选民登记、民意调查、电子投票、选举策略支持等选举服务，以促进电子民主的发展。近年来西方选举外包公司快速发展，开发的选举相关软件明显增多，受到越来越多国家选举机构的青睐。其中，2000 年成立于美国的智能投票技术公司 Smartmatic 重视提供服务选民和选举官员的创新技术，多年来为 25 个国家成功提供安全选举服务，有关国家选举委员会和选举官员还使用该公司技术制作了 50 多亿张选票。2001 年成立的西班牙公司 Scytl 积极参与全球 30 多个国家的选举进程，提供在线选举服务等支持，其客户涵盖美国、加拿大、英国、法国、德国、瑞士、西班牙和澳大利亚等西方国家。外包公司提供的在线选举服务等产品，有着减轻选举机构负担、高效方便、环保、省钱、准确、安全等显著特点。受电子民主发展的影响尤其是扩大选民参加选举及决策过程的需要，不少国家选举委员会开始加大对选举外包的探索。如针对 2019 年印度议会选举中三分之一选民没有行使投票权的问题尤其是那些不居住在注册地选民无法投票的问题，印度选举委员会于 2021 年 2 月宣布将与印度理工学院合作开发用于投票的区块链系统，以便在印度任何地区注册的选民迁入城市后也能行使投票权。① 但是纵观全球，在选举外包中使用的各种信通技术尚没有统一标准，需要使用方自行判断。这容易引发对选举风险以及对选举公正性的质疑。因为外包公司的选举服务产品并非没有缺陷，一旦在运行过程中出现服务质量未达标或安全问题等瑕疵，就可能影响到选举的可信度，并引发选举争议乃至选举暴力。在 2010 年科特迪瓦总统选举中，Scytl 公司完成选票统计任务长达三个月，在一定程度上引发本已对立的主要参选方对抗并导致大量伤亡。同时，过度依赖外包也容易带来政府部门的惰性。如在荷兰政府使用电子投票系统的 20 年中，"该国公共部门变得如此依赖私营部门，以至于荷兰政府失去对电子投票系统和选举过程的所有权和控制权"②。

（五）选举制度改革逐步推进

选举制度往往随着主流政治力量以及多数民意诉求的联动而产生变化，以反映有关国家社会政治生态的变化。一般而言，选举制度改革主要源自两个方面因素：一是执政党和政治精英认为选举制度改革有利于其更好地维护权力；二是尽管执政党和政治精英反对选举制度改革，但基于公众压力被迫进行改革。选举制度的改革可以通过全民公决、修宪，以及制定或完善选举法等方式来实行。近年来，无论是发展中国家还是发达国家都根据本国具体情况对选举制度进行了一定程度的改革，从而提高选举质量。其中多数属于内生性改革，部分属于内外因素共同作用带来的改革，还有一些则属于外力强加的改革。外部因素的持续介入对那些被外力推翻原有政权以及被"颜色革命"的国家而言，无疑增加了选举制度变化的复杂因素。如在萨达姆被推翻后，美国于 2003 年推动伊拉克建立新的选举制度，此后伊拉克持续

---

① Mia Hunt, "India to Develop Blockchain Voting System", https://www.globalgovernmentforum.com/india-to-develop-blockchain-voting-system/.

② Anne-Marie Oostveen, "Outsourcing Democracy: Losing Control of E-Voting in the Netherlands", *Policy & Internet Journal*, Vol. 2, No. 4, 2010, p. 201.

推进选举改革。2005年,伊拉克通过选举法,将全国视为一个选区,规定国民议会选举基于政党名单进行,选民投票给政党,而不是个人,国民议会席位按照政党所占票数的比例分配。但是2005年以来每次伊拉克选举后重点工作都是政党谈判组建联盟并分配部长职位,得票最多的政党反而很少获得最高级的内阁职位,也很少领导执政联盟,这无疑增加了议会选举与获胜者及联合政府领导者之间的疏离感。2009年,伊拉克对选举法进行修订,将全国划分为18个选区,每个省为一个选区,并根据其人口分配一定数量席位。2020年11月,时任伊拉克总统萨利赫签署新的选举法,将全国选区数量从18个扩大至83个,规定候选人将以个人而非政党身份参选。上述一些国家在选举政治重构或恢复方面,表现往往不尽如人意,甚至出现了所谓的"民主倒退",进而引发部分民众或选民的怀旧情感以及对改革的新诉求。

在选举制度改革方向上,各个国家根据自身实际情况演进,差异较为明显。西方老牌国家选举制度相对成型,改革力度相对较小;而一些面临内部政治冲突或处于政治转型中国家的选举制度改革力度较大。具体来看,少数资本主义国家从总统制转向议会制(如吉尔吉斯斯坦、伊拉克、亚美尼亚等)或由议会制转向总统制(如土耳其、巴巴多斯等),选举制度发生较大转变。多数资本主义国家选举改革限于小修小补或一定幅度,以解决一些具体的选民关切或政治不公。有的侧重改善选举环境,如规范政党筹资、调整选区划分、完善投票方式、改革选举委员会构成,以及由国家财政为选举广告、政治辩论出资等;有的侧重完善选举方法,如允许邮递选票、电子投票等;有的侧重解决候选人代表性不足问题,重视提高青年、妇女、少数民族、原住民及海外侨民等群体在议会中的代表性。

第二节 资本主义国家政治发展的新特点及其对选举政治的影响

资本主义选举政治在制度设计层面原本具有扩大参政机会、平衡政治、凝聚共识等多重意图。但是近年来，资本主义国家选举政治的理性和包容性有所淡化，对抗化、媒体化、计算化、短视化等特征日益显著，产生诸多复杂深刻影响，其相关发展也反过来冲击选举政治本身，破坏资本主义选举政治的稳定性。

（一）政治极化破坏选举框架下的政治行动力

21世纪以来，随着社会结构的持续变迁，不少资本主义国家社会分化越来越明显，政治观点差异与碰撞日益激烈，政党分化分野明显，促进了政治极化的发展。当然，政治极化的表现形式与严重程度在各国参差不齐，各种形式的身份认同起到了重要的助推作用。面对上述情况，不少资本主义国家政党为争取多数支持，积极推进"认知作战"，竭力操纵世俗与宗教、温和与激进、左翼和右翼、种族和民族、地方和国家等议题，以谋求政治上的收益。美国日益成为政治极化的典型国家，共和党和民主党在大多数议题上都存在尖锐的矛盾，两党都走向各自的政治极端，给对方互贴标签并持续互攻。"不断发展的极化还将美国社会从一个利益相互重叠的共同体转变为两个没有互动的部落，这些部落对美国的政治制度带来压力，以至于建立共识似乎成为不可能。政策制定者尽管也寻求妥协，但却给国内造成破坏并使得国际协议难以达成或维系"[1]。欧洲国家的政治极化并不罕见，早在20世纪60年代就有显现，冷战结束后随着反建制的民粹主义政党发展而有所变化，使得政党之间的差别和选民内部矛盾有所增多。尤其是一

---

[1] Delia Baldassarri and Scott E. Page, "The Emergence and Perils of Polarization", https://www.pnas.org/content/118/50/e2116863118.

些欧洲国家温和政党与民粹主义政党的博弈有所增强，部分国家传统左右翼政党还有时搁置分歧，以挤压民粹主义政党的政治空间；部分欧盟成员国内部的高度政治对立也影响到其对欧盟机构的认识和态度，进而一定程度上削弱对欧盟的认可度。在拉美地区，新兴左翼政党与传统右翼力量的斗争日益激烈，在野党往往强力掣肘、杯葛执政党乃至用阴谋发动政变。同时拉美地区左右阵营不仅相互声援、抱团取暖，而且重视引入外部力量介入地区范围的左右翼政治斗争。而在西亚北非地区一些国家，宗教政党之间以及世俗政党与宗教政党之间的斗争复杂发展，严重影响政局稳定。

政治极化与政党恶性竞争及其背后的制度因素息息相关。政治极化无疑会影响政府政策反应的方向与力度，在一定程度上降低政策执行效率，减少选民对选举制度可持续发展的信心。这种情况下，在总统制国家，执政党无论是否系强势政党，总统都可能不同程度地搞单边主义，轻视沟通和对话，并谋求约束立法权和司法权。少数发展中国家强势总统还谋求延长任期并扩大总统权限，更是引发朝野纷争和对抗。而反对党则谋求制衡和约束总统权限，并给行政部门施政制造麻烦。在议会制国家中，部分国家由于议会政党数量众多且没有一个政党掌握半数以上优势，经常面临谈判组建联合政府的难题。即便联合政府组成了，也容易面临执政联盟内部分裂以及议会反对党的挑战。如在中东欧国家随着多党民主政治的发展也开始流行多党政府，很少再现一党执政的情况。只是执政各党遵守执政协议的情况相对较弱，内部分歧引发的政府重组更为频繁，执政联盟瓦解的概率较之西欧、北欧国家相对更高。另外部分国家则由强势政党掌握议会多数地位并长期执政，在此情况下在野党迫于政治现状往往选择政治结盟，联合反对执政党和政府，力争实现政权更替。

（二）政治媒体化冲击选举政治的生态环境

随着互联网和社交媒体的发展，媒体信息对公众认知政治行为体

第一章 震荡与趋势：资本主义国家选举政治新发展

和民主政治的影响加大，带动媒体日益成为政治领域不可或缺的行动者。对政治行为体来说，让媒体"站在同一边"变得越来越重要。但是随着媒体权力的扩张，媒体与政治行为体的关系演变日益复杂，推动传统的媒体政治化日益转向政治媒体化。上述变化无疑对资本主义的选举政治生态产生深刻影响。其一，媒体日益影响乃至主导决策，带来决策的风险和危机。资本主义国家政党、政府和政治家虽然仍重视传统的制度化民意收集机制，通过政党交流、群众集会、议员走访等方式倾听选民意见，但是随着政治行为体媒体意识水平的一再提升，其更重视借助新老媒体渠道或民调公司征集民意，以提升政治决策的科学性和代表性。只是媒体有着自身的运行逻辑，不同议题受媒体关注及传播的力度有所差异，这就容易造成"被曝光""被炒作""被大媒体关注"的议题往往受到更多关注，以及"核心选民"诉求容易被优先处理等情况。近年来欧美国家抗议政治持续发酵，社会抗议事件频繁发生，但主要政党和政治家却疏于解决，其中一个重要因素就是一些媒体进行选择性报道并帮助执政当局解围，使得执政当局无须直面最突出的问题并采取切实的应对举措。其二，政治家形象为媒体左右，政治作秀的成分增多。在资本主义国家，政治家的媒体形象与政治能力往往并不一致。政治家不受信任和不受欢迎的情形有所增多。多数政治家为赢得选民支持，一方面注意展示参政的严肃性和政治能力，另一方面则突出个人的亲和力，以打造可识别、可亲近、与选民有共同关切的政治形象。其主要做法就是主动接近媒体，借助各类传统和新兴媒体进行沟通与传播，体现与时俱进的亲民作风。但是一些政治家担心淡出选民视线，谋求制造常态性新闻热点，以吸引流量。很多国家重要媒体鉴于自身传播需要，一方面不惜炒作民粹主义政治家，以引发社会关注；另一方面，还对政党、政治家、候选人等进行媒体影响力排名。这种排名更是激发了一些政党、政治家、候选人与媒体互动的欲望，以增加曝光度和关注度。其三，恶性的媒体攻防战降低选举政治的可信度。在一些资本主义选举活动中，诱导选民、欺骗选民、胁迫选民等手段尽出,其中大众媒体既是战场,也是手段的客观体现。近年来隐形的算法诱导更是越来越被广泛使用,其目的是让选民在不知不觉中成为特定政党或候选人的拥趸。如针对微目标群体,通过向媒体平台播放付费广告,进而影响潜在选民的认知;向特定目标对象持续提供其感兴趣的内容,以引发共鸣和认可;发布假民调,制造特定政党或候选人的高人气假象,诱导选民形成错误认知;等等。上述情况虽然有利于增加特定政党或候选人的选票,但"温和"的表象掩盖不了选举动机及政治斗争内涵,无疑将加剧选民对选举的不满和失望。

(三) 大众政治视域下的选举政治投机日益凸显

资本主义国家大多进入了政党、大众媒体以及大众抗议紧密互动的时代,但是选民的意愿并不能很好地得到体现。起因是不少资本主义国家政党、政府和政治家并不是真正关心选民的诉求,而是满足于无休止的说教和蛊惑,谋求对选民的持续操纵。为在社会动荡的政治困难时期巩固和扩大政治实力,多数国家政党、政治家重视社会生态变化以及加强对社会运动、群众运动的引领,以最大限度获取社会支持。其一,部分传统主流政党基于社会生态变化持续人为调整目标对象,带来意识形态紊乱与社会支持率下降等问题。政党是意识形态的重要载体,通过受意识形态价值观塑造的政策建议来吸引选民,进而争取选民支持,但意识形态摇摆不定也会带来选举难题。以一些发达国家社会党为例,其近20年来经历了意识形态的复杂变化,引发内部派系斗争和分裂,也引发传统支持者和选民的不满。如法国社会党与工人和工会的距离越来越远,处境艰难。尤其是2012年大选中社会党凭借改革宣誓以及选民对时任右翼政府的不满而上台,但是新的社会党政府的左翼主张却没有得到完全实现。在2017年大选落败后,"社会党不再与激进的经济转型联系在一起,虽然表示反对马克龙政府的自由化政策主张,但并没有反思上届社会党政府的类似举措。这无疑引发社会党的形象危机并导致其进一步被工人阶级抛弃"①。其二,一些民粹主义政党擅长通过批判执政党和政府来获得舆论声量和政治支持,但难以通过空洞的政策主张来执政并持续巩固选民支持。一旦政策"破功",左翼民粹主义政党容易遭到更大冲击,而右翼民粹主义政党则由于极端保守性可能受到较小的冲击。其中,意大利五星运动以反建制、直接民主、环保、疑欧等主张为诉求,2018年以来先后与极右翼的联盟党以及左翼的民主党组建联合政府,但是受联合政府内部斗争等影响,该党被迫在有关政策上转向,进而遭到选民的质疑。特别是涉及"欧盟一体化(采取更多中立立场)和移民(采取更多右翼立场)以及在社会经济问题上更广泛的左翼立场,这无疑使五星运动的政策难以在意大利选民中产生明显的共鸣"②。其三,资本主义危机下的社会抗议运动蓬勃发展,引发不同政党的动态政治博弈。出于对经济低迷、社会不公以及政治腐败等议题的不满,不少资本主义国家抗议政治日益流行,乃至形成地区和全球效应。观察多数国家的示威抗议活动,其背后的公民、民间组织或社会团体的色彩浓厚,而政党色彩则有所淡化。但这不妨碍各类政党搞政治操作,进而从中渔利。如针对近十年来印度持续发酵的反腐败社会政治运动,印度人民党和国大党依据自身政治地位作出不同的解读,谋求以此来打击对手。反腐败社会运动的传统领导人主张运动的非党派性质,以推动本国选举制度和政党制度改革;而年轻一代领导人物则推动成立新的政党——阿达米党,作为替代印度人民党和国大党的政治工具,并赢得德里邦的地方选举。各种政治力量的介入或干扰,加剧了社会抗议的复杂性和尖锐性,导致解决的难度加大,这无疑给执政党和政府带来施政的

---

① Emre ÖNGÜN, "France's Left Has Lost Touch with the Working Class", https://jacobinmag.com/2022/01/french-presidential-election-socialists-melenchon-neoliberalism/.

② James Downes, "Ideological Ambiguity, Issue Blurring & Party Dissent: The Electoral Decline of the Populist Italian Five Star Movement", https://www.radicalrightanalysis.com/2020/07/06/ideological-ambiguity-issue-blurring-party-dissent-the-electoral-decline-of-the-populist-italian-five-star-movement.

挑战。

（四）选举政治中的绿色政治分量有所加重

随着应对气候变化、环境保护等全球议题日益深入人心，资本主义国家政党对环境的重视日益增多。这使得选举政治中的绿色环保、绿色经济等议题经久不衰，同时与之相关的反对冲突、消除贫困和社会不平等议题也被广泛提及。因而在资本主义国家传统社会党、保守党大多遭受一定冲击的情况下，绿党则保持一定选举受欢迎度并实现政治突破。其一，全球绿党参政情况有所增多。在发达国家，绿党借助选民对环境问题的重视获得一定的发展，尤其是在一些比例代表制国家，绿党发展较为快速，政治平衡能力增强，乃至成为重要的"造王者"。如在2019年欧洲议会选举中，绿党选票数上升较多，组成了欧洲议会绿党和欧洲自由联盟小组并拥有73个席位（截至2022年2月）[1]。近年来随着新冠肺炎疫情冲击影响加深，不少欧洲国家绿党借助对经济恢复的政策建议，以及对人权和社会公正的重视，赢得越来越多选民的认可，先后在奥地利、比利时、芬兰、爱尔兰、卢森堡、瑞典、德国等国参与联合政府。而在新西兰，绿党也参与了工党组织的联合政府。绿党虽然在美国影响力较小，但长期扎根于基层也赢得不少支持，尤其是"在2021年11月选举后，至少有133名绿党党员在美国18个州获任民选公职"[2]。其二，绿党天生的抗议角色与参政角色存在一定分歧，对其发展带来一些挑战。绿党大多脱胎于环保组织，且与各类环保组织关系密切。绿党要参政就必须降低其对部分环保政策的高追求，以符合联合执政最低共识。鉴此，部分绿党党员及其支持者往往存在两种看法：一是认为有关绿党的现实环保政策落实虽然打了一定折扣，但仍有利于减排等绿色发展议程更快地被提上日程，这无疑是一种进步；二是认为有关绿党为了权力而削弱对环保的承诺，

---

[1] "We Are Changemakers", https://www.greens-efa.eu/en/who-we-are/our-group.

[2] "Greens in Office", https://www.gpelections.org/greens-in-office/.

可能造成其片面关注选举利益而淡化对环保政策改革的坚持。

（五）选举政治中的外部干预日益频密

21世纪以来，资本主义国家选举政治的外部干预因素越来越突出。无论是发达国家还是发展中国家，无论是大国还是小国，都可能成为被干预的对象。从干预性质看，有些属于有关国家主动邀请，如主动要求外国给予选举资金援助、提供援助物资、监督选举过程，以及提出选举制度改革倡议；有些则属于外部力量的强行干预，如外部力量在选举中散布假消息、非议选举流程和选举结果、批判选举法缺陷、对有关国家当选的领导人实施制裁等。从干预手段来看，对特定政党及其候选人予以加持或否定，提供选举资金、舆论、外交等支持，以及对选举结果作出倾向性评价成为主流。目前来看，资本主义国家选举政治中的外来干预日益呈现两个突出特点：一是越来越多发达国家自称受到外部力量的选举干预。2016年英国脱欧公投、2016年美国总统选举、2019年欧洲议会选举、2019年澳大利亚议会选举等选举期间，相关国家及欧盟都声称选举遭到外部力量的干扰，如通过社交媒体散布假消息。其中，俄罗斯等一些西方敌视国家自然成为"甩锅"对象，还有一些国外民间或宗教力量也受到质疑。如澳大利亚战略政策研究所声称，"2019年澳大利亚大选期间，来自科索沃、阿尔巴尼亚和北马其顿共和国的一些人出于经济因素对澳大利亚脸书用户进行干扰，以影响其投票倾向"[①]。二是发展中国家对外部力量的选举干预心态日益复杂多元。发展中国家由于选举政治的不成熟及话语权缺失问题，往往成为发达国家批判的对象。有些国家坚持自身发展模式，反对并抵制来自西方的选举干涉。如柬埔寨人民党在2018年议会选举中拿下国会全部125个席位，尽管面临来自本国反对党以及西方的选

[①] Anurag Roushan, "Australia's Govt Warned of Foreign Interference Campaign on Social Media Ahead of Election", https://www.republicworld.com/world-news/australia/australias-govt-warned-of-foreign-interference-campaign-on-social-media-ahead-of-election.html.

举舞弊质疑，但仍坚持顶住内外压力并推进本国民主政治的发展。有些国家基于选举资金、物资和人才匮乏等现实状况，积极主动向西方国家示好并欢迎西方国家提供援助支持。还有的国家虽然不反对西方国家的选举援助但却不允许其干涉本国内政。

第三节　内因将推动资本主义国家选举政治艰难前行

未来一段时间，资本主义国家仍将抱住选举政治这个"神主牌"，继续推进各类选举，以强化选举民主的稳定性并巩固政治体制的合法性。影响资本主义国家选举政治发展走向的因素不少，评估其发展未来走向需要抓住主要问题，进行科学研判。

（一）经济社会问题将持续牵动资本主义国家选举政治演进

对资本主义民主与发展的相互关系，资本主义国家学者的认识相对复杂，但总体认可经济发展与以选举为中心的民主指标有着一定的联系。即在经济发展较好时期，政党和政治家可以更好地安抚社会各界尤其是选民，进而促进社会稳定与团结。反之，短期或中长期经济衰退将影响社会大众心态，进而影响选民投票偏好，并在不同程度上冲击选举政治。一是预计资本主义世界仍将陷入较长时间的经济困境，这使得资本主义国家维持选举政治正常运行的难度增大。尤其是经济困难下的社会分配不公平问题也可能持续发酵，并进一步激发社会下层乃至部分中产阶级的不满，进而加剧社会的反现状、反建制情绪。如有尼日利亚学者指出，"维持选举民主的支出抵消了尼日利亚经济发展。鉴于尼日利亚的经济状况，模仿（西方）选举文化的四年固定任期及只能续期一次是不可持续的"①。在这种情况下，发达国家理性务实选民可能谋求稳定，给予一些执政党和执政联盟较长的宽容期；非理性、短期取向的选民则可能进一步趋向极端化，进而激发相关政党的恶性博弈以及选举乱象。发展中国家选举政治则可能趋向复杂化，即部分国家选民基于左右政治斗争、世俗与宗教斗争、民族主义与亲西方路线的斗争，进一步助推政治极化；部分国家选民则可能推动新的中间路线，支持政治中间派的出现或进一步发展。

二是人口变化将深入影响资本主义国家选举政治走向。人口结构的变化不仅会影响投票结果，而且将持续影响政党间力量对比态势。资本主义国家选举政治与选民的组成变化息息相关。随着部分国家地域人口数量变化，不同种族、民族、宗教人口变化，以及代际人口数量构成的变化，资本主义国家的选举形势将日益复杂发展，并可能给特定社会政治力量带来有利因素。在欧洲国家，随着移民人口的增多，可能带来移民问题的持续发酵，进而助推对移民友善政党和反移民政党的同步发展。美国民主基金选民研究小组（Democracy Fund Voter Study Group）研究主任罗伯特·格里芬等通过模拟美国 2036 年的人口变化，认为"代际变化与其他种族、教育等重要改变，有可能为共和党候选人带来更大的逆风。尽管这并不意味着共和党注定要失败，但是在美国人口群体的投票行为没有发生实质性变化的情况下，政治形势将继续发生变化，使得共和党的成功更加困难"②。

（二）"非最优选择"胜出将拉低资本主义国家选举政治品质

面对严峻的国内国际形势，资本主义国家各类选举的竞争性越来

---

① Aloysius-Michaels Okolie, Kelechi Elijah Nnamani, Gerald Ekenedirichukwu Ezirim, Chukwuemeka Enyiazu and Adanne Chioma Ozor, "Does Liberal Democracy Promote Economic Development? Interrogating Electoral Cost and Development Trade-off in Nigeria's Fourth Republic", https://www.tandfonline.com/doi/pdf/10.1080/23311886.2021.1918370.

② Robert Griffin, Ruy Teixeira and William H. Frey, "America's Electoral Future The Coming Generational Transformation", https://www.americanprogress.org/article/americas-electoral-future-3/.

越强，对政治家及候选人提出更高的要求、带来更严厉的检视。这使得政治家面临越来越多的政治问责，候选人则面临越来越多的政策论述和实践信任挑战。在多数资本主义国家，政党虽然在选举中仍将发挥重要的战略规划、选举策略、候选人挑选、选举组织与协调，以及资金筹措等难以替代的作用，但是选民对政党候选人的个人特性和魅力关注增多。多数理性选民将更多聚焦国家发展、国家治理，期待政治家、候选人拿出真正应对危机的方案，而不是满足于一味地指责和争吵。选民还希望胜选的政治家可以团结和引领国家，合理运用公共权力，实现经济发展和社会安定的协调发展。他们对不同级别政治家、候选人的期待虽然有所差异，但无疑也具有一些共同特色，如兼具专业能力与个性，敢于直面困难，勤奋工作，逐步解决难题并不断开创国家发展新局面；善于沟通，与社会大众、政党和民间组织等广泛对话，开展实事求是的辩论，携手共同应对危机；具备良好的道德品行，性格坚毅果断，在应对社会抗议和政治冲突中能够及时采取措施，维护社会秩序和稳定。但是不少资本主义国家选举难以摆脱政治极化的影响，相互对立的选民群体中处于多数且具有较高投票意愿的就有可能决定选举的结果。同时，资本主义国家的选举也日益成为大型政治秀，部分政治家和候选人的媒体欢迎度要大于实际能力，这就导致一些政治上看起来不正确的候选人仍有一定的政治发展空间，其选举得票率将左右不少国家的选举结果和政局走向。此外，一些不是最坏的候选人也可能受到重视，进而使温和派选民被迫接受一些替代选择。

（三）充满算计的选民沟通将弱化资本主义国家选举政治吸引力

资本主义国家选民的投票意愿和倾向不仅决定选举结果，而且影响选举政治的合法性以及政府的稳定性。鉴于数字社会的发展、选民交流偏好的变化及各类选举的日益频密，资本主义国家政党和政治家亟待进一步加强选民工作。其工作重心在于巩固忠诚选民，以及争取动态变化的不确定选民或摇摆选民，从而在各类选举中获得尽可能多的选票。一是强化沟通的无缝衔接。针对同情者、支持者、潜在争取对象及反对者，做好统筹工作。兼顾传统的直接接触以及网络在线交流，体现对选民的关切、听取选民的意见诉求并努力在整理合成后形成反映多数选民的主张。美国宾汉姆顿大学的一项最新研究表明："美国政治往往发生相反的情况，选民倾向于根据其所属政党政纲来改变认识。这听起来可能是一种倒退，但研究发现，掌权者在政治上'一路领先'，选民在很大程度上按照他们的指示去做"[1]。这就使得美国主流政党可能继续保持对身份政治的操作，强化选民的归属感，以巩固和深化基础。二是加强政策主张的论述和叙事性传播。通过新老媒体持续宣介自身政策主张，讲好政党及其候选人的故事，引起多数选民的共鸣并获得支持。三是重视策略谋划。强化正向诱导的同时也适度消极恐吓，以推动选民作出有利于本党的认知和判断。这种策略谋划往往具有短期性，虽然可能给某些政党带来政治益处，但也容易恶化选举生态，加剧选举斗争的激烈程度。

（四）政党快速分化组合将加剧资本主义国家选举政治的复杂性和对抗性

随着社会民意多元化及政党碎片化发展，资本主义国家政党的新陈代谢加速发展，大党老党处境明显艰难，新兴政党快速发展，政党的分化组合不断演进。这种分化组合日益体现在构建选举联盟、政党联盟、执政联盟，以及提供有条件的政治支持等形式。基于政治利益需要，同类政党、不同类政党等都可能围绕特定的政治目标加强协作，以形成暂时的政治优势。这在比例代表制国家选举后往往具有更为重要的意义，有助于形成议会多数派，进而构建相对稳定的政府；而在一些总统制国家，执政党如能获得更多政党支持，就可以形成更为强势的总统多数派。但是资本主义国家政党往往将自身利益置于国家利

---

[1] "Study Finds Political Parties Lead, and Voters Fall in Line", https://thinkcivics.com/study-finds-political-parties-lead-and-voters-fall-in-line/.

益和人民利益之上，对政治合作的态度具有很强的务实性和投机性，一旦形势有变，就很快转变合作立场。这无疑将加剧资本主义国家联盟政治的复杂性和多变性，并带来政局的不稳定发展。

（五）选举制度改革迟缓将危及资本主义国家选举政治运行

选举制度设计关系到选举政治的内部生态，对选举结果影响直接而深远。一般来说选举制度改革的过程漫长且充满艰辛，选举制度改革的效果也不一定都是正向的，也有可能在解决部分问题后又引发新的问题。当前，一些资本主义国家政治家、选举观察人员及政治学者等认为，选举改革的重点是提升选举的公正性、透明性、包容性以及增强选举问责力度，方式是加强选举司法改革和制度建设，推动建设更为健康的自由民主，以适应变化的国内外形势，进而维护选举政治的信誉和影响。但是选举制度改革尤其是重大制度改革往往属于零和游戏，朝野政党基于各自利益立场差异较大，两者相互博弈态势将决定改革的走向和力度。同时，即便是在野党之间有时也因为地域、宗教、民族、意识形态等因素，也难以达成一致，这无疑妨碍了选举制度改革的进度。在选举制度改革可能难以实现较大突破的情况下，资本主义国家的选举争议、选举冲突等可能难以避免，甚至可能出现进一步恶化的迹象。

第四节　结语

资本主义国家选举政治名义上突出开放性、包容性，强调政治问责和政权轮替，但这种理性设计与政治实践从来就不匹配。尤其是随着社会不满情绪的显著增加、选民投票对象的日益分散以及政党斗争的复杂化，选举的不确定性及选举僵局日益成为常态，使得参选各方及其他社会政治力量心态都容易发生变化。一是对选举失利的检讨可能更为表面，容易将之归咎于对立政党和政治家的政治打压或选举舞弊，而不愿意立足自身探究败因。二是更多政党、政治家沦为批评派而不是实干派。批评是最简单且最有效的武器，非常容易煽动民心、干扰政治，但是对彻底解决有关国家面临的具体问题却助益不多，这无疑将进一步增加资本主义国家选民对选举政治的不满。事实上，自苏东剧变以来资本主义国家在一段时间内就曾经幻想着自由民主将带来经济的持久繁荣，进而推动选举政治的稳步发展，但是这种设想在2008年国际金融危机爆发后日益走向虚幻，而且选举政治在很多国家成为失败政治的代名词。选举本身也日益丧失严肃性，成为娱乐嘉年华以及选民发泄不满的一个重要平台，不少资本主义国家选民对选举结果也不再抱有积极期待。剑桥大学未来民主中心通过研究发现，"随着时间的推移，人们对民主的不满情绪不断上升并正在达到全球最高水平，特别是美国和巴西民众对民主的不满达到最高程度，墨西哥、澳大利亚和英国民众对民主的不满达到有记录以来的最高水平，日本、希腊和西班牙等国民众对民主的不满逐步接近历史最高水平"[①]。就美国国内选举政治分歧而言，"51%的美国人认为，由于政客们不满他们的政党没有获胜，未来几年内选举结果在某种程度上有可能会被推翻。其中，31%的民主党人和76%的共和党人不相信选举反映了人民的意愿；78%的共和党人认为拜登没有获得足够的选票成为合法的总统，59%的美国人（50%的民主党人、66%的无党派人士和74%的共和党人）对民主十分不满或有些不满"[②]。

在未来很长一段时间内，资本主义国家选举政治仍将在艰难中运行。这是西方捍卫资本主义民主政治的举措，以及应对全球不同政治制度竞争的需要。但是也要看到，选举政治危机无疑是资本主义系统性危机的重要一环，它不可能通过单独的方式加以解决，而只有通过

---

① Darren Thackeray,"These Developed Countries Are Increasingly Unhappy with Democracy", https://www.weforum.org/agenda/2020/02/global-dissatisfaction-democracy-record-high.

② Glenn C. Altschuler,"Majority of Americans Express Dissatisfaction with Democracy, and Gerrymanderers Race to the Bottom", https://thehill.com/opinion/campaign/576106-majority-of-americans-express-dissatisfaction-with-democracy-and.

综合应对、系统治疗的方式才可能得到一定程度的缓解。一些资本主义国家当前开展的选举制度改革，往往属于技术性的"头痛医头，脚痛医脚"，难以从根本上解决选举政治的内生缺陷。此外，一些资本主义国家从三权分立进一步向三权恶斗发展，也加剧了总统、总理、议会及法院之间的复杂矛盾，掣肘权力主体之间的联系与协作。因此，资本主义国家选举政治的动荡性和不确定性仍将继续发展，有关国家选举及其后续影响值得进一步观察。

第二章 21世纪以来北美和大洋洲主要国家选举政治变化

北美和大洋洲主要国家基本为原英国殖民地,除美国实行总统制外,加拿大、澳大利亚、新西兰均实行君主立宪制和议会民主制。从选举政治历史演进来看,上述国家很早就实行选举民主,选举法和选举制度较为完善,在资本主义国家中获得较多认可。但是随着资本主义弊端的日益凸显,上述国家选举政治的弊端也不断体现,引发其国内外的反思和质疑。

第一节 美国选举政治发展及其危机

美国在争取独立过程中形成了独特的选举制度和体制。经过200多年的发展,美国的国土面积不断扩大、地方机构不断增多、选举政治不断演化,但基本的选举制度没有出现重大变化。就美国选举政治而言,可以说积累了众多的问题,受到越来越多的质疑并促使广大发展中国家对美式西方选举政治的认识愈加客观。

(一)美国选举制度的技术性调整缓慢推进

1787年美国制定宪法,对选举法作出具体规定,其中第二条确定了间接选举规则。随着时间的推移，美国总共通过了 27 项宪法修正案，其中一些完善和细化了投票权，如逐步增加女性、黑人及其他民族人口的投票权等，增加了美国选举政治中的代表性。但是美国总统选举实行特殊的选举人团制度，历史上美国选举制度在政党参与总统选举后出现了一些积极进展，在某种程度上遏制了选举交易的空间，但是随着民主实践的深入发展，选举人团制度及其作用也引发日益增多的不满。有时会产生赢得普选票但败于选举人票的少数票总统，使得改革选举人团制度的呼声不断，但实践的总体难度很大。就技术层面而言，2002 年，美国参议院在众议院批准的基础上通过有关选举方案，要求各州核实首次投票选民并对全州选民名单进行登记备案，还给予各州选举资金援助。从 2019 年开始，美国民主党两次试图通过一项重大选举方案并于 2021 年取得一定进展，涉及完善初选基础设施，增加美国人走到投票箱的机会，减少政治资金在选举政治中的影响，加强公务员的道德规范，并实施其他反腐败措施，但是上述政策遭到共和党的极力抵制。2022 年年初，美国民主党针对共和党的持续反对，试图缩小战场，助推修改 1887 年的《选举计票法案》，涉及国会如何计算各州的选举人票等。当然，民主党政府虽然支持修改《选举计票法案》，但是也强调这不能取代民主党政府意图推动的其他选举改革。此外，美国每十年都要对众议院选区进行重新划分，虽然主要依据人口变动进行调整，但有关政党尤其是上届议会选举获胜的政党有着很大的话语权，可以通过技术性操作维护自身的选举优势。

（二）美国总统候选人的能力危机日益突出

美国选举制度有着一定的弹性和自我修复能力，尤其是可以通过领导人轮替来解决一些重大的改革问题或棘手难题。比如在大萧条时期，民主党人富兰克林·罗斯福与共和党人赫伯特·胡佛竞争总统职位，罗斯福胜选后推行的新政成功拯救美国。但是在美国两大政党的党内初选中，政党自身利益或特定阶层的利益往往受到更多的关注，任何可能损害特权阶层或资本家利益的候选人都难以获得资本利益的青睐，真正关心下层民众利益的候选人还经常性被淘汰。在民主党内，即便是伯尼·桑德斯这样的温和改革派也被民主党高层认为过于激进而放弃。此外，美国两大政党的党内初选还受到激进民意的影响或党内不同力量的妥协冲击。如特朗普在2016年选举中依靠种族主义、民族主义及排外言论，获得很高的媒体关注度及社会支持度。而他"倾听和吸取"部分激进选民的意见更是赢得不少好感，获得党内保守派的支持，进而对党内形成一定的政治胁迫。只是特朗普当选总统后的政策朝三暮四也带来了极大的争议，还加剧了国内的政治极化。拜登在争取党内支持成为总统候选人时，尽管年龄较大并且受到其子涉嫌非法商业获利的拖累，但是鉴于其党内的价值和利益斗争，民主党也选择提名其成为总统候选人。这无疑给美国的选举政治带来严重的挑战，进而冲击美国选民并引发社会大众对选举政治的质疑。如2022年1月，美国马凯特大学法学院的一项民调显示，21%的人对拜登的表现有些不满，32%的人表示强烈反对，相当于共53%的人不赞成拜登的工作。可以说，21世纪以来，美国的总统选举已经日益成为一场大型而漫长的政治表演，成功当选的候选人不一定是最有能力的候选人，而是媒体喜欢的候选人或选民退而求其次予以支持的温和派候选人。在很多时候，不少选民也将总统选举看作嘉年华，以选偶像的心态参与投票和竞选活动。对于这种情况，美国不少选民已经不期望可以迅速改变国家面貌，而只希望不让更坏的候选人上台。

（三）美国选民信心下降

美国选民通过多年民主实践已经对选举本身以及选举引发的争议有了较为深刻的认识，对选举的信心也在下降。这是因为美国总统的代表性并不高，选民的声音和诉求也没有得到足够的倾听，甚至可以说，美国选民的权利在弱化，选不出真正代表自己的政客。如2012年，86%的登记选民参加了总统选举投票，其中51%的选民投票支持贝拉克·奥巴马。这意味着只有30%的合格选民投票支持2012年获胜的总统候选人，所有美国人中只有20%的人投了赞成票。针对美国立法、行政和司法三大机构，美国民众的信任度总体也不高，如2017年年底美国人对立法机构的信任度为35%，对行政机构的信任度为45%，而对司法机构的信任度为68%。面对2020年美国总统大选的乱象以及特朗普的反民主做法，2021年1月27日美国两党人士对总统大选的认知是：33%的共和党选民表示信任美国总统大选；65%的选民认为美国总统大选是自由和公正的，其中包括92%的民主党人和32%的共和党人；14%的民主党人和11%的共和党人认为当选民相信政府出错时暴力就是适当的；基于2020年总统大选，53%的民主党人表示会积极参加下次大选，而只有36%的共和党人表示会积极参加下次大选。2021年9月，美国有线电视新闻网的一项民调显示，56%的美国人认为美国民主正在受到攻击，51%的美国人则认为美国民选官员可能因为其所属政党没有赢得选举而推翻选举结果。几乎所有美国人都认为美国的民主至少正在受到考验，其中93%的美国人表示，美国民主正受到攻击或受到考验但没有受到攻击。

（四）美国部分政客的选举阴谋心态彰显

美国自独立以来，虽然选举争议时有发生，但参选政客往往遵守选举机构或法院的相关裁决，认可选举结果。由此，体现了美国政客对民主政治的认可及选举民主的遵守，也展现了美国作为西方民主"标杆"的形象。但是近年来，随着美国的政治极化以及部分政客的民粹主义化，选民对选举政治的信心也在下降，尤其是对政党政治、选举政治的理解日益简单化，只关注夺取或巩固权力，而无视社会包容性和政治团结。如2020年美国总统选举后，共和党不少政客放弃对公平选举的承诺，公开质疑选举结果，叫嚣选举欺诈，在相关指控被证明错误后也拒不改变。众议院共和党核心小组的多数成员以及少数参议员谋求推翻选举人团投票结果，试图通过宪法中没有授予的权力来取消民主选举。其对政治盟友的标准不再是是非价值和意识形态，而是党同伐异，即要么与本党及其领导人保持一致，要么被认定是本党的叛徒。美国一些保守派媒体也随之起舞，曲解西方民主的价值和意义，突出政党的短期利益，甚至不惜一切代价以维护共和党的执政地位。按照共和党部分政客的心态，如果在下次美国大选中遭遇一些势均力敌的选举结果但又以微弱劣势落败，就可能不会承认选举结果，并谋求通过各种方式夺回"不存在"的胜利。

（五）美国选举早已沦为金钱政治

美国的选举制度太过昂贵，美国大选从来都是金钱游戏。有资金支持不一定能竞选成功，但没有资金支持绝对不可能竞选成功。美国民选政治家在竞选时基本上都依靠外部资金支持，需要直接捐赠或间接支持。一段时间以来，鉴于使用公共资金的诸多限制，公共融资计划已经变得不受欢迎，多数候选人青睐私人资金。奥巴马成为2008年大选中第一个拒绝使用公共资金的候选人。在2008年总统选举中，奥巴马花费约17亿美元选举资金。2010年美国联邦最高法院裁定，对公司和工会资助竞选的限制是非法的，因为这些限制遏制了言论自由，这就使得公司和工会可以在政治竞选上投入无限量的资金，帮助其支持的特定候选人获得更多舆论关注和选民支持。在2012年的总统选举中，对总统候选人的捐款总额约为13.72亿美元，其中奥巴马的连任竞选活动得到独立捐赠者的大力资助，包括加利福尼亚大学的120万美元捐款、谷歌公司的80万美元捐款、时代华纳公司的44万美元捐款。2016年美国总统候选人、政党和独立竞选团体竞选总支出为65亿美元，相当于当年利比里亚国内生产总值的两倍多。根据美国竞选财务研究所的数据，2016年赢得一个美国众议院席位所需费用超过150万美元。参与美国众议院选举的723个主要政党候选人花费了大约8.16亿美元，2020年选举是有记录以来美国最昂贵的联邦选举。据《公开的秘密》报道，相关选举总支出为140亿美元，是上届选举周期的两倍，其中总统竞选支出为 66 亿美元，国会竞选支出为 72 亿美元。从美国各类选举结果来看，任何候选人如果不屈服于资本利益，不维护大资产阶级的利益，就很难在美国两党初选中胜出，更难以赢得选举的最终胜利。

（六）选举政治中的腐败问题日益突出

一段时间以来，美国人民对美国政治制度的信任度处于历史最低水平，政府腐败已成为大多数美国人的主要担忧。尤其是在美国，民主与隐形腐败相互兼容，同时快速发展，严格的法律和反腐威慑未发挥有效作用，进而导致一系列政治丑闻、官员不道德行为和辞职接踵而来。从候选人和捐款人的关系来看，其中既有政治信仰一致的因素，也有利益交换和政治收买的因素。美国总统长期以来一直奖励大型竞选捐赠者、协助募捐者和其他忠诚支持者担任驻外大使职位，这使得很多缺乏外交经验的捐赠者都出任驻外大使和高级外交官。如 2013 年，奥巴马就至少任命给了捐赠者 13 个大使职位。就国内政治而言，两党在推进重大发展项目时，也往往暗藏选举考量，侧重为选举拉票。如奥巴马推动的"平价医疗法案"将医疗计划登记这一重要工作外包给社区组织，为其提供巨额资金，同时委托其为选民登记服务。而拜登推动的"重建美好未来法案"，涉及 3.5 万亿美元，其中隐藏了将大量资金捐赠给无名社区组织，用于促进"社区参与"、提供"支持和建议"，以及"创建公平的公民基础设施"等模糊目的。此举不仅为非营利社区组织提供资金，还允许它们向当地创业企业发放数十亿美元的种子资金，以增强其影响力。上述非营利组织有资格获得高达 900 亿美元的资金，这几乎相当于佛罗里达州的全部预算，其活动使用国家资金无疑也有着为民主党买票的政治意图。在州一级选举中也是如此，捐赠者与候选人之间的长期交易比比皆是，捐赠者提供给候选人资金支持，而候选人一旦当选将为捐赠者提供其地方政治职位或建设项目。美国社会对此有着清醒的认识，对美国政治体制的不满增多，但作为受益者的候选人和捐赠者却乐此不疲。

（七）选举政治中的政治极化日益明显

政治极化在美国根深蒂固，无论是竞选中还是选举后都是如此。两极分化正在影响美国的家庭、工作、学校、社区和宗教组织，并重塑美国的社会结构。究其原因，是自20世纪70年代以来，美国两党越来越认同某些意识形态、种族和宗教身份。如共和党人现在宗教色彩更为浓厚，而民主党人则对世俗利益诉求更大。这导致美国两党的相互认知日益负面，彼此的道德分歧日益扩大。如2016年美国皮尤研究中心的一项民调显示，47%的共和党人认为民主党人比其他美国人更不道德，而35%的民主党人对共和党人持类似看法。可以说，党派之争主导着美国政治格局。社会大众尤其是选民只关注本方的利益而无视对方的利益，相互憎恨和敌视趋向明显。当不同政治阵营的人不再互相尊重时，就很难作出政治妥协，也很难制定出良好的公共政策。2018年，美国两党由于政治分歧，无法就维持联邦政府的运行达成预算一致，使得联邦政府不得不三次宣布关闭。在特朗普领导下，共和党几乎丧失了所有的意识形态立场，仅存的不可侵犯原则反映了对自由主义者的仇恨心志，以及不惜一切代价夺取权力的执念。在特朗普遭遇再选总统失利后，他不仅拒绝接受选举结果，还试图煽动暴力，导致美国一度成为选举暴力的中心地带，引发国际社会对西方民主的质疑。此外，鉴于美国选民的政治极化，共和党人和民主党人获取信息来源的差异不断扩大。2020年，美国皮尤研究中心的一份报告显示，共和党人和民主党人信任几乎相反的新闻媒体。其中共和党人、倾向共和党立场的独立人士认为，许多人严重依赖各种平台上的消息来源是不可信的；而民主党人、倾向于支持民主党的独立人士则认为这些消息来源大部分是可信的，并且在更大程度上依赖它们。受新冠肺炎疫情冲击影响，美国国内政治分歧和极化不断加剧，其中特朗普执政时期76%的共和党人（包括倾向于共和党的独立人士）认为美国在应对新冠肺炎疫情方面做得很好。此外，77%的美国人认为，与疫情发生前相比，美国现在的政治分裂程度更大。这也是源自美国相对僵化的两党选举制度，它将一系列社会和政治斗争转化为单一的矛盾，进而使得两党分歧看起来比实际情况更严重。

从美国国内政治实践来看，美国是一个有着巨大缺陷和不足的选举国家。其总统支持率已经低至全体选民的一半不到，无法拥有真正的合法性。不少当选总统或副总统的政治家就任后很快耗尽蜜月期，支持率持续下降，难以展现施政能力。美国选民根本难以享受到所谓选举民主带来的红利，这使得花费大量资金举行的选举看起来就像是选举闹剧、民主幻象。不少美国选民认为，美国已经到了一个关键性的时刻，需要政治变革并创造真正的民主，但制度弊端无疑使得相关诉求成为不可能的行动。

第二节　加拿大选举政治发展及面临的挑战

受历史、种族、文化等因素影响，加拿大的选举政治受到前宗主国英国的较大影响。作为一个君主立宪制国家，加拿大议会由参议院和众议院组成。参议院有105个席位，其成员由总督根据总理的建议任命；众议院有338个席位，由在大选或补选中投票产生的议员担任。政府由众议院占据多数席位的政党或政党联盟组成，一些情况下也可以由少数派政府负责。但是加拿大的选举政治正日益走向虚伪化，选民尽管可以投出自己的一票，但是却难以有效维护民主的价值。同时加拿大的选举政治体系更加重视政治家对政党领导人的忠诚，而不是体现对选民的承诺，进而使得选举政治中的广大选民日益沦为旁观者。

（一）选举制度改革难以适应民意而步履维艰

早在殖民地时期，加拿大就实行简单多数选举制，后来一直沿用。上述选举制度被认为可以产生代表性较强的政府，从而维护政治稳定。

但是这一制度也逐步引发非议,如一些政党在选举中获得的选票不多,但是却赢得不相称的众议院席位。特别是在2015年选举中,自由党只获得40%的票数,却赢得54%的众议院席位,这导致小政党的利益受到损害,并在议会中缺乏相对应的代表性。加拿大议会早在20世纪20年代就开始研究实行比例代表制的可能性,并在30年代继续进行研究但最终未果。冷战结束以来,加拿大选民对简单多数选举制的不满有所增多,不少人要求体现公平性和平等性,实行一种按比例代表加拿大人政治偏好的选举制度。一些提议的备选方案包括排名投票制、基于名单的比例代表制、单一可转让投票制,以及基于上述制度的各种可能配置和组合。如加拿大议会曾在1992年提出选举改革的选项,并积极争取主要政党和广大选民支持,但无果。21世纪以来,随着加拿大民主政治危机的显现以及选民的日益不满,主流政党围绕选举制度的改革博弈更为明显。如自由党在2015年联邦议会选举期间承诺在2019年之前实施选举改革,导致相关问题在2016年备受关注。然而,自由党特鲁多政府在2017年2月放弃了这一计划,理由是该党在这一问题上缺乏共识。同时,尽管选举改革得到一定程度的社会支持,但它往往并非普通民众关注的优先事项。如加拿大安格斯·里德研究所在2016年开展的一项研究发现,只有37%的受访者赞成改变选举制度,66%的人表示改变加拿大投票方式是一个较低或极低的优先事项。

加拿大参议院自1867年以来实行由总督根据总理提名任命参议员的制度。参议院早期是终身制,现在则有一定的年龄限制。尽管参议院职权不大,但不少人认为该机构缺乏民主。多数加拿大民众也同意对参议院进行某种形式的改革,甚至有人认为应该直接废除参议院。历史上加拿大总理很少任命来自其他党派的政治家或独立人士出任参议员,他们更倾向基于本党的利益进行政治任命。2011年,时任保守党政府总理斯蒂芬·哈珀领导的政府提议引入协商选举,以扩大政治任命范围,但不久此举遭到加拿大最高法院的反驳。自由党则谋求继续扩大参议员任命的代表性。2014年1月,自由党领袖贾斯汀·特鲁多将所有32名自由党参议员逐出党团，以表明他对这一改革的承诺。当前，独立参议员组成的"独立参议员小组"占据了加拿大参议院超过一半的席位。但是在参议院进一步改革方面，主要政党分歧较大，无论是改革参议院的宪法修正案还是废除参议院的议案都是如此，尤其是废除参议院需要所有加拿大组成省份的同意，无异于异想天开。

此外，加拿大省级选举改革有限推进。21世纪以来，加拿大少数省份进行选举改革尝试，其路径是举行全民公投，以决定改革方向和具体内容。其中不列颠哥伦比亚省、新不伦瑞克省以及安大略省等纷纷举行不同名义的公投，主要是实行各种形式的混合比例代表制，但由于选民投票率不高，加之设置的方案通过门槛非常高，使得公投往往失利。

（二）政治短视与政治问责缺失同步发展

随着加拿大资本主义危机日益严重，政党、政治家以及政府、议会等都不愿意采取长期措施来解决国家面临的挑战，而热衷于炒作一些短期议题，以争取选民的短期支持。一是各类政党在选前都基于短期的政治算计，发出各类不切实际的政治许诺，而不论其实现的可能性。对于国家面临的现实和潜在风险，朝野政治力量都不愿意予以认真地对待和处理。如2021年，加拿大各个政党虽然围绕选民的关切，就公共卫生危机、经济危机、气候危机、安全危机等提出强烈的批评，但是未能提出很好的对策建议。尤其是特鲁多的支持率不断下降，面对不利形势被迫提前举行选举，其主要诉求是遏制竞争力下滑趋势并保住政治权益。然而，他虽然在提前选举中留住了权力，但是却丧失了人心。二是执政党极力劫持国家政治，服务政党利益。中央政府鼓励政府部门追求短期的党派目标，对于未能实现选民期待的目标也解释为其他因素干扰。如总理办公室作为总理的咨询机构，以政党利益为导向，配备临时政治任命人员，协调立法、司法和行政部门关系，但却积极打压国内持不同意见人士和组织，以巩固和强化执政党权力。

该机构缺乏有效的问责，即便是在出现违法违规情况时也很少遭到惩罚。对此，不少加拿大选民认为，该国的选举与人民的日常需求脱节，选民对本国的政治制度感到失望并产生挫败感。

（三）选民投票行为变化冲击选举结果

随着经济社会形势发展，加拿大的选民分化日益严重，其内部差异不仅涉及性别、收入、地域、民族、价值观等因素，还涉及环境、老龄化、交通等议题，导致选民的投票考虑因素日益复杂。在经济环境恶化背景下，加选民对经济民生、医疗服务和气候变化等议题关注增多，他们希望妥善处理气候变化问题，特别是既重视国际环境治理又确保提升加拿大的发展潜力。此外，出于阻遏某些不受欢迎政党发展的需要，不少加选民作出战略选择，以支持特定政党胜出。可以说，当前加多数选民的党派归属感有所变化，对政策的务实追求增多，同时投票意向的不确定性有所增强，其往往基于选举前的短期因素来决定投票方向。鉴此，作为在野党的保守派在性和移民等议题上趋向保守，强调少数民族要更好地融入加拿大社会，同时围绕土著居民历史上遭受的不公，积极向土著居民示好，以争取土著居民的认可和支持。为加大对不同区域的影响，自由党和保守党纷纷加大对部分焦点地域的争夺，但是也遭到一些地方性政党的反制。为加大媒体宣传效应，加主要政党都注重加强新老媒体宣传，以提升舆论影响力。这些都加剧了加各政党的相互博弈，也使得各政党谋求突出自身特征和色彩，只是这未能赢得多数选民的认同，也难以激发选民的广泛投票意愿。目前来看，加拿大选举投票率下降，单个政党获得众议院半数以上席位的难度加大。如2021年加选举投票率为61%，获得胜利的自由党得票率仅为32.6%。

（四）选后组成的少数派政府不利于国家发展和治理

在加拿大众议院选举中赢得多数的政党通常被要求组建政府，但是受意识形态、政治分歧等因素影响，在加拿大组建多党联合政府非常困难。1917年，出于应对一战的需要，唯一一次组建了联邦层面联合政府。最近的一次联合政府尝试源自2008年自由党和新民主党签署合作协议，以争取在议会不信任投票中击败保守党，后因为政治变迁而流产。自1921年以来，加拿大多数情况下只组成少数派政府。少数派政府没有获得确保其通过议会支持所需的多数票，从而必须获得其他党派和独立人士的政治支持，以推进施政。如果少数派政府失去众议院的信任，总理通常会要求总督解散议会并提前举行选举。否则，总理必须辞职，而总督则要求无论是新的政党还是政党联盟，绕过选举组建政府。由于少数派政府需要满足各方期待，且施政压力高企，因而生存难度很大，往往短命。如1921年以来，加拿大先后经历了13个少数派政府，其中在6个保守派领导的少数派政府中有2个仅仅存在几个月，4个被反对党的不信任投票击垮；在6个自由党领导的少数派政府中，2个被议会的不信任票推翻，3个在第三党支持下挺到新的选举，1个在总督拒绝解散议会和提前举行选举后卸任。2015年，自由党以较大优势赢得大选，党的领袖特鲁多出任总理。2019年10月，特鲁多率领自由党蝉联选举胜利。2021年8月15日，特鲁多提请解散联邦议会并提前举行大选，再次胜选。但是自2015年以来，自由党的得票率却持续下降。总的看，特鲁多政府作为少数派政府，内外政策受到诸多掣肘。为争取政治主动性，自由党必须强化政治谈判和交易能力，以寻求其他党派的支持。但这可能影响到政府政策的制定过程及政策的有效性，进而冲击政府在重大议题以及突发议题上的应对能力。当然，为了推进施政，自由党领导的少数派政府有时也不得不显现独断的色彩，试图抛开或回避议会的监督和审查，不可避免会引发非议和责难。

鉴于加拿大选举制度不能充分应对当前的国家危机，使其遭到越来越多的质疑。随着加选民对本国选举民主的不满情绪日益高涨，加右派的选民基础也日益扩大。右翼民粹主义政党尽管未能获得议会席位，但获得的选票数却大幅增加，甚至超过了绿党。这些都在一定程度上继续加剧加拿大选举政治的复杂性和危机性，并影响到加拿大选举民主的未来发展走向。

第三节 澳大利亚和新西兰的选举政治比较研究

澳大利亚和新西兰系大洋洲主要国家，地理位置相邻，选举政治体制相似，因而21世纪以来呈现了选举政治总体特征相似但部分差异的特点。总的看，两国选举制度总体稳定，选举政治中的左右政治、极右政党以及政党结盟政治持续发展，能否有效完善国内治理成为两国主要政党的最大选举关切。

（一）澳新两国选举制度较为完善，近年来仅出现微调

澳大利亚选举制度改革始自殖民地时期，其不仅反映了英联邦的选举制度发展进程，也体现了澳大利亚自身经济社会和文化等领域的发展。澳大利亚早在殖民地时期就建立投票制度，并根据1902年英联邦选举法予以逐步完善，还于1924年引入强制投票制度。20世纪中叶，澳大利亚选举引入比例代表制。1962年，澳大利亚土著居民获得投票权。1973年，澳大利亚选民投票年龄从21岁降至18岁。同时随着人口的变动，澳大利亚也开始调整选区边界。在参议院选举方面，2016年澳大利亚通过联邦选举修正法案，完善优先顺序投票和可转移计票制度，并取消团体票。

新西兰选举历史悠久，早期选举中议员候选人都作为独立候选人，但在19世纪后期第一个政党——自由党成立后情况发生变化，候选人以政党候选人身份参选。历史上，新西兰曾效仿美国实行简单多数选举制度，使得主要政党工党和国家党轮流执政，而小党则无缘执政乃至参政。1992年，新西兰围绕选举改革举行全民公决，55%的选民参加投票，其中85%的选票支持实行混合成员比例选举制度。选民投票

选举国会议员时，每人有两张票，一张用于选举政党、另一张用于选举所在选区的候选人。新西兰全国划分为72个选区，共产生120名众议院议员，其中72名由选举产生，其余48个席位则由政党按得票比例分配。政党进入议会同样设置有门槛，其中包括至少在一个选区获得5%以上选票，或参与组建联合政府。2011年，新西兰再次举行选举改革全民公决，58%的选民支持保留混合成员比例选举制度。面对2023年议会选举，新西兰官方在综合各方意见基础上，也提出改革意愿。其重点是促进选举规则更加明确和公平，以增强选民对选举制度的信任并增强选民的投票权，如调整选民投票年龄，完善海外选民投票制度，规范政党资金使用以及修改议会任期等。

（二）澳新左右钟摆政治显著发展

澳大利亚效仿英国传统的两党制，由工党和自由党轮流执政。过去20年来，两党选举互有得失，有时工党获胜，有时自由党胜选。两党都有巨大的支持基础，但在政治意识形态和政策上有所不同。澳大利亚工党自1983年至2013年总体上连续执政30年。作为左翼政党，其积极参与劳工运动，倡导平等，支持澳大利亚人参与国家决策，进而促进国家的发展。但是2008年国际金融危机爆发以来，工党并没有从资本主义危机中明显受益，反而接连遭遇选举败绩。这是因为经济繁荣与民间疾苦同步发展，工党长期向右转损害了工人阶级利益，尽管该党近期也一度左转，但力度不够，难以引起左翼选民的共鸣。澳大利亚自由党作为老牌右翼政党，信奉市场经济和自由民主。每当自由党上台执政时，该国都经历了大量的社会改革和总体发展。2019年，自由党和国家党执政联盟虽然面临内外交困局面，但仍赢得选举。但是一段时间以来，执政联盟无力解决关系民生的一些重大问题，使得民怨沸腾，进而在2022年选举中败给工党。

新西兰效仿英国的政治制度，实行两党制，工党和国家党长期轮流执政。苏东剧变之后，随着新自由主义的发展，右翼国家党在20世纪90年代执政，但是当"第三条道路"兴起以及全民党成为方向后，左翼工党转型较快，因而在21世纪初的几年表现出色。只是随着2008年国际金融危机的爆发，国家党开始逆势崛起，并掌权至2017年。鉴于此，新西兰工党领导人阿德恩再次诉诸中间路线思想，并采取具有左翼色彩的务实政策，以争取社会多数支持，赢得了2017年以来的选举并牵头组建政府。但是随着右翼民粹主义的兴起，工党也遭到不少困难，尤其是在应对不平等及气候变化等议题上面临更大挑战。

（三）隐性政治腐败侵蚀选举政治

澳新两国显性政治腐败相对不多，但是巧妙的制度设计以及规避政治风险意识的增强，推动两国主要政党及政治家往往诉求隐性政治腐败。澳大利亚的腐败感知指数自2012年以来大幅下降，但是金钱对政治的腐蚀性影响有所增强，尤其是政治收买选票行为明显增多。澳大利亚主要政党议员都存在滥用政府公共资金并通过实施一定政府项目来争取选民支持的情况。如2013年以来，联邦拨款计划显然偏向于支持执政联盟的选区，在总共39亿美元拨款中，共有28亿美元（71%）的可自由支配拨款被分配给执政联盟控制的席位，9.03亿美元（23%）的可自由支配拨款被分配给工党席位，2.32亿美元（6%）的可自由支配拨款则被分配给独立议员或小党派持有的议席。政治收买式的资金拨款无疑有利于执政联盟争取选民的支持。在新西兰，虽然该国议会通过修改选举法，将外国力量捐款给新西兰政党的资金限额大幅下调，但是并没有有效提升本国个人、企业、基金会等对政党捐赠的透明度。如新西兰优先党意图通过设立优先基金会来处理赠款使用问题，但是优先基金会收到的捐款并未合理地转移到优先党，也没有按照选举法进行披露，受到政府严重欺诈办公室的调查。工党、国家党也因为捐赠问题受到严重欺诈办公室的关注，部分嫌疑人员还被起诉。

（四）澳新极右政治进入一个新阶段

作为移民国家，随着澳新发展环境难题的增多以及移民问题的日益突出，两国内部的民粹主义思想都有所发展，带动政治生态发生新变化。在新冠肺炎疫情肆虐下，很大一部分澳大利亚人经历了前所未有的经济衰退和社会不安，左翼民粹主义将之归咎于资本主义和全球化，右翼民粹主义者则呼唤民族主义并谴责全球化。这些都使得澳大利亚不同社会群体的身份政治意识增强，进一步影响国家团结。澳大利亚极右翼政党数量有所增加，其主要诉求包括反对多元文化、降低移民数量，以及减少难民人数等。其中，单一民族党公开反对穆斯林，不认同土著居民福利，这使得尽管该党获得数个参议院席位，但饱受争议。尤其是该党领导人波琳·汉森形容自己是一个普通的澳大利亚人、一个有四个孩子的单身母亲、一个在布里斯班郊区开了一家炸鱼薯条店的小企业家，以平民身份参政。她在1996年后首次以独立人士身份当选昆士兰州国民议会议员后，就因为夸张的问政风格和好斗的言辞而声名狼藉并被迫有所收敛。2016年，汉森再次回归政坛，谋求体现对普通人的关注以及争取国家权力，并持续进行民粹主义式的叫嚣和动员。澳大利亚自由联盟谋求停止澳大利亚的伊斯兰化，尤其是加强签证管控、加大对穆斯林生活方式的限制等。澳大利亚优先党具有民粹主义背景，反对多元文化，谋求限制移民。而在新西兰，尽管极右翼政党还没有形成较大影响，但其政治宣传和选举言论都产生一定负面影响。如新西兰公共党强调政府封锁政策限制了新西兰人的自由，积极传播新冠肺炎疫情阴谋论；新西兰优先党则强调维护毛利民族利益背景下的经济发展和国家主权；新西兰进步党等指责工党以及政治精英屈服于全球利益，并不断加以舆论攻击。面对上述情况，澳新两国执政党都注意推动社会多元化，为外来移民和土著居民发展提供一些特殊支持。如2022年产生的澳大利亚工党政府任命两位穆斯林部长，以增加政治代表性并促进社会团结。

（五）联合政府日益成为澳新政治常态

随着澳新两国政党政治的碎片化，越来越多的政党进入两国议会，一党主导议会并组建政府的模式难以维系，多党联合执政日益增多。在澳大利亚，工党与绿党等左翼进行政治合作，而自由党则与国家党组成政治联盟。自2013年以来，自由党与国家党联盟已连续三次赢得大选并组建联合政府。但是受总理莫里森个人执政风格影响，尤其是对森林大火、新冠肺炎疫情以及经济受损等应对乏力，导致莫里森民意支持率跌至50%以下，进而在2022年大选中政治联盟败北。1996年10月新西兰首次举行混合比例代表制大选，国家党与新西兰优先党连续组建联合政府。2017年10月，工党与新西兰优先党、绿党组建联合政府，工党领袖阿德恩任总理。2020年10月，新西兰工党在大选中以超过议会半数议席的优势获胜。工党虽然可以单独组建政府，但是为了扩大政治包容性以联合应对气候变化和环境保护等议题，该党选择与绿党组建联合政府。当然，新西兰联合政府内部受政党利益差异、政策分歧等影响，执政效率在不同程度上有所降低，进而降低政府的社会信任度。

第三章 欧洲国家选举政治的交织变奏：政党碎片化与不确定执政联盟

21世纪以来尤其是2008年国际金融危机爆发以来，欧洲面临多重经济、社会及政治挑战，选举政治与政党政治恶性互动，政党碎片化背景下的选举联盟、政党联盟、执政联盟等持续演变，牵动执政联盟及其领导的联合政府日益不稳定且多变。不少欧洲国家内部对选举政治的不满以及改革选举制度的呼声有所增多，但无论是"老欧洲"还是"新欧洲"都难以作出积极有效的应对。同时，对欧盟的认知变化以及欧盟机构对一些成员国的态度还影响到一些欧洲国家的选举表现及其政党间关系变化。这无疑进一步加剧了部分欧洲国家政党分化组合的复杂性，使得执政联盟的运行及生存环境受到更多关注。

传统上，西方学者往往集中研究西欧与北欧国家的政党联盟、联合政府，以及由此产生的政治不稳定和联盟治理等议题。奥地利学者沃尔夫冈·C.穆勒等于2003年围绕西欧国家的联合政府进行案例研究，涉及地区13个国家的联合政府组建和联盟治理，深入探讨了议会政治与政府稳定性。[①] 英国学者罗宾·佩蒂特2019年指出："北欧国家往往以跨党派联盟形式组建政府，因而被贴上'共识民主国家'的标

[①] Wolfgang C. Müller and Kaare Strøm, *Coalition Governments in Western Europe*, Oxford: Oxford University Press, 2003.

签。由于相互竞争的政党最终会选择合作，因而会减少咄咄逼人的反对党竞选活动，以促进合作。但是选民也难以信任政党的选举承诺，因为选后的政治交易可能会改变政党的承诺。"[1] 随着欧洲国家经济社会以及政治等领域的持续发展，执政联盟在多数欧洲国家成为常态，使得对联合政府的研究逐步拓展至整个欧洲。2019年，瑞典学者托尔比约恩·伯格曼等组织多国专家就保加利亚、爱沙尼亚、捷克等十个国家政治联盟的构建、权力分配、联盟治理、联盟瓦解，以及联盟成员党的选举表现等进行研究，肯定了中东欧国家政治联盟与西欧国家政治联盟的相似性和差异性，并认为中欧国家联合政府成员党对联合执政协议的尊重程度不及西欧国家。[2] 鉴于欧洲日益复杂的选举政治生态，不少外国学者对欧洲国家联合政府的构建、运行有了更深刻认知，大多认为面临更大的挑战。如美国学者彼特·A. 豪尔在研究欧盟的前途时指出："欧洲如果要在新技术革命背景下实现繁荣，就需要采取大胆的新举措。但目前来看，很难组建强大的选举联盟，在许多国家组建执政联盟需要的时间甚至更长。上述国内政治限制性因素也妨碍了在欧盟层面达成广泛一致。"[3]

纵观欧洲各国内部社会政治生态的演变以及改革诉求，欧洲国家选举政治在看得见的一段时间内仍将呈现看似"有序"的巨大乱象。这可能进一步延长欧洲国家的经济低迷和政治恶斗周期，并加大欧洲国家执政联盟构建和运行的不确定性。

第一节　欧洲国家选举政治的突出动向

21世纪以来，欧洲国家选举政治持续发生深刻复杂演变，尤其是

---

[1] Robin Pettitt, "Political Coalitions in the Nordic Region", https://nordics. info/show/artikel/political-coalitions-in-the-nordic-region/.

[2] Torbjörn Bergman, Gabriella Ilonszki and Wolfgang C. Müller, *Coalition Governance in Central Eastern Europe*, Oxford: Oxford University Press, 2019.

[3] Peter A. Hall, "Economic Challenges and Electoral Politics in Europe", https://scholar.harvard.edu/files/hall/files/hall2019_europeanists.pdf.

思想观念博弈、选举政策竞争、选民心态变化、社会抗议、外力干扰等因素持续发力，推动欧洲国家的政党体系日益破碎，带动选举波动显著增加。由此，欧洲国家传统主流政党持续遭到冲击，新兴政党、部分传统小党等有所发展，推动多数国家不得不组建不确定、不稳定的执政联盟。但联合政府组建及维护难度不同程度增大，加剧了政治不稳定性并反过来冲击选举政治的深层次发展。

（一）社会思潮复杂发展牵动政党选举政策演变

20年多来，随着民粹主义思想的持续发展，欧洲传统的自由民主、多元化、人权、多边主义等观念受到一定的冲击，进而带来了不同思想观念的快速发展以及差异化思想的激烈交锋。尤其是右翼民粹主义重点批判移民增多带来的危害及欧盟一体化弊端，要求减少移民和维护国家主权；左翼民粹主义侧重抨击资本主义危机，要求促进更大的社会平等和公正，推动可持续发展。这些都对传统的社会民主主义、保守主义产生不小的冲击，并对社会主义、生态主义、中间路线等产生一定的影响。同时，民粹主义还借助资本主义危机尤其是欧洲债务危机及2020年以来的新冠肺炎疫情等攻击资本主义的发展模式，推动地区国家各类政党对发展道路的深入思考和探索。如在抗击新冠肺炎疫情中，尽管民粹主义的应对策略遭到质疑，但随着疫情的持续蔓延，各种阴谋论不断出笼，为民粹主义发展注入新的动力和能量。如部分民粹主义政客围绕新冠肺炎疫情下的社会紧张局势进行负面叙事，谴责疫情的"外来"性质，以及本国人民为疫情防控付出不成比例的代价。上述民粹主义思想虽然总体激进并在一些方面体现了政治不正确，但无疑迎合了部分对现实不满和对传统主流政党失望的选民。为进一步扩大选民对民粹主义的认知和认同，欧洲范围内新老民粹主义政治家齐头并进，积极传播各种保守和极端的言论并借助蓬勃发展的社交媒体广泛传播，持续刺激了部分选民的非理性心态，进而保持了较高热度和支持度。这些都对不少欧洲国家的选举竞争产生持续影响，导致不少传统主流政党在敏感议题上趋向谨慎，并更加侧重一时的选举利益得失。由此，欧洲不少国家的政党政策不再被简单定义为进步、保守还是激进，而侧重是否符合目标选民的希望和期待；选举不再成为对政党综合性政策的审视，而是聚焦于部分具体政策的比拼；选举很多时候还成为检验政党民族性、爱国性的政治平台，影响其政治竞争力和选举得票率。

鉴于此，部分欧洲国家传统主流左右翼政党尽管在口头上强调回归传统属性，但是追求的政策方向却总体相近，差别大多局限于政策的深度和广度。如在2021年德国联邦议会选举中，经济、抗击新冠肺炎疫情、欧盟、气候变化、移民等议题成为各方博弈焦点：右翼的联盟党对极右翼政党立场作出一定妥协，谋求加大边界管控并将难民数量控制在最低水平；左翼的社会民主党避免触及移民数量和管控等敏感话题，而主张建立一个"正常运作"的欧洲庇护体系，构建合法的移民途径并妥善处理移民的根源问题。[1]而在欧洲范围内，共产党、左翼党等一些左翼政党受意识形态束缚，只能在坚持传统与政策部分微调之间摇摆，力争守住底线和彰显特色。新兴政党或中间政党则谋求推出菜单式的政策组合，尽管其可能缺乏内在联系及价值统一性，但往往有助于摆脱传统束缚，促进解决部分棘手问题，进而获得更多信任和支持。

（二）选民心态变化影响投票取向

从全球范围来看，欧洲国家选民投票率虽然仍保持较高水平，但是广大选民对选举政治的不满意度也有所增加，侧重抨击选举不能很好地解决民主的实质代表性和效率问题。这也反映了欧洲多数国家选民的选举认知，表明其对那些习以为常而又缺乏变革意义的选举有些

---

[1] Benjamin Bathke, "German Election: How Do 'Political Parties View Migrants' Issues?", https://www.infomigrants.net/en/post/35078/german-election-how-do-political-parties-view-migrants-issues.

不感兴趣或失去期待。究其原因：欧洲国家选民以往大多看重政党的意识形态，但现在自认强烈认同某个政党的选民比例不断下降；选民对政党和政治家的评价更为多元，对具体政策的关注点也有所变化，投票行为更具不确定性。当前欧洲不少国家选民对阶级、宗教等传统议题虽然关注，但明显不如之前且更多聚焦于一些具体议题。尤其是经济衰退给中下层带来的经济困难、文化多样性对身份认同和国家认同带来的挑战、民族国家的自主和尊严以及社会安全等问题，容易激发选民的关注和兴趣。移民、难民、气候变化、环保等长期热点议题被媒体广泛炒作，形成巨大的舆论影响，进而激发不少选民的反现状心态。对欧盟及欧洲议题的态度，也在很大程度上影响到选民的投票意向，甚至可以在一定程度上决定温和派与民粹派的力量对比变化。非传染性疾病扩散、自然灾害、重大安全事故以及政府经济业绩等短期性问题容易快速影响到选民对执政党或执政联盟的看法，进而牵动选民投票意向。

在极化政治背景下，欧洲部分国家选民可能不太关注政策主张是否理性及符合民主原则，而趋向突出泄愤或报复。鉴此，一些欧洲国家执政党或执政联盟依据形势变化，决定提前或延后选举，也影响到一些选民的心态变化并影响其投票意向。由于欧洲议会选举涉及面广、影响较大，投射出的选民态度相对能反映欧洲国家选民的一些指标性动向，可以很好地看出欧洲国家选民的投票意愿变化。如根据欧洲外交关系委员会2019年针对欧洲议会选举所作的一项研究报告，"有近一亿的摇摆选民没有对任何政党作出投票承诺，占到表态投票选民的70%。这显示欧洲选民处于不稳定而非两极分化的状态"[①]。显而易见的是，随着欧洲多数国家选民心态的变化，不少传统大党老党遭遇明显的难题，部分新党、激进政党和小党则得到更多选民青睐和支持，进而推动政党力量对比的持续变化。

[①] Janusz Bugajski, "A Divided Europe Goes to the Polls", https://cepa.org/unpredictable-eu-elections/.

（三）选后组建执政联盟日益成为常态

随着选民的分散化、政党的碎片化，欧洲多数国家政党面临严重的政治困境，即必须努力扩大政治交流合作，组建不同形式的政治联盟，以强化选举和政治优势。其中包括政党联盟、选举联盟、执政联盟以及议会合作联盟等多种形态，上述形式的政治联盟可以在选前、选中及选后等组建。在实行比例代表制的国家，随着进入议会的政党越来越多，即便是传统主流左右翼政党也难以掌握议会半数以上席位，这就使得组建政治联盟成为一种现实需求。在一些总统制及半总统制国家，尽管执政党赢得总统选举的胜利，但是在不少情况下还需要争取其他政党支持，通过议会合作来提升对议会的操控力度。从牵头执政联盟的情况来看：一是右翼的保守党相对占据优势。目前欧洲12国保守党掌握国家权力并占据国家元首和政府首脑职位[1]，其中绝大多数由保守党牵头组建联合政府，只有英国保守党等个别政党单独执政（英国曾于2010年组建1945年以来第一个保守党和自民党联合政府）。二是社会党政治掌控能力有所下降。目前欧盟27国中共有10国由社会党牵头组建联合政府并掌握总理职位，另有11个社会党进入联合政府[2]。其中西班牙自1976年实现民主化以来长期由工人社会党和人民党两党轮流执政，但2019年第一次选举后工人社会党仅获29%的选票，难以产生多数政府。同年再次举行选举后，工人社会党又以28%的支持率领先，经过艰难谈判，才与激进左翼政党"我们能"党组建40多年来首个少数派联合政府。三是民粹主义政党牵头或参与联合政府情形有所增多。目前有十多个欧洲国家民粹主义政党进入议会或参与组织联合政府，其中希腊激进左翼联盟、意大利五星运动一度牵头联合执政。意大利主要政党中民粹主义政党力量极为强大，联合政府更是难以将之排除在外。四是自由民主党"在欧洲20多个国家进入联

---

[1] 作者根据欧洲人民党网站（https://www.epp.eu）数据统计，截至2023年3月20日。
[2] 作者根据欧洲社会党网站（https://www.pes.eu）数据统计，截至2023年3月20日。

合政府"①,"四个欧洲自由民主党领导人担任本国联合政府总理或首相职务"②,因而具有一定的政治影响力。五是绿党参与联合执政情况有所增多,"到2020年10月共有六个欧盟国家绿党进入联合政府"③。五是摩尔多瓦共产党人党、塞浦路斯劳动人民进步党分别在2009年和2013年失去政权后,地区国家共产党总体面临较多困境,而西班牙共产党借助有效的选举联盟进入联合政府。同时,其他一些国家共产党也借助参与选举联盟以及提供议会外支持等途径,获得不同程度的力量提升。

(四) 联合政府运行和维护难度增大

一般而言,欧洲国家政党对组建联合政府最初以具有相同或相近的意识形态为主要诉求,但是随着议会内政党力量的复杂变化,参与组建联合政府的政党意识形态差别越来越大,涵盖小联合(2个政党)、大联合(3个及以上政党)等类别。如2021年挪威选举后,左翼最强的工党和右翼最强的保守党分别获得26.4%、20.5%的选票,两党决定组建少数派联合政府。2021年德国联邦议会选举后,以25.7%的得票率成为联邦议会第一大党的社民党与绿党、自由民主党组建成一个大联合政府,这是德国自1953年以来首次将三党联合政府列入政治议程。意大利、黑山等部分欧洲国家还推选技术官僚或专家学者来出任联合政府总理,以提升行政专业性,缓解民众对执政联盟的疑虑。但是受意识形态分歧影响,部分国家的共产党、左翼党或民粹主义政党有时被排除在政治联盟之外。

鉴于进入议会政党数量的增多以及政党政策的多样化,政治联盟

---

① 作者根据欧洲自由民主党人联盟网站(https://www.libdemsineurope.org)数据统计,截至2023年3月20日。
② 作者根据欧洲自民党伙伴网站(https://www.aldeparty.eu)数据统计,截至2023年3月20日。
③ "The Belgian Greens Become the Sixth Green Party in Government in the EU", https://europeangreens.eu/content/belgian-greens-become-sixth-green-party-government-eu.

的组建难度加大，需要更多的谈判时间。如荷兰进入议会政党数量从20世纪80年代的4个上升至2021年选后的17个。荷兰在2017年大选后，需要创纪录的225天才能组建联合政府。保加利亚2021年举行了三次议会选举，前两次选后组阁进程失败，第三次才成功组建由中间主义政党"我们继续变革"联盟以及部分左翼和中右翼政党等参与的联合政府。受执政联盟成员党矛盾及外部支持撤回等影响，联合政府往往面临生存危机，尤其是议会不信任投票及全民公投等挑战。一旦政府未通过议会信任投票或全民公投，联合政府就可能垮台并提前解散议会和举行新的选举。当然也有可能通过政党谈判避免举行新的选举并组建新的联合政府。如2021年6月，时任瑞典社会民主党主席、少数派联合政府总理斯特凡·勒文因执政联盟成员党倒戈，被议会不信任投票赶下台，成为该国历史第一人。社会民主党新主席安德森在获得议会任命为总理的当天就因为预算问题被迫辞职，后再次获议会任命为总理。不过该党依靠议会其他政党来支持立法的做法可能会导致其政策空间缩小、生存危机扩大。上述情况使得2008年以来欧洲选举政治出现一种政治现象，即稳定的执政联盟和任期届满的联合政府越来越成为例外。其根本原因是组建联合政府的政治共识很容易被打破，尤其是参与联合政府的各党政治家以个人及本党利益为重，而选择性忽视联合政府的共同利益。这使得联合政府的蜜月期往往很短，生存都很困难，遑论发挥积极的政治效用。可以说，参加联合政府的政党数量越多而力量又分散，其内部的包容性和生存概率就会下降；参与联合政府的政党数量越少而又占据半数优势，则往往具有一定的内部周旋空间并获得较高的生存概率。此外，也有一种情况，即执政联盟各党主要领导进入联合政府越久，越不愿承受提前选举带来的代价从而寻求政府任满。这在一定程度上会增加选民的痛苦以及对立情绪，加剧未来选举的复杂性和冲突性。

（五）激烈党争下的选举制度改革有所推进

从选举制度来看，绝大多数欧洲国家实行不同内容的比例代表制，少数实行赢者通吃制度。比例代表制无疑为小党提供更多参政机会，由此欧洲国家的选举理论上有利于产生密切反映本国选民诉求的议会和政府。但现实情况是，选民分歧的扩大以及激烈的党争并不能很好地体现制度设计的目标，反而加剧了政党之间的纷争。这激发了一些国家政党、政治家、政治学者以及选民的变革诉求，力图从不同层面推动本国的选举制度改革。

一是"老欧洲"，属于西方意义上的所谓建成民主国家，历史上选举制度经过多次修正，目前大体按照惯性运行。少数国家根据形势需要进行了一些技术性调整，以解决历史欠账问题。在改革方向上，侧重解决选民年龄长期未调整、海外选民投票权不足、选区划分不合理、选举联盟组建困难等问题。如希腊2019年通过选举法修正案，首次赋予定居海外的本国公民参与欧洲议会和本国议会选举的权利，但也设置不少限制性条款。英国2020年12月通过新的《议会选区法》，"将重新划分英国选区，使得各选区的选民数量大致相等，进而使得选民在大选中投下的每一张选票都具有同等的分量"[1]。但是也有一些国家的比例代表制问题较为突出，引发争议和冲突。如2017年，意大利通过有争议的选举改革方案，决定实行混合比例代表制，即两院议员部分以得票最高者当选，部分通过比例代表制产生。据称此举是为了防止五星运动单独掌权，促进政党结盟执政。

二是"新欧洲"，在苏东剧变后分别建立具有国别特色的选举制度并不断加以调整。总体来看，外部干预和推动的色彩较为明显，改革力度也较"老欧洲"更大。如摩尔多瓦多年来选举制度持续变化，2017年以混合选举制取代比例代表制，但2019年又恢复比例代表制。"阿尔巴尼亚2020年以来陆续修改选举法，涉及公开候选人名单、选民的电子身份识别、重组中央选举委员会，以及将政党进入议会门槛的标准由得票率3%降为1%，等等。此外，还对政党选举联盟参选作出规定，

---

[1] Cabinet Office, "New Law Passed Will Make Voting in UK General Election Fairer", https://www.gov.uk/government/news/new-law-passed-will-make-voting-in-uk-general-election-fairer.

即选举联盟只提交一份联合候选人名单并登记为单一的选举对象，这意味着组建选举联盟将更加困难"。①"塞尔维亚2020年修改《议员选举法》及《地方选举法》，将政党进入议会门槛的标准由得票率5%降至3%，还降低了进入地方议会的门槛，这使得少数民族政党更容易进入议会并获得更多的席位"。②捷克在野党为2021年大选积极进行政治准备，不仅组建两个大的政党联盟，而且推动宪法法院取消了对大党有利的一些选举条款。如"改变将选票数转化为议会席位的算法，规定两党联盟、三党联盟进入议会的门槛分别是得票数的10%和15%，但仍维持单个政党进入议会的门槛为5%的选票"③。对于新老欧洲国家而言，选举制度关系朝野政党切身利害，容易引发朝野政党对选举改革的激烈斗争。尤其是地区不少国家朝野政党出于自身利益均谋求推动有利于自己的改革思路和方案，但由于朝野政党力量相对差距不大，使得有关改革进程大多踟蹰不前。

（六）欧洲选举政治中的域内外干预有所增多

欧洲作为较为发达的地区且国家数量众多，其选举政治往往超越国内政治范畴，具有较强的地区化和国际化色彩。近20年来，欧洲国家选举政治受地域内外因素影响复杂发展，牵动有关国家朝野关系变化乃至政权更替。一是欧洲地区性政党的内部互动及相互博弈趋向复杂，对有关国家选举政治的影响加大。欧洲作为政党政治的发源地，地区性政党组织发展较为完善且欧洲议会党团建设也持续推进。上述地区性政党组织和欧洲议会党团成员党大多相互声援和支持。如在

---

① European Western Balkans, "Newest Changes to Election Rules Move Albania Further away from Political Consensus", https://europeanwesternbalkans.com/2020/10/31/newest-changes-to-election-rules-move-albania-further-away-from-political-consensus/.

② Nikola Burazer, "Serbian Electoral Reform: Improved National Minority Representation or Tactical move Against Boycott?", https://europeanwesternbalkans.com/2020/04/13/serbian-electoral-reform-improved-national-minority-representation-or-tactical-move-against-boycott/.

③ "Czech Court Opens Way for Smaller Parties as October Election Nears", https://apnews.com/article/world-news-czech-republic-elections-courts-f7aa3ff00be555dcb1c5170cb6c74c5f.

2020年6月塞尔维亚议会选举前，尽管塞尔维亚国内部分反对党以选举不公正、不合法为由抵制选举，但欧洲人民党仍给予成员党、塞尔维亚执政党前进党大力支持，尤其是欧洲人民党主席图斯克更是公开表态支持塞尔维亚总统武契奇[1]。面对2022年4月总统和议会选举，塞尔维亚8个亲欧的反对党签署协议，"约定反对党候选人在竞选中不相互攻击并进行合作，且不与现任政府建立选后联盟"[2]。二是欧盟持续干预部分成员国内部事务，牵动有关国家政治力量的斗争。欧盟在英国"脱欧"后更加重视内部一致与团结。部分成员国执政党或执政联盟对欧盟法律高于本国法律感到不满，煽动本国民族主义氛围并挑战欧盟权威，引发欧盟其他国家的一定程度反弹。如在2020年波兰总统选举之前，欧洲委员会负责法律事务的副主席维拉·乔洛娃先后作出有利于反对党的评论，"公开反对波兰通过邮寄选票方式进行投票、抨击波兰现任总统在竞选中攻击同性恋、双性恋以及跨性别者，这在欧盟历史上极为少见"[3]。这些都引发波兰执政党的不满及政治反击。三是欧洲国家对美俄干预选举的指控有所增多。其中有两个突出特点：其一，部分欧洲国家指责俄罗斯干预本国选举，尤其是通过网络散布假消息、支持或资助特定的政党与候选人，以影响有关国家的内部社会政治生态。其二，部分中东欧国家指责美国干涉本国内部政治及插手选举事务。如匈牙利总理欧尔班针对美国亿万富翁乔治·索罗斯大力支持六个反对党组成的政党联盟参加2022年大选，予以公开谴责并

---

[1] "Donald Tusk supports Serbian President ahead of elections, opposition leader responds", http://europeanwesternbalkans.com/2020/06/17/donald-tusk-supports-serbian-president-ahead-of-elections-opposition-leader-responds/.

[2] "Eight Opposition Parties Sign Agreement for a Responsible Serbia", https://www.euractiv.com/section/politics/short_news/eight-opposition-parties-sign-agreement-for-a-responsible-serbia/.

[3] "EC VP Intervention in Polish Election", https://polandin.com/48535862/ec-vp-intervention-in-polish-election.

"呼吁匈牙利人团结一致，自己决定自己的命运"①。

第二节 经济和政治周期对欧洲国家选举政治的影响加大

由于欧盟一体化的持续发展，加之非欧盟成员国与欧盟的紧密联系，使得欧洲内部的经济联系不断加强。经济低迷或处于衰退和复苏之间的摇摆无疑会给欧洲国家执政党和政府带来冲击，导致选民求变求新的意愿增强。同时，政治上的动荡、部分政治家的短视，也会降低欧洲国家选民对选举政治的信任。总体来看，2008年国际金融危机爆发以来，欧洲国家经历了一个经济衰退、社会不满、政治冲突的同频时期，进而牵动了选举政治的复杂变化。

（一）经济衰退在一定程度上影响欧洲国家选举政治走向

冷战结束后，新自由主义及"第三条道路"对欧洲国家发展产生深刻影响，带动欧洲社会结构和社会关系的持续变化，也牵动有关国家选举政治态势。尤其是2008年国际金融危机爆发以来，欧洲多灾多难，先后遭受债务危机、英国"脱欧"（含多国威胁"脱欧"）以及新冠肺炎疫情等多重考验，使得欧洲国家难以摆脱经济社会困境。"2008年至2020年，欧盟各国发展速度参差不齐，虽然仅有四年处于负增长，但增长率普遍不高且增速最高仅为2.80%"②。2020年，欧元区国内生产总值下降7.6%，这远比2008年至2009年遭受的挫折或欧元区危机糟糕，也远比2020年国内生产总值收缩3.5%的美国糟糕。欧洲国家为应对危机而实施的结构性改革和紧缩政策产生叠加效应，后果较为严重，加剧了社会不平等。根据世界银行数据，"欧盟国家失

---

① "Hungary's Orban Accuses US, Soros of Meddling as 2022 Election Nears", https://www.presstv.ir/Detail/2021/10/24/669148/Hungarian-Prime-Minister-Viktor-Orban-American-billionaire-George-Soros-parliamentary-elections.

② "European Union Economic Growth 1966-2021", https://www.macrotrends.net/countries/EUU/european-union/economic-growth-rate.

业率自2008年以来总体经历了先升后降的历程，2013年达到最高值11.3%，2019年降至最低值6.7%，但从2020年开始受新冠肺炎疫情等多方面因素影响又开始回升并达到7.37%"①。根据欧洲统计局数据，"2020年，欧盟9650万人面临贫困或被社会排斥的风险，占到欧盟人口的21.9%；超过五分之二（42.1%）的欧盟人口生活在有未成年子女的单亲家庭中，面临贫困或被社会排斥的风险"②。新冠肺炎疫情的肆虐和延续，更是给欧洲带来全方位挑战，但相关国家执政党和政府普遍应对不力，造成大量人员感染和死亡并产生新的社会不公。

面对不利的经济社会形势，欧洲不少国家选民的不满增多，反政府情绪较高并发起大量社会抗议活动。根据再保险公司桥社的统计，"2008年国际金融危机爆发后的10年间欧洲大型抗议活动数量增加了71%，其中2000年至2009年年均92起，2010年至2019年年均157起"③。此外，小型的多样化社会抗议更是数量众多、诉求多样。上述欧洲国家的社会抗议日益体现为民间的自发、自觉行动，展现了民间和去中心色彩，这向所有政党及其他社会政治力量都发出了明确的政治信号，即选民对政党的信任和依赖有所减弱。上述情况对欧洲不少国家选举政治产生一定影响，虽然不能立即动摇一些国家执政党和执政联盟的执政基础，但无疑会激发选民的经济投票意向，以寻求惩罚现任执政党或执政联盟。而一旦选民注意到新政府仍采取与前政府类似的措施，其可能会在下次大选中选择惩罚整个传统主流政党并支持反建制的民粹主义政治力量。当然，经济发展表现及社会保障条件的差异，使得西欧与中东欧、南欧国家选民的经济投票情况有所区别，

---

① "European Union Unemployment Rate 1991 – 2021", https://www.macrotrends.net/countries/EUU/european-union/unemployment-rate.

② "Living Conditions in Europe – Poverty and Social Exclusion", https://ec.europa.eu/eurostat/statistics-explained/index.php?title=Living_conditions_in_Europe_-_poverty_and_social_exclusion.

③ "Mass Protests and Demonstrations Surge 36% Globally in Decade Following 2008 Financial Crisis", https://www.chaucergroup.com/news/mass-protests-and-demonstrations-surge-36-globally-in-decade-following-2008-financial-crisis.

尤其是中东欧国家受选举政治发展相对较晚及内部社会生态影响,选民的经济投票倾向还受到一些传统政治因素的约束。

此外,经济衰退或缓慢发展还推动社会结构的持续演变,导致中产阶级萎缩、低收入者增多以及中下层选民的身份意识和群体政治日益增强。尤其是随着工人阶级的日益分化,很多传统工人倒向右翼保守党或民粹主义政党;部分中小企业主也不再青睐右翼保守党并转向民粹主义政党。如在2021年选举中,德国联盟党在国家经济发展表现较好的情况下仍遭遇败局,其中一个重要因素就是难民友善政策引发社会不满和抵制。可以说,欧洲国家从整体上进入了一个选民反复无常,以及身份政治和政党认同关系更加复杂的时代。

(二) 传统的左右轮替"政治钟摆"失灵增加选举复杂性

价值观和意识形态一度在欧洲国家选举中占据极为重要的位置。自20世纪90年代以来,欧洲尤其是"老欧洲"经历了一轮"左右钟摆",左翼社会党一度取得优势并形成了"粉红色欧洲"。但在21世纪初,中右翼保守党实现大幅回摆,形成中右翼据优的局面。随着2008年国际金融危机的爆发,欧洲传统主流政党都出现较大的信任危机,无论是诉诸自由放任的政策,还是实施国家干预都难以产生明显成效;重返老式的中间道路也面临历史信任危机,尤其是对左翼的社会党更是如此。上述情况使得欧洲国家传统的主流左右翼政党均面临不同程度力量萎缩难题,不足以单独掌握半数以上议会席位,甚至在很多时候即便加起来的得票量也只能维持在半数左右。如德国社会民主党和联盟党两个主要政党以往经常获得超过90%的选票,但是在2021年大选中得票率总和不到50%。这就使得欧洲传统的左右轮流执政,以及"政治钟摆"现象一时难以再现,即便是现有的联合政府也难以明确称为左翼或右翼政府。部分传统非主流政党如共产党、自由民主党等虽然保持一定的民意支持率,但大体仅能维持10%或以下的社会支持,使得它们多数被迫在野。一些欧洲国家新兴政党(含原有政党分化组合后成立的新政党)则在不少国家赢得新的发展空间,乃至在部分国家成为主流政党。如"2013年至2018年间,欧盟成员国出现了70多个新政党和政治联盟,其中一些通过反建制的抗议政治成功地开展了竞选活动,实现了一定的力量发展"①。随着欧洲经济衰退的影响加深,一些欧洲国家新兴政党不断增多,其在选举中获得的票数也有所增加,乃至实现进入议会、参加或牵头组织联合政府。对上述新兴的政党或政党联盟,欧洲社会内部看法不一:"欧洲晴雨表2019年的一项调查显示,50%的受访对象不认为这些新政党对民主构成威胁,70%的受访对象认为仅仅反对这些新政党和组织无助于解决问题,56%的受访者认为新的政党和社会运动可能带来真正的变化,而53%的受访者相信它们可以找到更好的新解决方案"②。尤其是2021年5月成立的斯洛文尼亚绿色行动党(后改为自由运动党,兼具绿党和自由民主党性质)赢得2022年该国议会选举并牵头组建中左翼联合政府,引发该国及欧洲社会的广泛关注。

面对政党格局新态势,不少欧洲国家传统主流左右翼政党采取多样化的政策主张:多数情况下上述政党虽然相互斗争,但是为防止民粹主义、极端主义政治力量的夺权,也往往选择或明或暗的政治合作,乃至组建左右联合或大联合政府;少数情况下上述政党均处于弱势,被迫接受民粹主义或中间主义政党牵头组织联合政府。这就使得不少欧洲国家政党围绕政治联盟或联合政府的组建被迫在价值选择与现实目标之间徘徊,核心是争取执政,但又重视对长期政治利益的适当追求。

---

① "Democracy on the Move – European Elections: One Year to Go", https://www.europarl.europa.eu/at-your-service/en/be-heard/eurobarometer/eurobarometer-2018-democracy-on-the-move.

② "Eurobarometer Survey 89.2 of the European Parliament A Public Opinion Monitoring Study, Democracy on the Move European Elections-One Year to Go", https://www.europarl.europa.eu/pdf/eurobarometre/2018/oneyearbefore2019/eb89_one_year_before_2019_eurobarometer_en_results_annex.pdf.

第三章　欧洲国家选举政治的交织变奏：政党碎片化与不确定执政联盟

（三）频密的选举对欧洲国家选举政治产生一定冲击

在欧洲多数国家，既有全国和地方选举也有欧洲议会选举，选举的类型较多、频率较高，选举竞争的激烈程度较强，增加了选举政治的不确定性和不稳定性。近年来，随着欧洲国家朝野斗争的加剧，各种非正常选举及全民公投增多，但选举间隔时间却缩短，增加了选民的选举审美疲劳。同时多数欧洲国家虽然人口不多，但由于距离较近、民众联系较多，使得选举议题争论、民意导向和选举结果容易对周边国家产生一定传导效应。可以说，每一次选举都是一次一国或多国的社会动员，引发选民队伍再分化；每一次选举也是对不同类别政党政策的审视，促使变革创新成为多数政党的政策诉求，以应对选民的短期政策期待；每一次选举还是引发政党联盟关系变化的一个契机，导致不少国家政党间关系持续变化，推动有关国家社会政治生态的持续演变。不少国家的全国性政党和地方性政党在不同选举竞争中各有侧重，相互关系多元，斗争、合作或结盟关系多变。有些政党可能在中央政府层面相互博弈，但是在地方选举中也不排斥合作的可能。由此，欧洲国家的选举政治和政党政治日益复杂敏感。不少国家在选举后不仅面临政府组建的困难，而且还面临国家治理的困难。一旦政党轮替无法有效改善国家治理，就会弱化选民对政府的信任。如2020年11月，"爱德曼信任度晴雨表民调显示，欧洲主要国家民众对政府的信任度普遍不高，如德国为59%、法国为50%、英国为45%、西班牙为34%"[①]。面对社会大众尤其是选民对政府的不信任，在野党或反对党则抓住时机，不断指责政府失职并对政府施加压力。这使得执政联盟或联合政府的生存危机时有显现，政权非正常更替有所增多。上述情况无疑扩大了欧洲国家选举的实际数量和频率并影响到选民的心态，从而形成了不健康的选举政治循环。

---

① "Where Trust in Government Is Highest and Lowest"，https://www.statista.com/chart/12634/where-trust-in-government-is-highest-and-lowest/.

（四）欧盟制度性约束引发部分成员国选举政治变化

欧洲一体化自二战结束以来经历了复杂发展进程，在很大程度上被视为欧洲繁荣与稳定的基石。一些欧盟成员国虽然同意让渡部分国家主权，以推进一体化的发展，但是也坚持维护国家独立自主。这导致欧盟有时不被视为解决问题的一方，反而被视为制造矛盾的一方，加剧部分成员国民众对欧盟的不信任感。尤其是在应对2008年国际金融危机引发的债务危机方面，欧盟虽然出台了救助方案，但是援助力度和分配方案还是引发部分成员国的不满，并进一步冷落了有关国家选民的热情，助推了民粹主义政党的异军突起。欧盟为了保持政策规章的落实，不时干预成员国尤其是中东欧成员国的内部事务，甚至支持一方打压另一方，影响相关成员国内部选举政治的走向及朝野关系变化，招致强烈反对。此外，欧盟对部分谋求"加盟"的欧洲国家提出内部改革要求，引发其国内的亲俄与亲欧政治力量对抗；欧盟还对少数欧洲国家"加盟"要求反应消极，影响到有关国家不同层面选举结果。如在2021年市政选举中惨败的北马其顿社会民主党领导人、总理扎埃夫宣布辞职，从而对加入欧盟谈判的毫无进展负责。这些举动无疑牵动相关国家的内部政党关系及朝野博弈态势，进而引发其对欧盟政治制度的认知和态度。据欧洲外交关系协会2021年6月的一份民调显示，"2019年至2020年间，德国公民对欧盟政治制度的信心要比法国和意大利民众大得多，但欧盟委员会对疫苗分发管控的糟糕表现改变了德国人的看法，其中55%的德国人认为欧盟的政治体系已经崩溃，这个数字较之2020年以来增加了11%"[1]。随着欧盟发展困境的增大以及欧盟高威望领导人的减少，欧盟协调成员国立场的能力进一步降低，欧盟进一步扩大的难度也会有所增多。这些无疑将影响到欧盟与成员国及申请加入欧盟国家的关系，并牵动有关国家内部的政党

---

[1] Mark Leonard and Jana Puglierin, "How to Prevent Germany from Becoming Eurosceptic", https://ecfr.eu/profile/jana_puglierin.

关系及选举政治走向。

第三节　影响欧洲国家选举政治走向的几对重要关系

目前来看，欧洲多数国家对选举政治的风险和挑战有着一定认识，注意解决选举代表性不足、选举程序瑕疵、选举腐败以及外部力量干扰等问题，以提升选举合法性。当然，也有一些欧洲政治家或学者认为，政党的碎片化及联合政府常态化尽管可能给政党和政治家带来不少挑战，但无疑有助于促进社会各个群体的诉求得到广泛体现和维护，进而促进社会和谐与团结。未来，欧洲国家选举政治受全球发展走势、欧洲经济社会形势以及政治生态等多重因素影响，仍面临较多的不确定性并受到几对复杂关系的影响，其未来走向值得继续观察。

（一）选民的政党认同与政治人物认同关系

如今，欧洲政党和政治人物所处的环境变得更加严厉和苛刻。从欧洲范围来看，欧洲多数国家选民在选举中虽然仍看重政党的属性和代表性，但对候选人的个性化因素也越来越看重。尤其是在欧洲，"20世纪60年代70%的选民在每一次选举中都选择支持认为立场'最接近'的政党，但是在过去十年上述数字已下降到40%以下"[①]。究其原因：一是选民教育水平不断提高，参政认知更为深刻。在一定程度上，受教育水平越高的选民越是容易质疑政党权威，越是求新求变。二是政党自身无能及政党相互恶斗展现的选举政治形象也损害了不少选民对政党的信任和支持，导致不少选民对政党产生一定程度恶感。随着社会内部的分化及抗议政治的增多，欧洲选举政治的党派性色彩有所

---

① Diego Garzia, Frederico Ferreira da Silva and Andrea De Angelis, "The Personalisation of Politics: Why Political Leaders Now Lie at the Heart of European Democracy", https://blogs.lse.ac.uk/europpblog/2021/01/19/the-personalisation-of-politics-why-political-leaders-now-lie-at-the-heart-of-european-democracy/.

弱化，而以政治人物为中心的竞选特征将进一步体现。其中特立独行、重视维护国家利益的保守派政党领导人兼国家领导人有望继续获得较高的政治支持；民粹主义政党虽然面临一定的冲击，但是总体上依托新老领导人的媒体宣传，仍将在多数欧洲国家维持较高的社会民意支持，成为相关国家政坛不可忽视的政治力量；一些欧洲国家的新兴政党由于没有历史包袱及政策主张相对灵活，可能受到选民更多青睐。面对激烈的政党竞争以及相近光谱政党的同质厮杀，一些国家相近光谱的政党也谋求共同推选候选人，以争取扩大政治优势乃至赢得选举，但是政党利益差异使得候选人之间的协调与整合难度加大。如面对2023年大选，意大利中右力量难以整合来自力量党的参议院议长伊丽莎白·卡塞拉蒂和联盟党领导人萨尔维尼，而左翼的民主党和具有左翼民粹色彩的五星运动也难以推出共同候选人，这无疑加剧了不少欧洲国家选民的选择困境。此外，无论是实行比例代表制还是实行"赢者通吃制"的欧洲国家，特立独行或反建制政治人物的增多，可能进一步增加选后执政联盟组建以及国家治理的难度。毕竟选民一旦投完票就难以有效地影响和约束联合政府，而在野党的倒阁或执政联盟内部的分裂虽然可能带来政权的更替，但无疑难以充分反映多数选民的诉求。

（二）欧洲国别政党的内部斗争与妥协关系

欧洲选举政治虽然作出了诸多制度性设计，但是最终执行还要看执政党（执政联盟）与在野党如何处理相互关系以及如何切实维护选民的利益。随着欧洲国家政党光谱的多元化发展，以及政党关系的不确定性增加，不少国家选举政治和政党政治发展将更加复杂。具体欧洲国家来看，部分国家传统主流左右翼政党可能继续加强合作，以阻遏民粹主义政党的参政或执政，但是合作的内在动力可能有所弱化。部分国家右翼政党可能持续向民粹化发展，以强化民族和国家利益维护者的形象，进而提升选举竞争力。部分国家民粹主义政党可能作出一定让步，降低政策的激进性，以争取更多选民支持或换取传统左右翼政党的合作。从联合政府组建来看，在一些情况下议会第一大党可能难以牵头组阁而被迫在野，议会第二大党则可能通过有效政治结盟而领导联合政府。但是政治分野和利益博弈决定了不同类型政党难以保持长期的相互妥协，仍会围绕一些具体议题进行动态的斗争。即便是曾经一度联合的各个政党也会随着形势的变化围绕再次执政而开展激烈的博弈。如尽管2017年以来，荷兰自由民主人民党和基督教民主联盟等四个政党联合执政，但在2020年3月大选之后，上述四个政党还是花了近十个月的时间才重新达成联合执政协议。荷兰主要民调机构I&O Research2022年1月的一项民调显示，"尽管组成该国联合政府的四个政党赢得大约50%的人口支持，但是40%的受访者表示对新政府没有多少信任，25%的受访者表示根本不信任新政府"[①]。上述斗争在某种程度上反映了不同政党对所代表群体利益的坚持，也预示着新政府的生存和发展面临严峻困难。这就使得欧洲不少国家的街头斗争、议会斗争将更趋激烈，组建联合政府的困难增多，以及政府政策出台的难度加大。欧洲一些国家的少数派政府也可能增多，进而导致政权稳定性弱化并带来非正常政府垮台、政府重组或提前举行议会选举。

（三）欧盟规制与成员国自主的博弈关系

欧盟自称致力于维护民主原则和制度，强调欧盟民主面临着极端主义抬头、选举干预、虚假信息等挑战，推出欧洲民主行动计划，重点促进自由和公正的选举、加强媒体自由和打击虚假信息，还谋求进行阶段性民主评估和审核。但是这种理论上的泛欧民主要求极高，既不符合欧盟发展现状，也与当前欧盟成员国的民主水平和选举政治现状不相称。欧盟坚持将财政援助与成员国政策相挂钩，以财政支持为诱饵引导国家有关的改革步伐，也会影响到有关成员国的内部政治争

[①] Thomas Lehnen, "Dutch Lack Trust in New Coalition, Survey Shows", https://www.euractiv.com/section/politics/short_news/dutch-lack-trust-in-new-coalition-survey-shows/.

议与斗争。欧盟还从价值和文化层面，对欧盟成员国下"指导棋"，引发强烈反响。如以欧洲委员会名义要求尊重穆斯林女性选择戴头巾，其虽具有一定的进步性，但是也无疑引发成员国保守力量的反感和敌视，他们认为这不符合欧洲传统和基督教价值，进而激发有关国家的疑欧情绪。未来，欧盟无疑也希望通过统一的民主规则来维护选举政治的稳定发展，但是成员国内部政党利益的分歧，以及相互博弈加剧决定了其可能更多倾向将本党利益置于国家利益和欧盟利益之上，为了选举胜利而采取一些非制度性潜规则，乃至搞恶性政治斗争。尤其是中东欧国家大多经历了残酷的近现代历史，对民族国家的主权重视在一定程度上要高于西欧。这些国家的民族主义、民粹主义政党为体现存在和价值，可能会更多诉诸国家利益，而坚决反对欧盟超强度的规制和施压。

（四）欧洲内部自主性与对外抗争性的关系

在国际博弈日益激烈和大国竞争复杂敏感的背景下，欧洲国家尤其是欧盟的力量发挥依赖于整体性和协调性，进而凸显欧洲的存在和影响力。随着欧洲尤其是欧盟及其成员国的各层次选举受到更多关注，并为外部力量所觊觎，其遭遇的外部干涉影响有所增多。欧洲国家和欧盟要想获得政治自主权，坚持外交独立，就必须严守选举政治的本土性，强化选举结果的内生性，抵御可能的外部选举干扰。同时欧盟也要摆正立场，努力协调内部力量，对外部力量干预地区国家内部事务作出适当的反应。如果欧盟不能坚持正确的立场和恰当的力度，而是满足于一般的舆论谴责，并不真正支持成员国反对外来选举干涉，就难以赢得成员国的尊重和支持。如果欧盟搞双重标准，只反俄而不反美，就难以形成统一的立场并予以成员国较好的保护。一旦越来越多欧洲国家对欧盟失去信心，就可能引发其执政党或执政联盟对欧盟采取更多的防范和抵制措施。

第三章 欧洲国家选举政治的交织变奏：政党碎片化与不确定执政联盟

第四节 结语

选举政治和选举民主从来都不是万能药。欧洲范围内多层次选举虽然提供了民意表达空间，展示了民主参与性，但是一段时间以来不少国家经历了"抗议选举"和"疫情选举"，一再展现了政党碎片化、联合政府执政不确定性以及政局动荡的缺陷。上述难题不仅未能解决选民的信任问题，反而增加了有关国家选民对选举的不信任，进而加剧欧洲部分国家的民主稳固难题。尤其是传统政治精英虽然在欧洲范围内仍保持较大影响力，但无疑难以提出有效地应对危机的方案；民粹主义政党及其领导人则受政治历练和经验不足、批判多于提供解决方案等影响，短期内很难成为解决问题的主要力量。同时也要看到，政党对权力的渴求与欧洲国家选举制度设计目标的相互碰撞，正在而且还将继续牵扯欧洲国家选举政治斗争。其中，一些欧洲国家实行的比例代表制刺激了多党竞争的恶性发展，使得上述国家在困难时期可能涌现更多的政党并加剧政党竞争的尖锐性。一些欧洲国家继续下调进入议会的门槛，不仅将加剧政党竞争，而且将进一步加大政党协调和共识的难度。对魅力型政治人物的追捧，也加剧了选举政治的个人主义色彩，使得选举政治与政党政治的相互关系更为复杂，加剧了选后联合政府组建及运行的难度。此外，处于不同发展阶段的欧洲国家受内外因素影响，也需要稳定推动选举改革，否则难以解决内部政治日益增多的矛盾和分歧，进而加剧相关国家选举斗争的复杂性和尖锐性。

当然，鉴于欧洲作为西方民主发源地的文化底蕴以及欧洲深受社会民主熏陶的历史经历，短期内欧洲选举政治仍将维持惯性运作，不会出现崩溃的危机。尤其是传统主流左右翼政党仍将以大局为重，即便斗争不断，也会在必要时竭力维持选举政治的稳定性。同时欧洲社会内部在表达不满的同时，也出现了一系列的政治反思及推动政治改革的行动,尤其是一些民间组织和专家学者走在前面,组织了各种政治研讨和民间对话活动,乃至提出一些民间的政治改革倡议。其核心是推动参与式民主和协商民主,强化民主的过程性及政治辩论。如法国学者阿尔贝托·阿莱曼诺认为,"需要围绕欧洲未来发展加强公民沟通和对话,这个过程将影响到欧洲国家及欧盟的政治进程,帮助其改写本国政治计划,并影响欧洲议会选举结果,以及塑造不同欧洲政治团体的政治议程"[1]。尽管这些还远远不足以推动欧洲真正的选举民主改革,但毕竟有了一些新气象。此外,欧洲部分国家选民也开始反思投票行为和选举后果,谋求避免国家走向难以化解的政治极化。尤其是部分老牌资本主义国家的选民,尽管对现状有所不满,但主流没有走向非理性化。其可能超越阶级阶层差异,对经济发展、治理能力的诉求可能更趋向务实,并不会对执政党抱有太多不切实际的期待,而可能倾向促进经济和社会稳定,谋求确保形势不趋向恶化;也可能更多站出来,反对腐败或特定政策,推动实施广泛的民主改革议程,促进解决社会分歧,进而实现包容性发展。为此,选民们也可能对联合政府给予更多宽容,适当延长联合政府的蜜月期,以免影响联合政府的执政效率。当然,这也需要欧洲国家主流政党和政治家秉持理性,客观看待选举得失并采取相对理性的举措,避免不当的选举口号、选民动员及非理性的政治斗争。

---

[1] Michal Matlak,"Future of Europe : it's not about Liberty Treaty Change, It's about European Democracy", https://revdem. ceu. edu/2021/12/18/future – of – europe – its – not – about – treaty – change–its–about–european–democracy/.

第四章　21世纪以来周边国家选举政治新发展

周边国家在中国外交布局中占据着极为重要的地位,其选举政治动向及对华政策取向直接影响中国周边环境。20世纪90年代以来,周边国家选举政治复杂发展,有从社会主义制度向资本主义制度转型的,有受外部因素影响进一步向西方多党民主制靠拢的,也有艰难探索本国政治道路的,这些都深刻影响着地区国家选举政治的现实表现。21世纪以来,周边国家中的资本主义国家虽然大多公开推崇西方选举政治,争取西方的认同和支持,但也注意根据本国实际情况探索符合国情的选举民主道路。一个总的趋势是,多数资本主义国家迫于内外形势极力在形式上践行西方选举政治,但又艰难维持强人政治或威权政治。只是随着社会结构的变化、政党力量对比的持续演变,以及选民审美疲劳的增多,大党老党的选举困境日益增多。

第一节　东北亚地区资本主义国家选举政治新发展

冷战结束以来,东北亚地区资本主义国家都注意汲取西方国家选举制度安排和经验,积极向西方民主靠拢,选举政治的稳定性有所增强,但蒙古国和韩国的政党斗争较为突出,尤其是两国主流政党对抗激烈。其中蒙古国选举政治的不稳定性时有显现,尤其是受资源民族主义政治影响较大，选举民主经常走向偏差，选举争议及斗争经常发生，选举腐败事件时常被揭露，引发朝野激烈博弈。蒙古国出于扩大对外交往需要，也积极争取发展第三邻国，致力于加强与美国、日本及欧洲国家的全方位合作，但是这也使得蒙古国内部政治容易受到更多外部力量的影响，增加了蒙古国选举政治的复杂性。韩国政治极化问题较为突出，保守派与进步力量长期较量，政治清算不断，使得政治人物的政治风险居高不下；选举竞争中的人身攻击屡见不鲜，使得候选人的家人乃至亲人都经受全面审视。韩国基于历史和政治需要持续维持对美友好关系，选举政治中的反美和挺美因素相互角力，影响朝野斗争和选民心态。日本自民党虽经历短暂挫折，但逐步稳固和强化优势地位。在野党谋求改变自民党一党独大的格局，在野政治力量持续加强合作，以构建更为有力的在野政治联盟，但是出于意识形态等原因，日本共产党受到一定的质疑乃至排斥。上述三国政体不同，选举制度各有差异，执政党对国家权力的掌控程度不一。三国内部不同社会政治力量，基于自身政治利益诉求，纷纷推动不同内容的政治改革，相关较量仍在延续。

蒙古国受苏东剧变影响向资本主义民主政治转型，稳步推进选举政治。1992年，蒙古国通过新宪法，以分权为原则，并建立总理+总统行政体制，其中立法权属于国家大呼拉尔。蒙古国公民直接选举76名国家大呼拉尔成员和总统，国家大呼拉尔任命总理和部长。在蒙古国特有的政治制度中，总统权力特殊，可以提名检察长并任命法官，可以否决立法，但他的否决权也可以被议会三分之二多数推翻。宪法法院可以废除违宪法律，而国家大呼拉尔四分之三议员通过则可以修改宪法。2000年，蒙古国国家大呼拉尔通过了宪法第一修正案，使议会多数派可以提名总理候选人并允许议员成为内阁成员。2012年，蒙古国国家大呼拉尔批准通过至少30%的性别配额。2019年12月，蒙古国国家大呼拉尔通过选举法修正案，确定涉嫌腐败的人不能提名参选。2020年，议会选举实行相对多数投票法；限制个人对政治运动的捐款上限为500万图格里克，法人捐款上限为2000万图格里克；选举登记机构应在投票日前至少20天在网上公布选民名单；规定选举前12个月负责竞选广告业务的媒体机构应连续运营，但有偿竞选广告价格不得超出选举年1月1日前12个月的平均广告价格。2020年6月，蒙古国第八届大呼拉尔选举成功举行，选民投票率达到73%，这意味着在1992年通过新宪法之后，蒙古国选举民主得到一定发展。人民党在国家大呼拉尔的席位虽然较2016年的65席减少3席，但总体影响不大。同时，该党连续两次赢得议会选举是蒙古国自苏东剧变以来选举政治中从未出现的现象。2021年4月22日，蒙古国国家大呼拉尔接受宪法法院的裁定，确定蒙古国现任和前任总统均没有资格再次竞选总统，因此必须修改蒙古国总统选举法。2021年4月29日，蒙古国国家大呼拉尔通过蒙古国总统选举法修正案，明确蒙古国总统候选人需是年满50岁蒙古公民，选举前至少5年在蒙古国拥有永久居留权，且登记为总统候选人并领取候选人卡。同时规定蒙古国总统任期只能为一届六年。此外，在2021年6月的总统选举中，人民党总统候选人乌赫那·呼日勒苏赫获得将近70%的选票，出任新一届总统。这表明，作为蒙古国传统政治力量的人民党掌握了政府和国家元首，实现了全面执政，可以顺利推进该党实施的一些改革举措。

韩国已经从威权政治转向选举政治，但选举政治的斗争性特点极为明显。韩国于1948年8月成立并实行总统制，韩国开始实行普选和直接选举。此后一段时间内，韩国总统产生机制复杂变化，先后由国民议会、国会两院或选区团等机制间接产生。1980年10月，韩国第五次全民公决通过了新宪法，使得共和国制度化，总统的权限也被调整。总统选举改为非直接选举，并建立了一院制立法机关和内阁系统。1987年，韩国修改宪法，加速民主化转型进程，形成了"87年体制"，实行总统直选。2017年，韩国共同民主党总统候选人文在寅当选第19届总统，他在执政期间加强对保守力量的清洗，并对前总统朴槿惠进行审判。但是保守派却持续通过国会及民间等渠道进行反击，如反对文在寅政府以及共同民主党强行通过的《关于设立和运营高级公职人员犯罪调查处的法律》修订案。突如其来的新冠肺炎疫情虽然一开始给韩国政府带来一些冲击，但政府及时应对，总体控制住了疫情。2019 年 12 月，韩国国民议会修改选举法，确定国民议会 253 个直接选举席位和 47 个比例代表席位不变，但比例代表席位的产生方式有所调整，以适当体现小党的存在感。同时将选民年龄门槛从 19 岁降至 18 岁。针对选举制度的改变，韩国一些主流政党开始推动成立卫星政党并专攻国民议会比例代表制席位，引发一定争议。2020 年 4 月，在韩国国会选举中，共同民主党及共同市民党赢得国会 300 席中的 180 席，这也是自 1987 年韩国建立现行民主宪法体制以来，韩国执政党或执政联盟取得的最大一次胜利。同时，此次选举的投票率达到 66.2%，这也是 1992 年以来韩国历次国会选举中投票率最高的一次。2022 年 3 月，韩国举行民主化以来的第七次总统选举，最大在野党国民力量党总统候选人、前检察总长尹锡悦作为一名政治新人以微弱优势胜出。

值得一提的是，韩国选举政治中民粹主义日益兴盛，其具有明显的反精英主义色彩，民众决策被认为比精英决策更具合法性，因而韩国政党及政治家经常利用民粹主义来获得人民的情感支持。同时，韩国选举政治中的政治领导人蜕变也较为突出，韩国不少新老政党领导人或政治家曾经参与反对威权主义斗争，但是在参政后诉诸否决政治，进而导致韩国政党对决盛行、政治清算成风，多数卸任总统都难以善终，大多面临司法官司，有的被囚禁、有的选择自杀，导致总统成为"高危职业"。此外，韩国政党政治也缺乏一定的延续性，不少政党在遭遇选举不利后，经常选择重组或更名，以塑造新形象。上述情况虽然有利于政党的改造，但是导致有关政党丧失了继承性和延续性，成为单纯的选举工具。

日本战后选举政治总体稳定，自民党在经历挫折和挑战后继续保持一党独大势头。在非欧美国家中，日本很早就实行西方式的选举制度。如 1890 年，日本就举行第一次议会选举，当时选举权仅限于一小部分人口。在随后的几十年中，选举权逐渐扩大。1925年，选举权扩大到所有成年男性，在二战后美国占领期间实行普选。1947年宪法给日本的选举政治制度带来许多改革，其中最突出的首相不再由天皇选出，而是由选民直接选举产生的众议院任命。1955年至1993年，日本出现了自民党一党独大的政治现象，其间日本国会选举实行的是复数选区单记非让渡投票制。1994年，日本推动选举制度改革，改行混合选举制度，包括单一选区制和比例代表制。日本自民党虽然经历了短暂的挫折，但很快恢复元气。2000年4月起，自民党与多个政党相继建立联合政府，保持对权力的控制，但2009年再次遭遇众议院选举惨败。在此之后，自民党利用民主党政府的执政失误，于2012年重新执政至今。2018年，日本推进选举改革，确定参议院增加六个席位，其中四个席位通过比例代表制产生，两个席位通过单一选区制产生。目前来看，日本大党谋求实行单一选区制，以实现赢者通吃，但小党坚决反对以维护自身利益。同时小党为了抵制自民党的持续做大，也努力加强统一战线建设，构建在野党的政治联盟。如在2021年日本众议院提前选举中，日本共产党与立宪民主党等开展在野力量联合，力求取得更多席位，但结果不如人意；而自民党与联合执政伙伴公明党则分别赢得261席和32席，总数超过众议院过半席位，占据较强的政治优势。目前日本国内有一部分政治力量正积极谋求推进新的选举改革，以遏制自民党的一党独大态势。

第二节 东南亚地区资本主义国家选举政治的新变化

东南亚地区资本主义国家历史上绝大多数是西方殖民地，其文化、历史和政治制度差异较大，但政治体制设计受到原宗主国的影响。总的看，东南亚地区资本主义国家在二战结束后尤其是国家真正独立后，并没有完全效仿西方的多党制，而是注意探索符合本国国情的发展道路，但是内部社会政治的变化及国际环境的变迁，使得地区资本主义国家大多不得不向西方的选举政治靠拢，逐步形成了具有一定本国特色的选举政治。西方国家往往从选举制度建设，以及选举政治实践来判断东南亚资本主义国家选举政治表现，包括选举制度是否符合西方标准、选举政治实践是否有利于民主政治的发展，以及选举制度改革趋势是否符合多数民意诉求等。不少西方学者认为，尽管东南亚资本主义国家选举政治获得一定发展，但威权色彩较为浓厚，选举过程和选举制度缺乏一定的公平性，选举政治的质量相对不高。一些西方学者还经常指责地区国家的选举政治缺陷，尤其是对发展与民主的关系、选举与民主的关系，以及稳定与民主的关系等问题非议较多，认为地区多数国家选举民主缺乏一定的稳定性。

判断东南亚地区资本主义国家的选举政治水平和表现，不能简单地参考西方意见，而要更多了解和听取地区国家人民对选举政治的评价，以更好地反映当地选民的实际认知。目前来看，东南亚地区资本主义国家选举政治总体保持稳定，选举制度改革稳步推进，促进了地区选举民主的发展，但选举政治的一些异象有所显现，可以说民主巩固与民主倒退都在发展。一些影响地区国家选举政治的问题没有得到很好的解决。如政治精英与社会大众的对立问题较为突出，在一些情况下政治精英为了夺取和巩固权益，不惜挑起族群、地域及城乡等冲突。不少政党及其候选人不被视为国家利益代表者，而被视为国家资源的潜在分配者。资本、政治家族及军队等对选举政治的影响较为明显，各种宗教力量也出于政治需要干预选举及政治事务，以维护特定宗教的影响力。通过军事政变或司法政权等形式推翻民选政府的情况近20年来也在泰国、缅甸有所出现。以政党为选举中心的机制使得政党领导人往往具有更大的政治权力，乃至可以左右党内选举基调以及候选人的提名，这不利于党内民主和选举民主的发展。有威望的民族主义或民粹主义政治家往往得到更多的青睐，进而推行一些相对激进或强硬的政治举措。政党领导人及政治家往往通过政治庇护、利益交换等方式，层层获取政治信任和支持，进而稳固社会政治基础。政党的纲领虽然重要，但是政治人物在选举后也可以基于自身政治需要改换门庭，进而使得政治家的忠诚度往往受到一定程度的质疑。一些国家政党制度转向一般意义上的多党制，政党相互竞争及轮流执政时有出现；部分国家则趋向一党主导或独大，使得选举在某种意义上沦为形式，为此一些国家执政党实施某种程度的主动政治妥协，给予部分反对党一定的议会席位或政治职位，以更好地反映社会政治民意和彰显民主。此外，简单多数制、比例代表制等不同选举制度设计也对部分国家选举结果产生一定影响，引发部分国家选民对改革选举制度的呼唤，谋求以更好地反映选民意见，扩大选民代表性。

总的看，受多种因素影响，当前部分地区国家政治反对派力量日益发展壮大，对执政党和政府形成更大的挑战，导致部分传统的大党老党陷入一定的困境。政党力量对比的持续变化以及选举争议的增多，使得地区选举政治动荡的风险有所增多，其中既有内部因素的影响，也有外部因素的干扰。

新加坡选举政治历史较久，总体较为稳定，但执政党维持现有政党格局的挑战有所增多。1959年，新加坡实现自治时就举行选举，并产生51名代表组成的第一届立法会议。1965年8月，新加坡成立议会，议会实行一院制。新加坡议会主要有三个职能，即讨论和起草国家法律、控制国家的预算和财政，以及监督执政党和政府各部委的行动。新加坡现有31个选区，其中包括14个单一选区、17个集选区。新加坡议会选举采取领先者当选制度，不论得票多少，在选区内获得最多数票的候选人即获胜。1966年至1981年，人民行动党一直占据国会的全部席位，自1981年开始有反对党进入议会。多年来，尽管少数反对党和民众对人民行动党的执政模式和业绩予以质疑，并意图通过议会竞争的方式实现政权更替，但未能实现。2020年年初，人民行动党在新冠肺炎疫情持续加剧及国内经济受到冲击的情况下，决定提前举行议会选举。为确保选举胜利，人民行动党突出守护生命、维护国家发展和稳定的诉求，同时利用掌握执政资源的优势，对反对党竞选实施各种限制和约束。从选举结果来看，人民行动党获胜并赢得议会93席中的83席，工人党则占据剩下的10席并赢得2个集选区和1个单选区，这是反对党获得席位最多的一次。此外，人民行动党支持率从上次选举的近70%下降至61.2%，接近该党2011年60%的历史低点。成立仅一年的新加坡前进党也在参与竞选的选区取得40%得票率，可以说虽败犹荣。2020年的议会选举结果虽然没有显著改变新加坡的政治格局，但是从各个政党选举得票率对比来看人民行动党的选情还是在一定程度上受到了冲击，尤其是一些传统上安全的人民行动党席位也不再安全。考虑到反对党支持率的不断上升以及部分选民的选举取向日益超越"面包和黄油"，人民行动党日益加大对反对党的重视，李显龙确定首次设立反对党领袖一职并邀请工人党领袖出任，以作为政治反对派的地位存在。工人党秘书长毕丹星对此表示欢迎并承诺将扮演好相关角色，确保对国家和人民的忠诚和奉献，进而满足人民对实现议会某种程度平衡的期待。2021年4月8日，在人民行动党新老领导层交替方面，总理接班人、时任副总理王瑞杰出人意料地以身体为由决定退出竞选，并表示，一位"跑道更长"的年轻人应该成为下一任总理。李显龙对此表示理解，为此改组内阁。此外，新冠肺炎疫情持续蔓延等因素，也影响到人民行动党的新老交替进程。

马来西亚选举政治曾长期相对稳定，但近年来选举政治变化极大，乃至在一定程度上影响该国政治稳定。1955年以来，由巫统领导的国民阵线控制政权一度达60多年之久。其间，马来西亚议会实行领先者当选制度，但对诸如政党候选人机制、竞选资金筹集与使用等缺乏完整的规范，选区划分也不尽得当，引发社会一定争议。2018年5月9日，马来西亚迎来第十四届议会选举，选举结果令人震惊，其中脱离巫统的前总理马哈蒂尔领导的希望联盟获得48%选票，以及222个下议院席位中的121个席位，远高于组建政府所需的112个席位。国民阵线得票率仅为34%，获得79个席位。由此，马来西亚进入多党竞争时代，各政党的分化组合加速演进。马哈蒂尔宣誓就任马来西亚第七任总理，新政府上台后，虽然极力打击腐败、清算前政府要员，但仍未完全实现选民的期待。根据马来西亚有关民意机构数据，马哈蒂尔在担任总理758天中，只履行了556项承诺中的26项。此外，马哈蒂尔执政风格极具个人特色，但此次就职总理的国内政治环境与1981年至2003年的情况不可同日而语。他本人领导的政党在希望联盟内部力量较弱，必须紧紧依靠其他政党才能够形成优势。为了争夺总理职位，马哈蒂尔在选前与长期竞争对手安瓦尔达成执政协议，由马哈蒂尔先出任两年的总理职位，然后再将总理一职交给安瓦尔。但马哈蒂尔对权力交接一事不愿设立时间表，引发安瓦尔及其领导的人民公正党不满。在人民公正党主席安瓦尔与署理主席阿兹敏的内部矛盾加剧并出现党内分裂后，首次在野的巫统抓住时机，与希望联盟内部的伊斯兰教党加强沟通，力图分化和拆解希望联盟。2020年2月24日，土著团结党公开宣布退出希望联盟，而作为土著团结党总主席的马哈蒂尔，则在其后主动辞去总主席职务及总理职务，希望联盟进入瓦解和丧权的进程。3月1日，前副总理、土著团结党主席穆希丁仓促组建新的联盟，并就任第八任总理。但是穆希丁领导的新联盟只能掌握国会下议院微弱多数，执政地位并不牢固，尤其是面临巫统的挑衅和掣肘。此外，应对新冠肺炎疫情不力也加剧社会怨恨和不满，导致巫统撤回对穆希丁的政治支持。为了保住政治权力，穆希丁谋求以实施政治改革来争取其他政治力量的支持，但是没有取得积极效果。2020年8月27日，政府选举改革委员会抛出选举改革建议，涉及49个事项。由于面临严重掣肘，穆希丁不得不在2021年8月13日宣布辞去总理一职，这刷新了马来西亚总理任期最短的纪录。巫统虽然对穆希丁不满，但是并没有退出政治合作，在原执政联盟内部磋商和协议后，推选穆希丁出任政府副总理、巫统副主席伊斯迈尔·萨布里出任政府总理。从国会下议院支持率来看，伊斯迈尔的支持者依然是原执政联盟的成员，即大多为巫统、土著团结党、伊斯兰教党等马来族裔为主的保守政党。从这个方面来看，此次总理换人无疑有着执政联盟内部斗争和妥协的因素，但是必须看到，新总理依然面临严峻的内外形势。2022年10月，伊斯迈尔解散国会并举行新一届大选。同年11月，大选结果公布，希望联盟（希盟）和国民联盟（国盟）的国会席位相近，原长期执政党国民阵线惨败，但无单一政党或政党联盟赢得国会下议院简单多数席位。在经过激烈的谈判后，希望联盟获得组阁权，该联盟领导人安瓦尔当选总理。

菲律宾选举政治多变，党争激烈。1898年，菲律宾宣布独立，随后被美国占领，其后菲律宾开启选举政治并先后进入独立后的共和国时期、威权主义时期，以及自1986年以来民主政治的重建时期。美国殖民统治菲律宾后积极推进选举政治，选举也一直是菲律宾政治发展的组成部分。菲律宾第一次立法选举于1907年7月举行，随后菲律宾通过宪法，规定国家实行一院制。1916年，菲律宾议会改为两院制。虽然期间菲律宾可以参与选举的选民有限，但促进了选举政治和政党政治的初步发展。1942年，菲律宾被日本军队占领。第二次世界大战结束后，菲律宾再次沦为美国殖民地，但很快独立。1946年至1971年，菲律举行了16次全国和地方选举，国民党和自由党相互竞争并占据主要地位。1972年，时任总统费迪南德·马科斯为保住权力实施军管。1984年，菲律宾反对派获得参与选举的权利，选举程序被修改。1986年2月，菲律宾提前举行总统选举，贝尼尼奥·阿基诺的夫人科拉松·阿基诺在民众、天主教会和军队的支持下出任总统。1987年，宪法和总统选举法对菲律宾选举制度作出新的明确规定。总统和副总统由人民直接投票分别选举产生，实行简单多数制。参议员任期有所调整，目前为一任六年。众议院250名议员中，200名通过地区比例代表制选出，其余50名按比例从政党名单中选出（即选党不选人）。2001年1月，埃斯特拉达因受贿丑闻被迫下台，副总统阿罗约继任总统。2004年6月，阿罗约当选总统。2010年6月，自由党候选人阿基诺三世就任菲律宾第15届总统。2016年6月，民主人民力量党候选人杜特尔特就任菲律宾第16任总统。在2022年选举中，费迪南德·罗慕尔德兹·马科斯和搭档莎拉分别当选正副总统。菲律宾的选举民主具有一定的缺陷，即精英主义、家族政治、腐败和暴力等层出不穷。政治暴力是该国反复出现的问题，执法不力和根深蒂固的政治家族助长了这种情况。就选民本身而言，选民对政治家和候选人个人风格及政治背景的关注，往往要超过政策和意识形态，导致选民投票行为往往与国家发展存在偏差。

泰国选举政治复杂发展并出现新的变局。1932年，泰国因一场政变结束封建君主制进入民主政治时期，但军人频繁干政使得民选政府具有一定脆弱性，政权非正常更替成为挥之不去的阴影。1976年以来更加开放的政治氛围，为从军人政府向民选政府过渡作出了贡献。20世纪80年代以来，泰国的社会经济发展改变了泰国社会结构，促进了新兴阶级的发展，这使得广大民众有了更多接受高等教育的机会，进而导致越来越多的人要求参与政治并谋求监督政府合法使用纳税人的钱财。1991年，泰国发生政变，军方领导人任命阿南德出任总理。阿南德推动通过了几项宪法修正案，特别是要求总理必须是国会下议院议员，他还成立了民意调查观察委员会以监督选举进程。根据1992年宪法，泰国举行了多次选举并选举产生民选政府，其中选举人投票年龄从20岁改为18岁。但是选举进程中贿选、舞弊、暴力等问题较为突出，引发农村地区选民的不满。当新兴中产阶级代表他信在2001年赢得选举时，他为实行更公平的竞争开辟了政治空间。泰国各类被边缘化的群体获得教育、医疗、救助等多方面支持，并逐步变成泰爱泰党的忠实支持者。在2005年国会下议院选举中，他信再次赢得选举胜利并连任总理，这引发了泰国保守力量的不满。2006年，泰国再次发生军事政变，他信被迫下台，这引发了泰国的持续政治动荡和危机。尽管他信遭到政治排挤和打压，但下层民众仍坚定支持亲他信的政党。在2007年泰国国会下议院选举中，他信支持的人民力量党领导人沙马出任总理，但是2008年，沙马因被判违宪而离职并由同党的颂猜接任。同年，民主党领导人阿披实出任总理，但民主党执政遭遇红衫军的强烈抗议和对抗，执政道路艰难。阿披实随后于2011年7月提前举行国会下议院选举，但为泰党赢得选举，他信的妹妹英拉出任总理并继续执行他信的政策。2014年2月，英拉政府提前举行国会下议院选举，但选举结果因投票率过低等多方面因素被宪法法院宣布无效。2014年5月22日，军方宣布接管国家政权，十年来第二次推翻民选政府。2017年4月6日，军方支持的修宪公投获得通过，玛哈·哇集拉隆功国王由此扩大国王权力，并为全国选举铺平了道路。2019年3月24日，泰国举行新一届国会下议院选举，此次选举实行一票制，其中150个席位不通过直接选举方式产生而由各政党通过所获选票比例推举产生。前陆军总司令巴育领导的国家公民力量党获得简单多数胜利，随后巴育获得国会上下两院投票支持出任总理。为泰党尽管获得选举胜利，但是没有获得政党席位。这使得议会极为碎片化，至少18个政党或政治组织参加联合政府。巴育还辞去"国家维稳团"主席职务，宣布国家恢复到正常的民主体制。在此次泰国选举中，2018年成立的未来前进党拿下国会下议院81个席位，一跃成为泰国第三大党，被视为第三方新兴力量。2021年10月，泰国国会通过一项关于修改选举制度的宪法修正案，拟议将选举制度从一票制改为两票制，即选民需要填写两张选票，其中一张为选举候选人，另一张为选举政党；通过选举票直接产生的议员将增加50人进而达到400人，通过政党票选举产生的议员将由150人减为100人。上述选举安排有利于提升大党的选举竞争力。在2023年5月议会选举中，前进党、为泰党取得重大胜利，分别成为下议院第一和第二大党。由于没有一个政党获得下议院半数以上席位，因而泰国新政府的组建一段时间内陷入困境。通过灵活务实的政治策略以及艰苦卓绝的政治协调，为泰党最终取得组阁权并成功组建多党联合政府。

第三节 南亚地区国家选举政治新变化

南亚地区国家多继承英国的政治制度，推行议会民主制。总体来看，多年来，地区多数国家选举能够如期举行，选举结果也能得到一定程度的国际认可。地区多数国家顺应形势发展变化，也不断改革选举制度，以适度回应社会政治诉求，但是也存在一定程度的选举进步与民主倒退的现象，尤其是形式民主与实质民主不匹配的问题较为突出，引发国际社会一定程度的非议。近年来，南亚地区部分国家政党政治出现一定程度的新变化，促进地区国家选举竞争的新发展、政治格局的新调整。

一是部分国家传统政党面临较多挑战，政党轮替带来政治格局的新变化。地区部分国家打破传统的政党格局，产生突出影响。如印度人民党持续发展，国大党持续衰落，印度人民党有望持续执政；巴基斯坦正义运动党短期内一度成功实现掌权并保持较高支持度，对传统大党巴基斯坦人民党、巴基斯坦穆斯林联盟（谢里夫派）等形成有力冲击，但在遭遇在野党联合倒阁后，朝野博弈出现新变化；斯里兰卡人民阵线党异军突起，对统一国民党和自由党形成压制并掌握国家权力。

二是部分国家选举政治中的家族政治依然存在，但无疑也有所衰落。地区不少国家政治家族长期把持政治权力，操控国内政治走向，但受社会结构变化、选民心态变化等因素影响，选民对传统政治家族的忠诚度不同程度下降，不少政治家族政治选举得票率减少并趋向弱化。其中印度尼赫鲁家族最为明显，当前其年轻一代家族接班人的政治能力不足、政治号召力不够，难以发挥领头羊作用，使得国大党在国家和地方选举中遭遇不少败绩。斯里兰卡拉贾帕克萨家族在国内政治斗争中不断发展，政治影响力逐步提升，进而对一些传统的老政治家族形成一定的遏制，但是斯里兰卡国内政治形势的日益紧张也对拉贾帕克萨家族形成严峻的挑战。

三是宗教政治和民粹政治有所发展，影响选举政治效果。受经济发展不平衡、社会不公正等因素影响，地区部分国家社会不满情绪持续高涨，社会民怨较多，加之受宗教等因素影响，引发了一定范围的宗教和民族冲突。这表明经济发展与选举民主并不存在直接的相关关系，经济发展并不能自然促进社会和谐与政治平稳。政党、政治家需要强化国家意识和大局意识，促进社会和政治团结，创造更为友善的社会氛围。

四是腐败、暴力等因素渗透到政党竞争和选举竞争之中，使得选举政治的不稳定性和动荡性有所体现。南亚地区国家腐败问题历史悠久，腐败与政党、政治家筹集资金、收买人心等息息相关，难以消除。为了获得更大的政治权益，不少国家政党不惜操纵或收买部分社会力量，蓄意制造社会冲突或对抗，进而影响社会民意，煽动对执政党和政府的斗争。在大选时，南亚地区部分国家落败的一方也不愿意接受选举结果，而是持续炒作选举争议并诋毁选举公正性。

五是南亚地区国家共产党虽然总体受到冲击，但仍具有一定的选举竞争力。南亚地区国家的共产主义运动大多起源于20世纪初，具有反帝反殖等共同诉求，在争取国家独立过程中发挥了一定作用，目前大多数从事公开的政治斗争并参与选举竞争。总的看，地区不少国家内的共产党力量较为分散，相互竞争较为明显。就印度而言，印度共产党、印度共产党（马克思主义）系两支主要力量，印度共产党（马克思主义）一度在印度数个邦执政，但21世纪以来遭遇不少挑战，目前仅能在喀拉拉邦执政。为了提升共产主义力量的影响力以及反击印度人民党，印度各类合法共产主义及社会主义力量在一些地方邦选举中也加强政治合作，争取巩固和提升政治影响力。印度共产党（毛主义）则长期坚持武装斗争，谋求通过暴力对抗来争取实现既定的政治目标，遭到印度政府的持续军事打压。尼泊尔的共产主义力量总体较为强大，其中尼泊尔共产党（联合马列）作为老牌议会政党，持续发挥政治影响力。尼泊尔共产党（毛主义中心）在2001年国王罹难以及后来的国内政治形势剧变后，从军事斗争逐步转向议会斗争，推动尼泊尔政治格局的深刻演变。鉴于尼泊尔国内共产主义力量相对分散且左翼与右翼力量斗争不断，该国主要共产主义政党的立场选择就至关重要。一旦该国共产主义力量加强协作就可能掌握政治主导权，反之则可能面临较大的政治困境乃至被右翼政治力量利用。尼泊尔共产党（联合马列）和尼泊尔共产党（毛主义中心）一度进行联合并取得一定的选举胜利，但是内部分歧影响到合并工作，导致尼泊尔政治再度回到三大主要政党激烈竞争的状态。

六是南亚地区国家女性政治和绿色政治获得一定发展，促进选举民主的发展。南亚地区国家历史上女性长期处于附属地位，政治影响力较弱，但随着多数国家实行女性配额制度，为女性参政及发挥更大政治影响力提供了一定政治空间。虽然南亚地区国家女性受传统政治文化影响，在参政上仍受到一些隐性因素的约束，但较之以往无疑有了明显的政治进步。同时，随着地区气候问题日益严重以及全球环境治理挑战的加大，地区不少国家绿色环保思想有所发展，绿党也随之产生和发展，其选举竞争力虽然相对不足，但是也推动各类新老政党重视环境问题并促进国家立法保护环境。这也提升了地区国家选举竞争中绿色理念的分量。

巴基斯坦自1947年独立以来着力推动民主政治，但选举政治遭遇一定阻力。1973年，巴基斯坦宪法对选举制度作出细化规定，并对国民议会席位数量和候选人要求，以及关于选举法中的选举日、选举名单、政府职责等作出具体规定。2008年，鉴于总统选举胜利合法性遭质疑、国民议会选举失利及美国因素等影响，军事政变上台的穆沙拉夫辞去总统职务。2010年4月8日和15日，巴基斯坦国民议会和参议院分别通过宪法第18修正案，将总统部分权力移交给总理，提高了总理和议会的权力，并授予各省自治权。2012年2月20日，巴基斯坦议会通过宪法第20修正案，取消了由总统任命看守政府总理的权力，改由总理和反对党领导人协商确定，扩大了反对党的作用；授权巴基斯坦选举委员会设立确保自由和公平选举的中立结构。在2013年大选中，巴基斯坦穆斯林联盟（谢里夫派）获得了32.77%的选票，负责组建政府；其中正义运动党以43席的成绩跃居巴基斯坦第三大党。

2014年，巴基斯坦正义运动党以2016年选举舞弊为由，举行了长达半年的政治抗议和示威。2016年6月，巴基斯坦又通过宪法第22修正案，对选举委员会成员任职资格进行了调整。在2018年大选中，伊姆兰·汗领导的巴基斯坦正义运动党赢得了270个国民议会席位中的116个，成为最大的政党并负责组建新的政府；巴基斯坦穆斯林联盟（谢里夫派）及人民党分别获得64席和43席，其他政党也不同程度有所斩获。作为巴基斯坦政坛的黑马，巴基斯坦正义运动党属于区别于传统两大政党巴基斯坦穆斯林联盟（谢里夫派）和人民党的第三势力，其领导人兼政府总理伊姆兰·汗突出变革，强调反腐和正义，受到较高社会支持，但应该看到，巴基斯坦正义运动党在大选中仅获得31.82%选民支持，在施政过程中仍面临不小的政治挑战。2020年11月，伊姆兰·汗总理宣布将引入电子投票系统，以确保投票过程的透明度。2021年年底，巴基斯坦正义运动党积极争取盟友支持，以推动49项选举改革，其中还包括给予海外900万选民的投票权。2022年年初，受经济停滞及外交压力等因素影响，巴基斯坦主要反对党联合推动国民议会通过对巴基斯坦正义运动党政府的不信任投票，并组建新的联合政府，但联合政府内部政党分歧较大，面临较大的执政困难。目前来看，巴基斯坦选举政治仍呈现一定的脆弱性，巩固选举民主任重道远。

印度选举政治的争议性增大，政党斗争更趋激烈。自1947年以来，印度实行英国式的议会民主制度，推行领先者当选的机制。1951年至1952年，印度启动了第一次国会选举，国大党不出意料赢得1952年选举并赢得议会两院中约三分之二的席位。独立后的20年间，国大党保持一党执政。20世纪60年代末开始，国大党遭遇诸多挑战，力量有所衰弱，其中1977年至1979年曾丧失政权。后国大党虽然赢回政权，但面对多元政治力量的持续发展，也难以持续把持政权。1988年印度规定，在选举期间选举工作人员被视为选举委员会的代表，都将受到选举委员会的控制和监督。1989年，国大党在大选败落之后，印度政局进入多党竞争、联合执政时期。1996年至1999年，印度进入政治动荡期，连续举行三次大选并产生五届政府。此后，印度人民党强势崛起，除2004年至2014年国大党执政十年外，人民党包揽了其余全国性选举的胜利，总理莫迪也成为印度最知名的政治人物之一。而国大党则进一步衰落，使得印度政党格局中人民党的强势地位更加明显。自2000年开始，印度稳步推进选举改革，包括为参与人民院和地方议会选举的候选人设置经费支出上限；仅允许在选举完成最后阶段的情况下发布出口民调；扩大允许邮递选票的情况；对候选人造假作出刑罚和财产等方面的惩罚；强化选举筹资的透明度；等等。长期以来，印度意图推动将投票权与选民身份证联系起来，但是一直得不到一些在野党的认可，其理由是会侵犯公民的基本权利以及侵害公民的隐私。此外，20世纪七八十年代，印度选举中的教派分歧和暴力冲突越来越明显。1990年，印度政府终于认识到必须妥善处置并要求各方遵守选举规则，尤其是要求任何政党和候选人都不得开展加剧现有分歧或仇恨，乃至造成不同种姓和社区紧张关系的活动。此举尽管没有得到很好的遵守，但是也产生了一定积极效果。

斯里兰卡1948年独立后多次经历动荡时期，但仍艰难维持选举政治。早在1931年殖民地时期，斯里兰卡成为亚洲第一个确立投票权的国家。1948年斯里兰卡独立时，实行两院制议会。1972年，斯里兰卡颁布新宪法，两院制议会改为一院制并设立国民大会（后改为议会）。1978年9月7日，斯里兰卡历史上第四部宪法生效，废除议会制，改行总统制，总统通过简单多数票产生。在1982年10月20日的选举中，该国被划分为22个选区（宪法规定全国最多设立24个选区）。公民可以按优先顺序在选票上标记最多三名总统候选人。在这种"单一可转让投票制"下，如果没有候选人获得超过半数的选票，除两名得票率最高的候选人外，其他所有候选人都将被淘汰。一个选民的三个投票选择中如果包含了两位得票率最高候选人中的一位，那么其对剩余两个候选人的第二或第三优先权将被计算在内。独立以来，斯里兰卡统一国民党和自由党作为最主要的两大政党,曾先后长期执政,但两党意识形态差异较大、相互博弈激烈,体现其背后的普利马达萨家族和班达拉奈克家族的政治斗争。21世纪以来,尤其是2005年以来,拉贾帕克萨家族作为新的政治家族不断崛起,并占据自由党的领导位置。但是由于自由党的内部权力斗争,导致自由党一度失去政权。2019年11月17日,戈塔巴雅·拉贾帕克萨以约52.3%的得票率在斯里兰卡第八届总统选举中胜出,当选新任总统。前总统马欣达·拉贾帕克萨随后获任新总理。2020年8月,斯里兰卡人民阵线党赢得议会选举,马欣达·拉贾帕克萨继任总理,这表明斯里兰卡传统的自由党和统一国民党轮流执政格局被打破。为了争取政治话语权,斯里兰卡的泰米尔族和穆斯林少数民族政党都致力于推动选举改革,要求在未来的选举中实行比例代表制。但是受全球新冠肺炎疫情以及世界经济、安全形势等影响,斯里兰卡经济问题日益严峻,进而导致社会和政治领域的社会抗议和对抗,迫使马欣达·拉贾帕克萨辞去总理一职。2022年7月20日,前总理维克拉马辛哈当选斯里兰卡总统。

第四节 中亚地区国家选举政治新变化

中亚地区国家在苏联解体后,顺应形势纷纷推行西方多党民主制,选举政治对促进民族国家的构建,以及提升国家向心力起到一定积极作用。然而,一些国家政治反对派的逐步壮大,并在外部力量支持下逐步形成气候,挑起罢工、抗议等活动,对执政党和政府稳固政权形成一定挑战。地区多数国家随着传统政治强人的离去,社会政治生态发生较大变化,权力交接变得充满风险,维护政治稳定的难度加大。为此,不少国家加大探索本国特色选举政治之路,谋求遏制外部政治干预并确保选举政治平稳运行。在这方面,哈萨克斯坦探索较为深入、手法较为细腻,但是也遭遇一定的挫折。

哈萨克斯坦系总统单一制共和国,自1991年独立以来,选举政治总体稳定。哈萨克斯坦总统拥有广泛的权力，包括解散议会、启动和否决立法、任命外交部长、内政部长和国防部长及中央选举委员会主席等权力。1991年12月，纳扎尔巴耶夫当选为独立后的哈萨克斯坦共和国首任总统。此后他通过全民公决、议会通过修正案等方式延长自己的任期，到2015年共赢得五次总统选举胜利，任期至2020年4月。尤其是2015年纳扎尔巴耶夫的总统选举得票率更是超过90%，获得压倒性胜利。在议会选举方面，1999年成立、2004年第一次参加议会选举就赢得议会下院77个席位中42个席位的祖国党，开创了单个主导型政党的局面。2006年9月，祖国党与纳扎尔巴耶夫长女达丽加·纳扎尔巴耶娃领导的"阿萨尔"党合并为"祖国之光"党，并持续保持议会选举优势。2007年哈萨克斯坦推进选举法改革，引入了比例代表制，取消独立候选人，只允许登记和注册的政党参加议会选举，还明确不允许成立选举联盟。在2016年议会选举中，"祖国之光"党在议会下院的98个直选席位中获得84席。面对长期以来国内关于总统权力过大的争议，以及出于妥善处理总统、政府和议会关系的需要，纳扎尔巴耶夫于2019年3月10日签署修改过的国家宪法法令。根据修改后的宪法，总统将部分权力移交政府和议会，使得政府和议会权力得到加强。2019年3月19日，出于国内经济社会发展、个人身体健康及更换政治血液等因素考虑，纳扎尔巴耶夫决定提前辞职，并将总统权力移交给参议院议长托卡耶夫，随后托卡耶夫在非例行总统选举中获胜。纳扎尔巴耶夫辞去总统职务后，哈萨克斯坦爆发了一波抗议浪潮，一些新的政治组织和运动应运而生，还提出了政治改革诉求，包括选举制度改革及向议会制共和国过渡等。2019年6月9日，哈萨克斯坦举行新的总统选举，托卡耶夫以70.96%的选票顺利当选总统。2020年5月，托卡耶夫签署一系列新的政治法案，包括哈萨克斯坦选举法修正案和哈萨克斯坦政党法修正案等，规定要增加青年和女性的参政力度，确定其占候选人比例不得低于30%，并下调政党成立的标准及为政党运作创造良好条件。2021年1月12日，哈萨克斯坦中央选举委员会公布哈萨克斯坦议会下院选举最终结果，执政党"祖国之光"党赢得71.09%的选票，占据优势地位。哈萨克斯坦新议会组建后，侧重于为该国的社会和经济改革提供高质量的立法支持。与此同时，哈萨克斯坦政府还继续推进有价值的政治改革：如向参议院和议会下院授予更多权力来制衡行政部门；参议院获得了更大的决策权，议会下院有权以简单多数票对政府进行不信任投票，而不是以前要求的三分之二票；议会反对党有权在一次会议期间至少举行一次议会听证会，并在一次会议期间至少两次为政府设定议程。

吉尔吉斯斯坦自独立以来，政体反复调整、选举制度持续变化、选举政治复杂演进。新独立的吉尔吉斯斯坦虽然确立了总统制，但仍保留一院制的最高苏维埃议会并给予较高的政治授权。1993年，吉尔吉斯斯坦通过独立后第一部宪法，确定吉尔吉斯斯坦为半总统制国家，但行政机关和立法机关的权力之争开始显现。1994年10月，吉尔吉斯斯坦举行全民公决，决定实行两院制议会。从20世纪90年代后期开始，总统阿卡耶夫开始强化个人权力。2003年年初，吉尔吉斯斯坦围绕阿卡耶夫是否可以继续担任总统，以及修宪举行全民公投，结果阿卡耶夫获得多数支持可以再任总统，新宪法将议会两院制改为一院制并缩小议会的规模。2005年年初，吉尔吉斯斯坦发生"郁金香革命"，三次当选总统的阿卡耶夫被迫下台，政权实现非正常更替，反对派领导人巴基耶夫随即当选新总统。2009年7月23日，巴基耶夫以76%的选票再次当选总统，但选举不规范还是遭到不少选举监督方的关注和批评。2010年4月，吉尔吉斯斯坦北部地区的抗议活动将巴基耶夫及其政府赶下台。同年6月27日，吉尔吉斯斯坦新宪法获得全民公投通过，国家政体改为议会制。作为对推翻总统巴基耶夫的回应，吉尔吉斯斯坦于2010年通过的关于权力分配的新宪法，限制了总统权力。2011年10月30日，吉尔吉斯斯坦举行总统大选，这助力了吉尔吉斯斯坦民主化，弱化了政治对抗，但议会内部的政治斗争也趋于突出。2017年10月，吉尔吉斯斯坦举行总统选举，社会民主党候选人、前总理热恩别科夫在首轮投票中以54.77%的得票率获胜并担任总统。2020年10月4日，吉尔吉斯斯坦第七届议会选举引发政治危机。起因是反对派中没有一个政党进入到第二轮选举，这让反对派非常不满，要求重新进行投票，甚至还发生了暴乱事件。此后反对党重要领导人扎帕罗夫与包括前总统阿塔姆巴耶夫在内的其他政治领导人一起从监狱获释。扎帕罗夫抓住时机，积极作为，先后出任总理及代总统。2021年1月10日，吉尔吉斯斯坦举行总统选举，扎帕罗夫在首轮投票中以79.20%的得票率获胜并出任新总统。同日，吉尔吉斯斯坦举行全民公投，投票选民中的81.30%选择改行总统制。据吉尔吉斯斯坦中央选举委员会统计，本次公投有超过132万人投票，支持新宪法的占比超七成。

第五节　俄罗斯选举政治新变化

苏联解体后，俄罗斯经历了选举政治从混乱到稳定的时期，选举民主得到稳步体现。在此过程中，俄罗斯的选举制度、政党制度相互作用、相互影响，使得选举制度改革不断推进，统一俄罗斯党的政权党地位日益稳固。尽管西方不停炒作俄罗斯的选举威权主义，乃至支持俄罗斯反对派，但基本遭到失败。

1991年苏联的崩溃开启了俄罗斯政治改革进程，启动了俄罗斯选举政治发展之路。1991年6月，俄罗斯苏维埃联邦社会主义共和国举行了第一次总统选举，叶利钦当选总统。1993年，俄罗斯出台新宪法，确认通过全民选举的方式选举一位总统作为国家元首，同时确定了总统的广泛权力并取消了副总统职位。新宪法还规定设立议会两院，包括联邦委员会和国家杜马。国家杜马有450位成员，一半按单名制方式与多数代表制原则由选民直接选举产生，另一半则在全联邦范围内从参加竞选并获得5%以上选票支持的选举联合组织和选举联盟中，根据其得票数量按比例选出；联邦委员会则从89个联邦主体中按多数原则各选出2名代表组成。1993年12月12日，按照两院选举条例选举产生了俄罗斯联邦第一届联邦议会，作为临时议会，本届联邦议会任期2年。1994年12月6日，叶利钦总统签署并颁布了《俄罗斯联邦公民选举权基本保障法》，对选举名单、选举程序、选举结果等进行规范，比如对候选人提名进行约束，进而使得较小的政党难以进入国家杜马。1996年，叶利钦再次赢得总统选举，但执政面临内外困境。1999年6月2日，俄罗斯国家杜马通过了第二部国家杜马代表选举法，在保留1995年国家杜马代表选举法基本内容的基础上，重点针对有关比例代表制问题进行调整，适度放宽了选举联合组织和选举联盟进入国家杜马的条件。1999年12月，叶利钦辞去总统职务后，普京代行总统职务并于2000年3月26日当选为俄罗斯第三任总统。2001年，俄罗斯通过政党法，对建立政党及政党本身的活动提出了更加严格的要求。2001年12月1日，由"统一"党、"祖国"运动和"全俄罗斯"运动合并而成的统一俄罗斯党成立。2002年，俄罗斯通过新的选举法，并开始在各级别立法机构选举中大力推动实行比例选举制。2003年，俄罗斯修改总统选举法，主要涉及一些具体程序的修订和补充，其中最重要的变化之一是进一步确定了候选人推荐方式，将总统候选人的产生由选民直接推举或由选举团、选举联盟提名推举改为独立候选人（自荐）或政党推荐。2004年3月14日，普京以71.2%的支持率高票当选俄罗斯党总统。2008年5月7日，普京卸任总统，梅德韦杰夫正式就任俄联邦总统。同年5月8日，俄罗斯国家杜马任命普京为政府总理。在2012年总统选举中，代表统一俄罗斯党的普京赢得63.64%的选票，再次当选总统。在2018年总统选举中，普京总统以独立候选人身份参选并获得了76.1%的支持率。2020年7月，俄罗斯完成修宪，使得普京在2024年完成总统任期后，可以继续参与总统大选且当选后能连任至2036年。在2021年9月俄罗斯国家杜马选举中，统一俄罗斯党再次获胜，赢得324个席位，俄罗斯联邦共产党、公正俄罗斯党、自由民主党及新人党分别获得57、27、21、13个席位，此外还有一些小党和独立候选人进入国家杜马但影响微乎其微。此次选举实行混合选举制，即在总共 450 个议席中，一半议席按照政党比例代表制选举产生；另外一半议席则在单席位选区中选举产生，即在全国设立 225 个选区，每个选区选举产生一名国家杜马代表。

第五章 21世纪以来西亚北非地区国家选举政治新发展

西亚北非地区国家政体多元,有些国家实行总统制,有些国家实行议会制,有些国家实行君主制,还有些国家实行君主立宪制,导致地区国家选举政治呈现复杂发展态势。尤其是部分国家实行君主制,缺乏有实质意义的选举。其他国家受国内政治形势等影响,选举政治多样化发展,部分国家相对成熟,部分国家仍处于民主过渡之中,选举的不规范性和不确定性较强,受到的外部干预也较为明显。

第一节 部分西亚地区国家选举政治多样化发展

西亚地区国家受外部力量干预及"阿拉伯之春"影响,政治复杂性和对抗性有所增多。鉴于地区政治形势的发展及朝野博弈的深刻演进,实行选举制的部分国家在动荡中推进选举民主,维护政治稳定,但选举政治中的教派斗争以及世俗与教派力量的博弈持续发展。此外,也门陷入内战,多年未进行选举,选举政治陷入僵局。

(一)部分国家选举制度改革稳步推进

受内外各种因素影响,地区国家不断进行选举制度改革,以适应国内社会政治生态并推进政治民主化进程。当然，这种民主改革更多为居于政治优势一方的利益服务。

1950年5月14日，土耳其举行了第一次民主选举，结束1923年以来的一党统治。土耳其大国民议会选举实行政党名单比例代表制，从85个选区选出550名国会议员进入大国民议会，但政党进入议会的门槛高达10%。由于门槛较高，赢得简单多数的政党往往获得不对称的席位。对组建政府而言，一个政党只要在大国民议会中获得简单多数即可。但是政党要推动修宪，必须掌握五分之三的多数票或三分之二的多数票。总统选举实行两轮制，如果没有候选人赢得至少50%+1的普选，则在首次选举两周后，前两名候选人将参加第二轮选举。候选人必须是大国民议会的成员，且得到20名议员支持或由在上次立法选举中获得10%以上选票的政党提名。在过去的土耳其宪法中，总统职位在理论上是一个象征性的无党派职位，行政权力由总理和政府行使。2016年的未遂军事政变引发总统埃尔多安对宪政制度设计不满，积极推进宪法改革，意图改革政体。2017年4月16日，土耳其执政党正义与发展党推动修宪方案获得全民公投通过，将政体从议会制改为总统制。由此，随着总理职务被废除，总统拥有唯一的行政权力，部长不再从议员中选出而由总统任命和罢免，副总统也由总统任命。总统可以制定预算及宣布国家紧急状态，有权解散议会，介入司法并影响法官和检察官委员会及宪法法院成员的任命。总统可以兼任政党领袖，实现党政权力的合体。在总统任期上，总统可以连任两届十年。议会不再有权产生政府，不能对政府投不信任票，更不能以政治理由解散政府。在刑事诉讼案件中，可以对总统展开调查，但需要议会五分之三多数通过。议会只能以五分之三多数票解散，迫使提前举行总统选举。对总统否决议会通过的法案，议会必须以绝对多数才能再次否决。议会和总统选举同时举行，任期均为五年。如总统所在政党掌握议会多数，那么总统对行政、立法和司法的影响能力将极大提升。2021年，鉴于执政党正义与发展党的民意支持率有所下降，该党议员谋求改革选举制度，取消50%+1的选举获胜规定并推行简单多数胜选制，但尚未得到各方积极回应。在2023年总统选举中，埃尔多安以微弱多数再次胜选并将任职至2028年，但是随着在野党加强整合，也具有了更多的制衡正义与发展党和政府的实力。

以色列选举制度在微调中改良。1951年至1992年，在以色列实行的选举法体现的是最纯粹的比例代表制，整个以色列被视为一个选区，由选民根据政党或政治组织的选举"名单"选举产生议员。以色列议会议员不代表个别选区，议会中每个政党获得的席位数量几乎与该党在大选中获得的选票数量成正比。进入议会所需的最低票数为选票的1%（自1992年以来为1.5%）。由于截至1992年举行的13次选举中，没有一个政党获得过议会的多数席位，这就要求以色列议会中最大的政党在每次竞选活动结束后牵头组阁谈判，以组建新的联合政府。1992年3月18日，以色列议会修改选举法。新的选举法规定选民在投票中投两张票。在第一轮投票中，他们投票给自己选择的政党；在第二轮投票中，他们投票给自己最喜欢的总理候选人。根据新法律，获得超过50%选票支持的总理继任者由民众直接选举产生。如果没有候选人获得超过50%的选票，则举行第二轮投票。根据这一程序，总理可能不是议会中最大政党的领导人。为了进一步加强总理的权力并确保联合政府的稳定，新法律大大削弱了长期存在的议会不信任投票制度的效力。根据新法律，只有议会成员的绝对多数投下不信任票，对政府的不信任案才能通过。2014年，选举门槛再次被提高，这有助于减少进入议会的政党数量，但政党力量碎片化也难以阻止更多的政党进入议会。根据以色列民主研究所2021年的数据，自1996年以来，以色列举行的全国选举数量比世界上任何其他议会民主制国家都要多，如在过去15年中以色列举行了11次议会选举。其中2021年4月23日，以色列举行了过去两年中的第四次立法选举，内塔尼亚胡再次担任总理；2021年10月13日，以色列议会在不信任投票中仅以1票优势终结了内塔尼亚胡的12年执政，并组成以右翼和中左翼合作的联合政府，贝内特出任总理。在新的执政联盟8个政党中，第一次出现阿拉伯政党。这导致以色列政坛出现了奇怪的政治结盟，其主要原因是以色列目前不接受少数派政府，其他一些政党出于搞垮内塔尼亚胡的共识进行了政治联合。2022年11月，以色列举行议会选举，内塔尼亚胡领导的右翼阵营获得64个席位并取得组阁权，最终组成了右翼和极右翼联合政府，这也是几十年以来以色列选举政治中少见的现象。

约旦是一个君主立宪制国家，其国王拥有大部分政治权力。议会由人民选举产生，几年来围绕议会选举的法律趋向完善。2010年，阿卜杜拉二世国王颁布新选举法，维持一人一票制，选民只能投票给一名候选人。虽然法律确实改变了选区的形成方式，但选区划分仍然是一个主要问题。2011年后约旦国内政治形势有所发展，王国政府积极推进全国对话，进行辩论并提出改革建议，以促进政治多元化。由52名成员组成的全国对话委员会（代表各政党、专业协会以及青年和妇女组织）花了三个月的时间，努力就最紧迫的政治问题达成共识。阿卜杜拉二世国王回应了宪法改革的要求，推动成立皇家宪法委员会，该委员会于2011年8月提出了具体的修正案，为新的宪法法院和独立的选举委员会铺平了道路。2022年1月，约旦议会批准推进宪法改革，涉及政党及选举等多方面内容。同时，议会也同意扩大国王的权力。

（二）部分国家教派政治显著发展

西亚地区多数人口信奉伊斯兰教，少数信奉基督教及其他宗教。伊斯兰教派内部分歧，以及不同宗教力量之间的斗争对一些国家内部选举政治产生较大影响，牵动选举斗争态势和选举结果。

黎巴嫩拥有一院制议会，128个席位在穆斯林和基督徒之间平分。这个拥有400万人口的国家拥有18个不同的宗教团体，因而专门针对不同的人口建立了独特的权力分享结构，总理、总统和众议院议长必须分别来自该国三大宗教团体：逊尼派穆斯林、基督教马龙派和什叶派穆斯林。该国是世界上唯一一个保证基督教六个不同分支，以及伊斯兰教所有主要分支和一些次要分支的代表性国家。黎巴嫩一直致力于确保选举公平，尤其是随着多年的发展，本土人口和移民人口数量不断变化，基督教徒和穆斯林的比例也不断改变。2017年10月，黎巴嫩出台新的选举法，将全国划分为15个选区，其中一些选区还设置几个分区。选举制度也从领先者当选制改为比例代表制，候选人和选举联盟竞争地区席位份额，赢得一个席位的门槛由"当举票额"（由一个地区的选民人数除以其分配的席位数得出）决定。在2018年大选之前，黎巴嫩议会采用了与英国相同的领先者当选制度。这意味着对那些寻求超越宗派政治的人而言，挑战是多方面的。如黎巴嫩2018年5月举行的大选原定于2013年举行，但议会三次予以推迟，这意味着近十年来黎巴嫩公民一直无法选举议会新代表。同时由于黎巴嫩党派林立，矛盾复杂，难以达成一致，导致政府多变、难产成为常态。2019年以来，黎巴嫩政局动荡，哈里里政府因群众示威抗议下台，迪亚卜总理执政后又逢贝鲁特港口爆炸被迫辞职，哈里里得到总统授权再次组阁未果，此后由前总理米卡提引领组阁。

伊拉克选举中的教派政治愈演愈烈。伊拉克政坛主要三方力量分别是什叶派穆斯林、逊尼派穆斯林及库尔德人。什叶派穆斯林占据伊拉克最多人口，具有选民优势，历史上曾受到逊尼派穆斯林的压制，极力谋求控制国家政治主导地位。逊尼派穆斯林在萨达姆统治时期占据优势地位，但对其他教派和种族的高压政策，也招致仇恨与不满。库尔德人谋求独立但受各方压力仍选择留在伊拉克。随着来自逊尼派的总统萨达姆在2003年倒台，伊拉克很快就走上了教派政治。就伊拉克什叶派穆斯林和逊尼派穆斯林而言，不仅两者之间存在分歧，而且两者内部也存在一定分歧。如五大什叶派联盟参与2018年议会选举，仅伊斯兰法塔赫联盟就由18个政党组成。可以说自2003年以来，没有一个伊拉克的教派政治力量做到用一个声音说话。鉴于此，大多数伊拉克政客都在不懈地追求权力，根本无心也无力制定符合国情的政治纲领和政策规划。民众也在这种分裂中找到了一种表达愤怒的方式，要么加入某个教派或种族力量，要么干脆不参加选举。在提前举行的2021年议会选举中，什叶派萨德尔运动赢得73席，逊尼派塔卡杜姆赢得38席，独立候选人赢得37席，以什叶派为主的法治国家联盟则获得35席，库尔德民主党获得33席。其中独立候选人胜选现象的增多，也从一个侧面反映了部分伊拉克选民对教派政治的不满。

也门内战中的教派政治明显。胡塞武装系什叶派下属的栽德派军事力量，在20世纪90年代支持同为栽德派的也门总统萨利赫，但后来萨利赫亲近美国，导致双方关系恶化。2004年，胡塞武装发动叛乱，与萨利赫决裂。2011年年初起，也门反政府示威风起云涌，萨利赫被迫将权力移交给来自同党的副总统哈迪。2012年2月21日，哈迪赢得也门总统选举。随着胡塞武装的持续发展以及外部力量加大干预也门内部事务，也门内部政治和军事斗争形势发生变化，意图夺取全国权力的胡塞武装与谋求恢复权力的萨利赫重新合作，协作对抗代表逊尼派的哈迪政府。

（三）部分国家世俗和教派政治力量复杂博弈

土耳其等部分国家世俗力量与宗教政党相互博弈，试图引导国家的发展走向。土耳其在第一次世界大战结束后实施世俗主义，但是伊斯兰政治势力也有所发展，只是往往限制在一定范畴。如土耳其总统埃尔多安历史上就亲近伊斯兰政党，曾加入繁荣党，后在该党被取缔后加入美德党。2001年5月，土耳其军方以宗教意识浓厚、挑战世俗原则为由取缔了美德党。同年8月，埃尔多安携手原美德党部分少壮派另组土耳其正义与发展党并任主席。在2002年大选中，土耳其正义与发展党虽然仅赢得34.28%的选票，但赢得了近三分之二的席位。2007年和2011年土耳其正义与发展党两次赢得选举胜利，由于党规限制埃尔多安不能继续连任总理，于是他改为竞选总统，结果在2014年8月又成功当选总统。2018年，埃尔多安再次蝉联总统。在施政过程中，埃尔多安及土耳其正义与发展党既突出西方民主价值，也重视伊斯兰价值，尤其是近年来更是加大对伊斯兰价值的推崇，从政府层面大力支持宗教事务发展。随着土耳其正义与发展党政府的进一步保守化，执政当局与宗教力量的相互融合更为深入，进一步突出了该党的宗教色彩。尤其是2016年7月发生未遂军事政变后，埃尔多安加强对国内管控，实施紧急状态，对政治反对派及涉嫌恐怖主义人士进行打压，引发部分宗教和少数族群的不满。

（四）外部力量持续干预地区一些国家选举政治

地区国家受地缘政治、油气资源及大国竞争等因素影响，受到来自地区其他国家以及域外多方力量的干预，选举政治复杂演进。如伊拉克在萨达姆政权垮台后，美国为伊拉克制定了政治制度和选举规则，并利用多种方式敲打伊拉克不同政治力量，对其反美行为进行干预。目前来看，虽然伊拉克部分反美政治力量获得不少社会支持，但仍不敢与美国完全决裂，并公开进行政治对抗。叙利亚反对派受美国等西方国家及土耳其等地区国家影响，持续与巴沙尔政府内战，并力争削弱作为少数派的什叶派分支阿拉维派。2020年11月，叙利亚革命和反对派力量全国联盟宣布成立全国选举委员会，意在筹备过渡阶段及以后的议会选举。但遭到反对派内部的反对，被迫收回相关声明。面对国内外反对派的挑衅，叙利亚阿拉伯复兴社会党极力争取内外支持，以稳固执政地位。在2020年7月叙利亚议会选举中，阿拉伯复兴社会党及其政治盟友赢得人民议会250个席位中的177个席位。2021年，阿萨德总统以超过95%的选票赢得第四个总统任期。西方国家对此次选举多有批判，指责选举舞弊，但俄罗斯、伊朗等国则大力支持巴沙尔政府，并积极承认叙利亚总统选举结果。对于时常与西方冲撞及挑战西方利益的土耳其、伊朗等国，西方国家时常批判这些国家选举的无序性及伊斯兰政治力量的增强，但是作为地区重要国家，土耳其、伊朗等国并不屈服，而是通过积极发展和平衡大国关系来争取有利的国际环境。

第二节 "阿拉伯之春"后的北非地区国家选举政治发展动向

2011年的"阿拉伯之春"冲击了北非地区国家选举政治，当前其后续影响仍在持续发酵。在这场持续的"革命"烽火中，突尼斯总统本·阿里出逃、埃及总统穆巴拉克被审判、利比亚领导人卡扎菲被杀、苏丹总统巴希尔被推翻、阿尔及利亚总统布特弗利卡被迫交权。上述事件尽管发生时间不一致，但政治剧变带来了有关国家社会政治生态的重大变化，引发有关国家选举政治在动荡中发展，进而影响到地区民主政治进程。总的看，地区选举政治虽然得到一定程度的恢复，但仍面临严峻挑战，多数国家执政党或执政当局遭遇执政能力不足及选民不满等难题。

（一）地区选举政治局势发生重大变化

部分国家基于地区民情的变化，或主动或被动推行政治改革，以期满足社会期待，进而保持政治上的主动。其中摩洛哥实行君主立宪制，国王拥有最高权力。受2011年"阿拉伯之春"影响，摩洛哥积极主动进行君主立宪制下的政治改革，国王还置身于改革辩论的中心，将自己定位为改革进程的主要推动者，以缓解社会不满。同年，该国通过新宪法，将文化和语言多元化、个人权利和公民平等原则宪法化，以增强社会大众在国家立法中的参与作用。由此，议会和政府的权力得到加强，也为普通公民发表意见或影响立法和政府政策提供了便利。2011年年初，长期执政的突尼斯总统本·阿里迫于社会抗议和斗争出逃，导致宪盟政府垮台，并成立过渡政府。2011年10月23日，突尼斯举行制宪议会选举，其主要任务是任命临时总统、起草新宪法并确定议会和总统选举事宜。2014年1月26日，突尼斯制宪议会最终通过了一部新宪法,建立了一个混合型政府体系,共和国总统和由总理领导的政府分享行政权力。政府首脑决定国内事务的一般政策,而共和国总统则通过直接普选产生,掌握国防、外交和国家安全事务,任期最长为两届十年。2014年5月1日,突尼斯国民制宪议会以132票通过、11票反对、9票弃权通过了新选举法。新选举法为组织议会和总统选举铺平了道路,确定议会选举实行政党名单比例代表制,总统选举实行两轮多数制。同时,对原宪盟掌权官员参选进行限制,并扩大妇女代表权。2011年年初,埃及发生大规模示威抗议活动,总统穆巴拉克辞职,军方随即接管政权。随后在接下来的议会和总统选举中,自由与正义党持续赢得胜利,穆尔西出任总统,引发埃及国内外一些政治力量的不满。2012年12月,埃及举行宪法公投并获得通过。宪法草案注意平衡总统和总理的权力,以遏制总统权力。2013年7月3日,埃及军方宣布总统穆尔西被免职,并任命宪法法院首席法官曼苏尔为临时总统。2013年7月8日,临时总统曼苏尔发表声明,就修宪、总统和议会选举等事务作出安排。2014年1月14日,埃及通过宪法修正案,扩大了总统的权力,如规定总统有权任命5%的众议院议员,废除了总统必须从众议院最大政党或政党联盟中任命总理的要求,由总统任命几位有权势的部长,包括国防部长、外交部长、内政部长和司法部长。2014年5月26日,埃及军方领导人塞西赢得总统选举。2015年10月,埃及举行议会选举,总统塞西的支持者赢得多数。在2018年总统选举中,总统塞西蝉联胜利。2019年4月16日,埃及众议院531名议员投票通过了宪法修正案,将总统任期由四年改为六年,并允许连任一届;授权总统领导司法机构最高委员会;设立副总统职位;明确众议院四分之一的席位留给妇女;设立至少由180名议员组成的参议院,赋予总统任命三分之一参议员的权力;对政府的涉法律事务权力进行限制。2020年8月和10月,埃及先后举行议会两院选举,支持塞西总统的政党获得多数席位。部分候选人和政党指控选举舞弊,但遭驳回。

阿尔及利亚经历内部变革，选举政治深入演变。2019年，患病的总统布特弗利卡第五次参加总统竞选，引发社会广泛抗议。同年4月2日，总统布特弗利卡宣布辞职。4月9日，阿议会两院全会投票确认总统职位空缺，由民族院（上院）议长本萨拉赫任临时总统。6月2日，阿尔及利亚宪法委员会宣布推迟原定于7月4日举行的大选。12月12日，阿尔及利亚举行总统选举，前总理阿卜杜勒马吉德·特布恩以58.15%的得票率赢得首轮选举。尽管选举投票率不到40%，但阿尔及利亚选举机构认为，此次选举开启了民主新时代和充满希望的新阶段。2020年11月，阿尔及利亚举行修宪公投并以66.8%的得票率获得通过，但是只有23.7%的合格选民参加投票。新宪法修改条款包括将总统任期限制为两届、成立反腐败机构以及对紧急状态法令的30天日期限制。2021年6月，阿尔及利亚举行议会选举，600多个政党和800多名独立候选人参与竞选，其中长期执政党民族解放阵线赢得国民议会407席中的105席，同比减少了50多个席位；独立候选人赢得78个席位；伊斯兰政党争取社会和平运动赢得64个席位；民族解放阵线的友好政党民族民主联盟赢得57个席位。此次选举投票率仅为23%。同年11月，阿尔及利亚举行地方选举，尽管投票率不到40%，但有望为阿尔及利亚走向现代化和民主化铺平道路。

利比亚和苏丹政治乱局未定，选举政治尚难稳步推进。其一，利比亚民主进程崎岖曲折，内部融合和全国选举难以有效开展。2011年年初，利比亚因席卷该地区的暴乱浪潮而陷入危机，位于班加西的反对派首先成立利比亚国家过渡委员会。同年11月，在长期把持政权的卡扎菲被俘并被打死后，利比亚过渡政府成立。过渡政府通过了一部临时宪法并于2012年7月举行了临时议会——国民大会的选举，选举阿里·扎伊丹为临时政府总理。在国民大会200个席位中，80个分配给政党代表，120个分配给个人候选人。尽管缺乏宪法，但2014年6月还是举行了新一届国民代表大会（制宪议会）选举，所有候选人都是独立候选人，与政党或团体没有正式联系。但新当选的国民代表大会议员被迫逃离首都，聚集在利比亚东部的图卜鲁格。伊斯兰组织则控制了的黎波里，保留了旧国民大会的部分框架。2014年8月以来，事态发展转向内战，联合国支持的黎波里政府和哈夫塔尔将军领导下的东部政权相互对立，导致该国出现两个议会、国家行政机构和军队。联合国一直在努力推进双方实现和平，并组建统一的政府。2016年1月19日，利比亚总理委员会宣布，正式组建民族团结政府，以结束国内政治各派的冲突，但是未能统一国家或举行全国选举。2020年11月，联合国主导的利比亚政治对话论坛在突尼斯召开首次会议，推动利比亚各派就政治安排达成共识，并宣布将于2021年12月24日举行大选。2021年2月5日，利比亚政治对话论坛选举产生新的总统委员会和过渡政府总理。同年3月10日，利比亚新一届过渡政府民族统一政府通过国民代表大会信任投票宣告成立，接替民族团结政府掌权至2021年12月24日利比亚全国大选日。但是随着总统选举日期的临近，利比亚选举组织机构认为在原定投票日举行选举是不可能的，建议推迟一个月举行。其中既有部分总统候选人具有争议且互不认同的因素，也有忧心选后可能发生暴力冲突的因素。2022年年初，基于对选举法律和选举程序等问题的争议以及候选人资格的认证问题，利比亚又宣布在宪法修正案通过后的14个月内举行选举。这使得利比亚选举争议持续拉长，国内恶性政治博弈延续。

其二，苏丹民主过渡进程出现波折，选举政治仍未得到有效实践。2018年年底，苏丹因物价上涨、反对派抗争等因素爆发大规模示威抗议，全国大会党政府应对乏术。2019年4月，苏丹军方解除巴希尔总统职务，并成立军事过渡委员会接管政权。同年7月，军方同反对派"自由与变革力量"就联合推进政治过渡及有关权力分配达成共识，成立为期三年的主权委员会。双方还同意，行政部门将由无党派官员组成，以实现最高程度的共识，并保护其免受党派紧张关系的影响。由此，苏丹过渡政府于2019年9月成立，经济学家阿卜杜拉·哈姆杜克博士出任总理。为了增强政治包容性，苏丹过渡政府还与苏丹革命阵线等举行和平谈判，争取其支持过渡政府。2021年10月25日，苏丹主权委员会主席布尔汉打破原有政治协议，宣布国家进入紧急状态，解散政府并软禁总理哈姆杜克，同时宣誓就任新一届主权委员会主席。军方宣布此次行动并非政变，承诺将在2023年7月举行选举，然后将权力移交给民选政府。2023年3月以来，苏丹快速支援部队与苏丹武装部队因驻地争议关系趋向紧张，进而在5月发生军事对抗，引发苏丹国内政治局势急剧变化，使得苏丹政权和平过渡到文官政府的计划受到冲击。

（二）伊斯兰政治力量受到一定程度压制

突尼斯伊斯兰政党在与世俗政党较量中逐步趋于下风。2011年年初，长期执政的突尼斯宪盟政府垮台。同年10月23日，突尼斯举行制宪会议选举，伊斯兰政党复兴运动党赢得胜利，引发突尼斯国内和地区力量的担忧，最终由制宪会议第二大党——保卫共和大会党领导人马尔祖基出任总统，来自复兴运动党的杰巴里则获得牵头组阁的权力。但是突尼斯政治中的伊斯兰政治力量与世俗力量斗争激烈，使得复兴运动党越来越难以平衡萨拉菲派与世俗力量的关系。由此，突尼斯政治进入残酷斗争时期。2013年2月6日，反对派人民阵线领导人之一贝莱德在其住所外被枪杀，起因是他强烈批评执政的复兴运动党未能控制极端主义组织成员并威胁反对派人员安全。这引发了一场深刻的政治危机，使得突尼斯世俗主义力量担心该国民主过渡进程被劫持。2013年2月21日，突尼斯复兴运动党成员、内政部长阿里·拉哈耶德被要求组建政府，以缓和国内政治危机。2014年10月，突尼斯举行议会选举，世俗政党呼声党战胜复兴运动党，成为议会第一大党并牵头组建政府。2019年10月6日，突尼斯举行议会选举，复兴运动党虽然成为第一大党，但是未获半数以上支持，时隔4个月才牵头组成联合政府。在10月14日突尼斯总统选举中，政坛新人、独立候选人凯斯·赛义德赢得了72.71%的选票，成为新一任总统。2021年7

月,突尼斯爆发暴力抗议活动,并公开反对突尼斯议会最大政党复兴运动党。总统赛义德宣布冻结议会并解除现任总理迈希希的职务,此举引发复兴运动党的强烈不满。随后同年10月,赛义德总统任命纳吉拉·布登为总理,并组成有相当多女性参与的内阁。

埃及自由与正义党遭到沉重打击,政治影响力有所下降。2011年11月28日至2012年2月15日,在后穆巴拉克时代的第一次议会选举中,自由与正义党赢得近一半席位,保守的萨拉菲伊斯兰主义者获得四分之一的席位,其余席位则为世俗政治家获得。2012年6月18日,自由与正义党候选人穆尔西在决选中以51.7%的选票赢得总统选举。2012年11月22日,总统穆尔西单方面为自己授予更大的权力,使其免于司法审查,引发激烈政治反弹。2013年7月3日,穆尔西执政一周年之际,埃及军方宣布解除其总统职务,并任命最高宪法法院院长阿兹利·曼苏尔为临时总统。2013年9月,穆斯林兄弟会被法院裁定解散。2013年11月,前总统穆尔西以煽动暴力罪接受法庭审判。同年12月,政府宣布穆斯林兄弟会为恐怖组织。2015年4月21日,穆尔西被判20年监禁,罪名与2012年杀害抗议者有关。2015年5月16日,穆尔西和其他100多人因2011年起义期间的大规模越狱事件而被判处死刑。

摩洛哥伊斯兰政党政治实力有所下降。在摩洛哥2011年议会选举中,伊斯兰政党公正与发展党赢得胜利并组织政府。2016年,摩洛哥再次举行议会选举,公正与发展党赢得众议院多数,但由于不占据绝对优势,该党组阁工作受到不小影响。在2021年选举中,摩洛哥选民积极参与,使得投票率达到50.3%。最终民族独立大会、真实性与现代党、独立党分别赢得前三名,并由民族独立大会牵头组织联合政府。摩洛哥伊斯兰政党遭到较大打击。

(三)军队仍在地区部分国家选举政治中发挥重要影响力

历史上,北非地区国家军队就大多身处本国政治权力中心,对本国政治走向具有不容忽视的影响力。在"阿拉伯之春"后的地区多数国家政治过渡中，由于示威抗议及政治斗争频繁，军队在政治体制中的作用持续提升。此外，基于地缘政治斗争及反对外来干涉等需要，军队也被寄予更多期望，使其在地区一些国家中的重要性得到进一步体现。这些都增加了军队在地区一些国家中的干政能力。以埃及为例，后穆巴拉克时代的埃及军队获得更大的权力，埃及国内持续的政治斗争无疑有助于其巩固权力。埃及在革命后的三次修宪中，不断加强军队的权力。如军队机构获得相对自主权，有权批准自己的预算，还被赋予监督军事司法机构的权力，并有权对危害武装部队的罪行作出判决。武装部队的作用也不断被扩大，如捍卫宪法和民主，维护国家根基，维护人民的利益以及个人的权利和自由。苏丹军方在巴希尔政权垮台后，始终主导国内政治进程，防止政党力量侵蚀和削弱军方的政治利益。利比亚在卡扎菲倒台后陷入内战，冲突有关方面推崇武力，谋求武力统一全国，但是无论是联合国承认的全国统一政府还是东部的哈夫塔夫自立政权都难以实现。双方是否承认未来全国性选举不仅取决于选举结果，还取决于军事力量的可能整合结果。在阿尔及利亚，军队在国内外事务中发挥着巨大的作用。政治候选人必须得到军方接受和支持，政治力量除非与军事机构合作和协调，否则难以掌握国家政权。在突尼斯民主过渡进程中，尽管军队的作用有所下降，但是在2021年总统赛义德解散政府及镇压抗议示威中，警察积极配合平息暴力抗争，同时军事法庭也配合政府对平民违法进行审判。由此，我们可以看到在北非地区多数国家选举政治中，军队仍发挥着重要作用，其政治立场和态度直接关系到选举的质量及选后政府的稳定。

（四）地区部分国家剧变后的政党政府面临信任危机

北非地区部分国家的剧变源于经济发展滞后、社会不平等及政治腐败等问题，剧变后的执政当局虽然有些经历了选举考验，但是并不能解决原有的经济社会难题，反而陷入新的治理困境。如2021年7月阿拉伯晴雨表进行的民意调查显示，"四分之三的突尼斯人从经济角度定义民主，尤其是由于在过去十年中统治突尼斯的一系列政府没有取得预期的结果，导致87%的突尼斯人支持赛义德总统决定提前解散议会，以挽救国家发展"。突尼斯中央银行表示，"鉴于目前国家资金需求高、财政赤字大，以及向国际货币基金组织和全球金融市场争取援助困难重重，国家正面临破产的风险"。国际社会也对突尼斯发展前景表示担忧，如国际货币基金组织发布《世界经济展望2021》预计，突尼斯2021年全年经济增长率为3%，2022年将达到3.3%。评级机构穆迪将突尼斯的主权评级从B3下调至Caa1，同时维持负面展望。而在阿尔及利亚，面对经济危机和新冠肺炎疫情的双重打击，政府处境困难。一方面，阿尔及利亚石油占国家出口的95%以上、石油收入占政府预算的60%，因此国际石油价格波动对该国影响很大。当前，阿尔及利亚的经济陷入停滞，失业率上升。数百万阿尔及利亚人生活在贫困之中，特别是在农村地区更为严重。另一方面，阿尔及利亚人对政府信任度不够，尤其是医疗体系薄弱和新冠肺炎管理不善加剧了这种不信任。政府需优先重建与公民的相互信任关系并争取多数选民的支持，以确保国家在通往民主、稳定和繁荣的道路上继续取得进展。埃及总统塞西谋求在稳定政治的同时，大力发展经济。总的看，经济发展取得一定起色，如2019年埃及以5.7%的增长率成为中东和北非最强劲经济体。尽管遭受新冠肺炎疫情影响，导致埃及旅游业和国外侨汇数额减少，国际货币基金组织还是将埃及2020—2021财年的经济增长预测上调至2.8%。但是埃及政府的强力社会管控政策还是引发一些不满。不少埃及国内人士及国外评论家认为，"阿拉伯之春"后的埃及民主政治走向威权化，执政当局虽然允许一定程度的政治多元化和媒体自由化，但是维持政治高压，埃及的政治民主化任重道远。尤其是埃及选举中的空头支票可能成为隐患，一旦经济出现较大问题可能引发选民的强烈反对和抵制。

（五）外部力量干预牵动有关国家选举政治走向

从"阿拉伯之春"开始，外部势力就持续介入地区国家事务，还相互激烈竞争以谋求更大的地缘和政治权益。就地区具体国家来看，外部势力介入较多的是利比亚、苏丹两国。就利比亚而言，北约介入推翻卡扎菲政权，在此后的利比亚民主过渡中联合国积极推动利比亚民主建设步入正轨，还承认全国团结政府。为了促进利比亚按期举行选举并产生新的真正的全国政府，联合国及世界主要大国还多次确认支持利比亚在2021年12月24日开启选举进程。在2021年召开的巴黎利比亚问题国际会议上，与会各方宣布，利比亚境内外的个人或实体，如果试图阻挠、破坏、操纵或篡改选举进程和政治过渡，将面临制裁的风险。在苏丹巴希尔政府被推翻后，美国稍稍减轻对苏丹的制裁并开始提供援助，还将苏丹列入"白名单"，以推动苏丹的民主过渡进程。但是随着苏丹军方2021年10月发动政变、解散过渡政府，并实施紧急状态法，美国政府又开始对苏丹军方施压，尤其是暂停对苏丹的七亿美元财政援助，要求军方立即释放所有政治领导人并恢复文官政府。欧盟也宣布暂停对苏丹的援助。迫于国际社会尤其是西方压力，苏丹军方不得不陆陆续续释放包括哈姆杜克在内的部分政要，以争取政治主动。此外，对于埃及、突尼斯等国选举事务，西方国家也不同程度表达关切，公开支持其民主进程并对伊斯兰政党的力量增强不同程度表达担忧。对于选举中存在的不规范或舞弊行为，西方国家也多有批评，以谋求推动上述国家真正向西式民主靠拢。

第六章　21世纪以来撒哈拉以南非洲国家选举政治新发展

发轫于20世纪90年代初的第三波民主化进程给撒哈拉以南非洲国家选举政治带来了翻天覆地的变化。从1990年到2021年，除少数几个撒哈拉以南非洲国家外，地区其他国家都举行了大量的竞争性议会选举或总统选举。这些国家的选举有平稳举行的，也有引发争议的，还有产生选举暴力的。一个总的趋势是，撒哈拉以南非洲国家政党、政治家及选民对选举政治的重视更为突出，对规则和秩序更为重视。非洲国家、次地区组织及地区组织对地区选举政治的有序运行关注和投入增多，对发生选举暴力或出现军事政变国家的干预更为直接和明显。但一些撒哈拉以南非洲国家选举政治中的族群政治、宗教政治、派系政治、腐败政治等问题始终存在，加剧了选举政治的复杂性，恶化了一些国家社会政治生态。

第一节　撒哈拉以南非洲国家选举政治新变化

冷战结束以来，撒哈拉以南非洲国家受内外因素影响，进一步接受和实践西方多党民主制，进而促进民主的过渡和巩固。民主过渡的核心是举行定期的多党选举，产生稳定的政府并实施国家治理，以推动国家和平、稳定和发展。这表明，上述地区国家内部经过多年的民主政治熏陶和实践，政党、政治家以及选民都在一定程度上趋向成熟，对选举政治规则的维护有所增强。但是选举政治并不能解决非洲国家的具体现实问题，不少非洲国家面对全球化竞争以及国内政治博弈，混乱和落后的一面更为突出，导致选举政治受到更多质疑。

（一）定期选举成为广泛共识，但选民的参与意愿和投票率有所下降

地区大多数国家通过竞争性选举方式，产生民选政府和领导人。为确保选举的合法性，多数国家按期选举，也有部分国家根据本国实际情况提前或推迟进行选举，但无限期推迟选举的情况目前尚不存在。就地区国家选民而言，其也认识到选举是表达政治意愿和维护自身利益的重要方式，有助于选民更好地对执政党和政府领导人进行审视。但是地区一些国家选举政治中的买票、恐吓以及身份认同等问题对选举结果产生不小影响，进而导致选民的真实诉求和表达有时被扭曲、选举政治的质量受到质疑，以致选民参加选举的意愿和积极性有所弱化。这使得一些国家选举投票率持续下降，如坦桑尼亚半数以上的登记选民不参加投票；2019年南非大选投票率从57%降至49%；2019年尼日利亚总统大选出现了自1999年民主化以来最低的投票率，仅为34.75%。综合撒哈拉以南非洲国家的各类选举，教育水平和参政实践对选民的投票率影响较大，学历越低的选民越热衷于参与选举，学历越高的选民投票意愿越低。这从一个侧面也说明撒哈拉以南非洲国家选民对选举政治存在不满。

（二）选举竞争下的权力交接明显增多，但选举僵局依然不少

不少撒哈拉以南非洲国家政党已经认识到多党轮流执政是规则，在选举输赢确定的情况下必须进行权力交接，进而实现权力的和平转移。这在过去几十年的博茨瓦纳、佛得角、毛里求斯、塞内加尔、赞比亚、马达加斯加等国选举中得到体现。尤其是2018年1月，利比里亚民主变革大会党候选人、前世界足球先生乔治·维阿在官方确认击败执政党团结党候选人约瑟夫·博阿凯后正式就任总统，标志着利比里亚自1944年以来首次实现权力的和平过渡；在2019年1月24日，经历多年内战的刚果民主共和国在总统选举后，实现了卸任总统卡比拉与新总统齐塞克迪的权力平稳交接，确保了该国的政治稳定。但是选举争议下的抵制选举结果问题仍有存在，如2000年的科特迪瓦、2007年的肯尼亚、2008年的津巴布韦、2012年的几内亚比绍和马里，对选举政治构成严重挑战。尤其是2016年12月，冈比亚反对派候选人阿达玛·巴罗在总统选举中击败了长期执政的叶海亚·贾梅。贾梅一开始承认败选，但随后又拒绝接受落选的事实并呼吁举行新的选举，进而引发了宪法危机。为此，西非国家经济共同体进行了干预，要求贾梅尊重人民的选举意愿并交出权力。在该地区机构发出下台或面临军事干预的最后通牒后，贾梅被迫选择交权。2018年8月，在肯尼亚总统选举中该国反对党领导人奥廷加两次不接受败选结果，并公开抵制新政府。2018年11月，津巴布韦执政党内部发生斗争，军方要求民盟领导人和总统穆加贝辞职，实现了不流血的政权更替。2020年，在马里发生军事政变后，西非国家经济共同体对此作出反应，一度予以严厉制裁并在军方任命过渡政府后予以撤销，但在2021年5月，马里第二次政变后西非国家经济共同体再次宣布暂停马里的成员国资格。

（三）选举制度改革有所推进，但也带来一些消极影响

21世纪以来，撒哈拉以南非洲国家根据自身情况持续完善选举法等法律法规，进而提升选举政治的代表性和科学性。其中多数侧重解决历史问题及一些技术性问题，以推进选举进程和加强选举审查工作。如尼日利亚独立全国选举委员会开展了许多旨在推动民主进程的改革，包括完善政党的党内选举及初选制度。自2011年以来，尼日利亚独立全国选举委员会实施的改革还包括使用电子智能卡、永久选民卡、同步认证和投票系统，并为选民提供选前和选后服务。2015年，布哈里

就职总统以来持续推动选举制度改革,如引入选民认证和指纹认证,以消除盗窃身份证投票的可能性;着力打击选举期间政治家代理人抢夺投票箱的事件,以确保选举公正性。贝宁2019年通过的选举法规定,全国各级议会候选人需要获得10%的议员或市长的认可。塞内加尔2019年制定的选举法规定,由政党、政党联盟或一组独立人士提名的候选人,必须要获得一定数量选民的签名支持,其所需的签名数量从至少0.8%到最多1%不等。同时这些签名必须来自至少全国七个(共十四个)区域,每个区域至少2000个签名。布基纳法索2020年通过的选举法修订案要求总统候选人必须得到至少50名当选官员的认可。此外,地区不少国家还通过修改选举法为候选人参选设置保障金。如尼日尔总统候选人必须支付250万中非法郎的保障金,这为该国平均工资的1000倍。几内亚总统候选人需要支付650万非洲法郎的申请费。

(四)民间社会组织更多参与选举工作,但也面临现实困难

不少撒哈拉以南非洲国家的民间社会组织在各种内外因素推动下日益成熟,在国内选举政治中发挥越来越重要的作用,涵盖选民教育、选举工作人员培训、支持女性和弱势候选人、选举监督等多个方面。在其中一些民间社会组织扮演了改革宣传者、实践者及支持者的角色,成为助力选举改革的重要力量;一些民间社会组织在持续参与政治,以及政治影响力扩大的情况下还逐步向政治组织或政党转变,进而支持或提名自己的候选人参选。上述情况也引发了地区一些国家执政党和政府的关注,并在某些情况下还将之视为反对派或挑战者。同时,地区不少民间社会组织面临资金不足、政府限制、人才匮乏等难题,在很多情况下还需要国际援助的支持,因而也容易被视为外国代理人或外国操控的傀儡,进而遭到政治挤压及获取外部资金支持的渠道限制。2019年以来尤其是新冠肺炎疫情暴发以来,撒哈拉以南非洲国家的民间社会组织持续遭遇社会政治冲击,包括选举压力、政府非正常

更迭、社会不安全、筹资压力等。尽管面临上述困难，地区一些国家的民间社会组织还是在艰难中参与政治尤其是选举工作，进而提升社会服务能力。如在苏丹，始于2018年年末的反对食品价格涨价社会抗议演变成反政府抗议，不少民间社会力量协同军方、反对派等迫使巴希尔总统下台并成立过渡政府，持续推动苏丹向民选政府过渡。在2019年莫桑比克大选中，民间社会组织积极参与选举监督工作，尽管受到不少政治压力，但仍坚持履行相关政治责任。在南苏丹的政府和反对派博弈中，民间社会组织积极参与和平谈判工作，推动政治变革，进而努力为和平选举做好政治准备，力争缓解国家政治僵局。

（五）新兴媒体对选举政治的多重影响加大，引发政府更多监管

随着非洲地区互联网和手机的普及，撒哈拉以南非洲国家新兴媒体对选举政治的影响日益深入。智能手机和社交媒体的广泛使用有利于地区国家政党、政治家与选民交流思想、扩大互动，也有利于政党和政治家进行网络动员，使得年轻选民可以更好地表达政治立场并参与政治。其中执政党和政府还积极利用数字平台，展示政府沟通能力，提升亲民形象。反对党则谋求将社交媒体视为一种"解放的工具"并努力将之打造为选举不对称战争的利器。部分国家反对党还通过社交媒体进行动员，谋求增强选民或部分政治人士的"受压迫"意识并抵制执政党和政府，推动选民不只关注投票时的民主而更多关注日常社会政治生活中的民主。但是部分地区发展现实，以及社会政治生态也对媒体政治产生一定的冲击。不少非洲内外学者指出，社交媒体虽然扩大了选民的意见表达和展示能力，但这并非万能药，不能过分夸大信息技术平台对撒哈拉以南非洲地区的民主贡献，尤其是地区一些国家选民还无法使用互联网和手机，且对部落、村落外事务关注不多。地区一些国家的在野政治力量通过注册虚假的社交媒体账户，散布假新闻，恶意引导选民认知，乃至煽动暴力。如脸书一段时间以来遭到非洲多国批判，原因是其被别有用心的人用来进行暴力宣传和组织工作，进而危害国家稳定。同时地区部分国家民粹主义、激进主义思想也借助网络传播，挑战政府合法性，乃至煽动反政府抗议活动，成为一些国家内部不稳定的源头。一旦加上选举争论及政治对抗，就容易演变为极化政治，进而带来更多不确定因素。为此，地区一些国家执政党和政府加强互联网监管并通过立法、行政管理等手段，反击互联网暴力叙事和宣传，努力在确保新闻自由的同时维护国家稳定。地区部分国家执政当局还刻意对互联网和手机进行监管或限制，乃至切断对外联系。如乍得一度经历了 16 个月的社交媒体封锁，直至 2019 年 8 月才解除。乌干达对社交媒体用户征收 58 个网站和应用程序的每日使用税，进而减少民众对国外社交媒体的使用。在 2021 年乌干达总统选举中，脸书、推特等西方社交媒体被关闭了一段时间。

（六）新冠肺炎疫情对地区国家选举产生冲击，容易放大政治冲突

新冠肺炎疫情给撒哈拉以南非洲国家造成经济、社会及政治等影响。尽管地区多数国家政府积极致力于抗击疫情，实施社会隔离、疫苗注射、救助受困产业等政策，但由于地区多数国家财力有限、防疫物资匮乏以及人才不足，抗疫工作面临诸多难题。在此情况下，地区多数国家在筹备和组织选举方面面临不少现实困难，这对组织及时、可信的选举造成不小的压力。无论是选民、候选人、选举官员和选举观察员都难以有效参与选举进程，使得不少国家推迟举办总统或议会选举。尤其是在 2020 年，地区最受关注的两个国家埃塞俄比亚和索马里推迟选举，其中埃塞俄比亚原定于 2020 年 8 月 29 日举行的议会选举被推迟到 2021 年年中，而索马里则错过了 2020 年 12 月议会选举的最后期限，此次投票是索马里 50 年来的首次民主选举并将通过直接投票方式选举总统和议会。有些国家即便完成选举程序，但也往往是在高度紧张的情况下进行的，这不仅影响选举投票率，而且给广大选民带来健康风险。此外，新冠肺炎疫情不仅加剧了地区国家的不安全感，以控制疫情为由来限制反对党的选举动员和组织工作也加剧了国内政党斗争，这些无疑给地区选举政治带来现实和长远影响。

（七）外部民主援助对地区国家选举政治的影响不断加深，不同程度影响部分国家选举政治发展

从撒哈拉以南非洲国家选举政治实践来看，外部援助对有关国家的选举政治影响日益突出，其表现为日常财政援助和贷款、选前援助以及定向选举援助等。日常预算支持及贷款可以帮助执政党和政府稳定经济和财政形势，确保国家的平稳运转。如欧盟每年为肯尼亚提供约1亿欧元（约110亿肯尼亚先令）援助作为发展赠款，大部分援助用于持续数年的项目。选前援助发出明确信号，给予特定政党或政府援助，以帮助其树立更好的政治形象。其表现形式包括为有关国家政府提供少量化肥、种子、农药等涉及选民生活和建设的物资，进而帮助有关国家政党或政治家在选前争取特定群体选民的支持。而定向选举援助则用于帮助该国政府或选举委员会开展选举筹备工作，包括选举工作人员和选民培训、投票站建设、选举物资购买和分发以及计票等工作。如2019年12月8日，欧盟委员会向埃塞俄比亚提供1.7亿欧元的财政援助，其中1000万欧元用于确保埃塞俄比亚2020年选举期间的问责制和透明度。其具体目标是加强埃塞俄比亚全国选举委员会的技术和行政能力，以及它与政党、民间社会和媒体的沟通能力。定向援助主要以推动自由、公正选举为口号，但在具体支持的竞选参与方上，各援助方根据自身政治利益和诉求来确定立场，往往呈现多元矛盾格局。此外，联合国方面也专门针对后发国家尤其是撒哈拉以南非洲国家提供选举援助，以确保选举的正常举行和维持选后稳定秩序。具体包括选举管理和规划、审查选举法律和条例、解决选举争端、选民登记、选举预算编制、后勤和采购、技术培训、选民和公民教育、投票和计票操作以及选举安全等方面。如20世纪90年代，联合国在莫桑比克和南非组织并观察了具有里程碑意义的选举活动。21世纪以来，联合国还为刚果民主共和国等国重要选举提供了技术支持和后勤援助。

第二节 撒哈拉以南非洲国家选举政治变化的特点

几十年来，撒哈拉以南非洲国家选举政治复杂演进，呈现多样化发展特点，由此带来各国选举质量和民主政治发展水平参差不齐。总的来看，该地区国家选举取得一定进展，但仍受到具体国家法治环境、国家治理水平以及外部环境等因素影响，面临不同程度的挑战，仍存在选举政治包容性不够、选举管理不够科学等具体问题。事实证明，选举不一定给地区国家带来西方式的民主化繁荣，相反可能带来更大的不确定、不稳定因素。地区国家仍需要进一步稳固民主，推动选举政治的稳健发展，进而切实推动相关国家的可持续和平、发展与稳定。

（一）国际和地区形势变化对地区国家选举政治的影响形影相随

一方面，冷战结束后，伴随着自由资本主义的日益流行，西方的"历史终结论"也随之出笼。这使得撒哈拉以南非洲国家"向西看"一时成为主流，大都接受和践行西方的多党民主制及自由市场经济。同时地区国家也更多融入全球化并受到西方主导的国际经济机制约束，其中包括国际货币基金组织、世界银行和《关税及贸易总协定》（世界贸易组织前身）等。几乎所有西方主导的国际组织在向地区有关国家提供援助时都附加了践行西方认可的价值和民主制度条款，要求地区国家按照西方的意愿来构建和完善政治制度、发展模式。为争取国际组织的经济援助，避免国际组织制裁，地区不少国家或主动或被迫接受国际组织开出的发展药方，努力在形式上保持选举政治的自由公正并接受国际组织和西方国家的选举监督，这无疑在形式上促进了地区选举政治的发展。另外，冷战结束后，非洲国家也大力推进团结自强和地区一体化进程，使得撒哈拉以南非洲的地区组织和次地区组织蓬勃发展。如在21世纪初成立的非盟，其主要目标是使非洲大陆摆脱殖民主义和种族隔离的残余；促进非洲国家之间的和平与团结；协调和加强合作，以促进地区发展；维护国家主权和领土完整，促进国际和平合作等。非盟不仅积极介入地区和平与安全事务，而且大力支持地区国家民主政治发展，尤其是对部分国家选举争议以及违宪政权更迭进行干预。此外，作为次地区组织的南部非洲发展共同体、西非国家经济共同体、东南非共同市场等在促进地区经济发展和融合的同时，也从经济、政治乃至军事等层面对成员国的内部选举进行干预，进而推动地区民主政治的发展。

（二）形式民主下的选举争议和选举暴力仍存

科学完善的选举规则可以增强选民对选举的信心，也让落败候选人更容易接受失败。但是仅有制度设计并不能解决选举争议问题。在竞争性选举中，即使是自由公正的选举也往往被视为政客之间的殊死搏斗，也被视为其所代表的地区或族群之间的决斗，因而容易激发选举争议和冲突。如2016年非洲晴雨表的一项调查发现，尽管三分之二的非洲人认为所在国家的近期选举"完全自由和公平"或"自由和公平"，但也有超过四成的人表示，至少"有时"选民在投票中受到暴力威胁、反对党和候选人被阻止参选。作为政党政治发展相对不成熟、政党博弈较为激烈的地区，该地区国家的选举争议和冲突历来多见。大多数选举暴力发生在投票前，当然投票中和选举后也容易发生暴力冲突。一旦选举存在争议或参与竞选的一方不承认选举结果，往往容易产生严重的较长时间暴力冲突。如在加纳，选举暴力令人不安，其中包括部分政党或政治人物借助媒体煽动暴力活动，选举候选人被袭击乃至被杀害，政党或候选人的支持者受到骚扰。肯尼亚自1957年以来选举暴力冲突不断，起因是该国种族和土地矛盾悬而未决，在过去选举中出现的暴力分子也没有受到有效的惩处，这增加了少数政客搞政治投机，乃至操纵选举暴力的可能性。在多哥，政治反对派加强团结，在选举中不断地挑战政府和安全机构，以谋求实现政权更替。在埃塞俄比亚，总理阿比领导的繁荣党虽然赢得2021年议会选举并获得政治合法性，但该国因民族矛盾、选举争议引发的内部冲突日益升级和扩散，导致该国提格雷州、阿姆哈拉州、奥罗莫州等地军事冲突不断，社会内部对抗难消。

（三）选举竞争中的法律斗争和博弈越来越突出

撒哈拉以南非洲国家选举表现的差异性较为明显，从充满暴力和欺诈的选举到相对自由和公平的选举不一而足。就参与选举的政党和候选人而言，无论是守成的一方还是挑战的一方都可能利用法律制度漏洞等方式，为其参选提供更多的获胜保障。当前地区一些国家在任者倾向于通过政治媾和来进行政治交易，并借助合作协议或备忘录的方式，达成选前竞选联盟或选后政治联盟，进而扩大政治基础和优势。还有的国家执政党和国家领导人通过对反对党领导人进行司法起诉的方式，阻碍其参加竞选。如在2019年塞内加尔总统选举前，政府以反对派领袖、总统候选人奥斯曼·桑科犯有强奸罪对其进行起诉，而桑科则认为这是政府为打压反对派领导人而打出的恶劣招数。反对派领导人在政府司法打压下，也往往寻求多方司法支持，乃至争取国际司法干预。如在2021年乌干达总统竞选期间，反对党候选人罗伯特·基亚古拉尼·森塔穆因多项罪名被捕，其为了争取国际关注和支持，不惜公开要求国际刑事法院调查乌干达局势。对于选举结果争议，越来越多的非洲国家寻求通过司法途径解决，争取以此淡化因选举争议带来的政治分歧和暴力对抗。如在2017年8月肯尼亚总统选举中，虽然时任总统乌胡鲁·肯雅塔赢得胜利，但反对派候选人奥廷加以选举违规和存在缺陷为由抵制大选结果并上诉至最高法院，最终最高法院推翻了选举结果并要求重新进行选举。但是在同年10月举行的总统重新选举中，总统肯雅塔以绝对多数胜选，进而强化了执政合法性。在2019年5月马拉维总统选举中，时任总统穆塔里卡得票率为38.57%，排名第一，而反对党大会党候选人查克维拉得票率为35.41%，位居第二。由于得票率差距不大以及选举组织中确实存在一些不合规之处，反对党以马拉维选举委员会在选举组织中违反选举法和破坏选举程序为由对其进行起诉，最终获得法院认可并裁定选举无效。此举引发总统穆塔里卡的强烈反对并在新的大选前更换首席大法官，但是这一政治行动并没有起到预想的政治效果，反而遭到更激烈的抵制。在马拉维2020年6月选举中，反对党候选人查克维拉赢得58.57%的支持率，成功当选总统。上述通过法律手段解决选举争议的做法，一方面有利于加强地区国家民主和法治建设，另一方面也可能带来分歧的扩大化乃至制造新的对抗。

（四）选举政治与国家治理的关联日益加深

在撒哈拉以南非洲国家，选民不仅高度关注选举政治和选举民主，而且更关心国家政治对自身状况的影响。由此，政党能不能展现执政能力、搞好国家治理受到选民越来越多的重视。少数选举过程民主公正、选举争议处理得当以及朝野政党相对关系和谐的国家，往往国家治理相对较好。部分强势领导人善于发展经济和维护社会稳定，能较好处理对外关系，虽然面临国内外一些指责和抨击，但仍保持了较好的执政业绩。如卢旺达爱国阵线领导人、总统卡加梅长期执政，推动该国在完善治理结构、促进和解与安全、加强司法系统建设、为公民参政创造条件、解决就业问题，以及提供公共服务等方面实现了长足进步，成为新时期引领非洲国家治理的样板。同时，近年来地区少数国家军事政变不断，如2021年马里、几内亚等国政变引发了人民对政府和社会信任的危机，相关国家政局滑向更多的不确定性。一些国家传统的族群政治、宗教政治和地域政治有所淡化，全国性政治、包容性政治开始崭露头角。但当政治极化、政党恶斗开始后，几乎所有的政党又瞄准传统群体，力求巩固基本盘并煽动社会分裂和对抗。此外，还有一些国家年轻一代基于对国家现状的不满尤其是对精英政治的仇恨，开始鼓噪民粹主义，谋求切实解决土地和财富分配不公等历史遗留问题，并提出大胆的激进替代性发展方案，以扭转国家发展进程。在民族主义、民粹主义、个人主义等相互作用下，地区国家大多数选民主张强化国家治理能力、促进国家可持续发展，并为地区发展争取更好的国际条件。如2019年非洲晴雨表的一份报告表明，绝大多数非洲人继续支持民主，希望实现更好、更负责任的治理，并坚持同时推进民主和发展。

第三节 撒哈拉以南非洲国家选举政治对政党政治的影响

随着选举日益成为撒哈拉以南非洲国家的常态，无论是政党、政治家还是选民都不断地经受选举民主的熏陶和历练，这有助于地区国家加强选举民主意识，强化选举行为道德和规范，增强对多党民主政治的维护。可以说，选举民主的过程性特点在该地区日益突出，推动了政党政治的深入发展。当然，鉴于地区国家社会生态复杂发展、选举政治的不均衡演进、朝野政党关系的动态变化，以及外部力量的持续干预，地区国家政党政治也因为与选举政治的联动发展而呈现出一些显著特点。上述特点既体现了继承性和延续性，也体现了时代性和变革性。

（一）一些国家政党力量对比持续演变，传统大党老党艰难发展

撒哈拉以南非洲国家多数效仿原宗主国政治制度，在选举制度上实行胜者全胜制或比例代表制。通过选举制度与政党制度的相互融合，地区国家政治体制努力体现代表性和包容性。但是受地区国家选举政治影响，不少国家政党竞争态势不断演化，各类新兴政党、政党联盟不断发展，其中新兴政党有从老党分裂的，有多党合并的，还有白手起家的。如2013年前9个月，南非就有19个政党在国家独立选举委员会登记注册，其中知名的有经济自由斗士党和工人社会党。在2022年肯尼亚总统大选之前，该国共有176个新政党寻求注册，其中部分

政党获得肯尼亚独立选举和边界委员会的注册许可，进而使得该国82个新老政党参与了2022年总统选举。这使得一些国家大党老党面临更多挑战，带动政党力量对比的持续演变。尤其是地区多数国家新兴政党虽然不能对执政党形成明显威胁，但是也取得一定程度的政治发展，乃至在一些国家形成重要影响力。如乌干达反对派领导人罗伯特·基亚古拉尼·森塔穆出身草根，作为年轻音乐人长期关注社会公正和青年诉求，2007年成为民族团结平台的领导人并参与了2021年乌干达总统选举，还获得了34.83%的支持率，由此对穆塞韦尼政府产生一定的震动。南非经济自由斗士党虽然脱胎于非国大，但党的领导人尤利乌斯·马莱马长袖善舞，善于炒作热点议题，积极争取选民支持，获得较高社会影响力。地区一些国家传统大党老党虽然保持了执政地位，但处境日益艰难。如在2018年喀麦隆总统大选中执政党人民民主党候选人、85岁总统保罗·比亚第七次参与竞选并获得71.3%的选票，成功蝉联，但彼时全国选举投票率只有50%，占全国人口20%的英语地区选民投票更是只有5%，因而被反对党指责选举舞弊及执政合法性不足。在2021年赞比亚总统选举中，反对党领袖、国家发展联合党候选人哈凯恩德·希奇莱马获胜，执政党爱国阵线候选人惨败，曾经的大党——多党民主运动更是日落西山。

（二）一些国家朝野政党基于选举需要不断调整相互关系，进而谋求各自最大政治利益

新冠肺炎疫情加剧了地区不少国家选举政治和政党政治的复杂性，多数国家在野党出于显示政治责任和道义以及争取选民理解和支持的需要，在要求执政党和政府作出最大抗疫努力的同时，也在疫情初期给予政府一定支持。如积极支持政府的临时财政救助计划，以及社会隔离、疫苗采购和注射等政策。不少国家执政党和政府提出政治合作、政治协调的主张，谋求协同应对疫情危机，进而减少社会政治压力。一些国家政党还积极基于政党平台作出贡献，如通过多种渠道筹集资金，采购和分发消毒剂、药品、基本生活必需品，开展健康保护和社会隔离等教育，通过党的信息渠道对虚假新闻和错误信息进行反驳并传递正确的疫情防治信息等。如2020年5月，塞拉利昂在野党全国大联盟党表示，新冠肺炎疫情为该国政党团结带来机会，该党积极响应政府号召加入抗疫工作；作为一个建设性反对党，该党肯定政府在抗疫工作中的表现。[①] 为争取青年、妇女以及社会弱势群体的支持，一些国家政党还重点推进疫情下的相关社会宣传和动员工作。但是作为在野党或反对党，其政治立场决定其不可能从内心无私支持执政党和政府，而是会火中取栗并谋求从政府应对失利或不当中获益。如有的在野党或反对党在议会辩论中指责政府的医疗卫生服务不到位，批评政府的宵禁政策过于严厉，反对政府借抗疫之机搞腐败乃至限制反对党。在南非，执政党非国大对抗疫及疫苗施打等工作表现出较强的信心，争取民众理解和支持。在野党经济自由斗士党质疑政府疫苗施打计划，认为政府并无足够财力支撑其计划。反对党民主联盟还认为非国大政府的疫苗施打计划过于软弱，要求法院强制政府实施全民接种新冠疫苗计划。

（三）地区一些国家政党对疫情下发展模式的探索更为深入，对中国发展道路的认知更为深刻

新冠肺炎疫情对政党的治理能力提出更高要求，推动地区一些国家基于选举需要的发展模式思考。不少政党对疫情下的自由资本主义发展模式进行了深刻反思，并对比不同国家应对疫情的成败得失，强化了对发展道路和模式的探索。这种探索目前仍在进行中，反映了非洲国家一些政治家的理论探索认知。如肯尼亚朱比利党秘书长拉斐尔·图朱表示，对中国共产党必须予以肯定，因为中国共产党以一种纪律严明、坚持不懈的方式领导国家建设，进而实现了中国经济奇迹。

[①] "Sierra Leone: COVID-19 Fight Is Not a Political Party or Tribal, but a National Fight", https://allafrica.com/stories/202005080296.html.

非洲可以从"中国奇迹"中学到很多经验,其中之一就是中国共产党内部实行了严格纪律、实现全党上下一致,尽管这不可能一蹴而就,但无疑值得学习。埃塞俄比亚繁荣党主席、总理阿比认为,中国通过对外开放政策,同非洲国家建立的战略伙伴关系产生了互惠互利的效果。在中国共产党的领导下,中国对非洲特别是埃塞俄比亚的投资在过去十年中一直在迅速增长,相关经济合作成效正在不断呈现。繁荣党认同中国对像埃塞俄比亚这样的发展中国家作出的战略支持以及共同发展的承诺,认为上述援助对埃塞俄比亚促进解决贫困问题作出许多有意义的贡献。埃塞俄比亚繁荣党公共与国际关系部部长比基拉·胡里萨表示,中国成功背后的最重要秘诀是中国共产党全心全意为人民服务,中国共产党真正了解中国人民面临的现实问题,实施了有效的民主和治理。中国的政治意识形态符合中国国情,也为世界其他国家树立了良好的榜样。中国的成功也证明复制其他国家的政治制度和发展模式无助于解决本国问题,任何国家都需要找到适合自己的道路,进而实现更好的发展。

(四)地区不少国家加强数字政党建设,提升新兴媒体影响力、传播力

撒哈拉以南非洲国家政党多数属于松散型政党,党建工作相对滞后,选举型政党色彩浓厚。加之多数非洲国家政党领导人擅长演说,其对宣传工作往往给予更多重视,谋求借助政策传播和领导人魅力来强化选民认同和支持。随着近年来地区国家数字基础设施建设的快速发展,社会大众尤其是年轻人对通过数字平台了解和参与政治的意愿明显增强。这为一些国家民众参政提供了有效路径,也促进许多政党加强数字政党建设步伐,推进数字战略建设。尽管相关主张和具体做法还处于起步阶段,但也取得一定进展,并突出体现在当前执政的大党老党、在野的新兴政党和民粹主义政党。这些政党注意发挥知名度和资源优势,积极使用数字技术,开展互联网和社交媒体宣传,包括制定政策、传播意识形态、招募党员、动员选民、组织志愿者、攻击

竞争对手等。同时，不同政党的候选人还利用社交媒体平台进行激烈的辩论，以最大限度地论述本党的立场，并争取选民理解和支持，进而树立本党的形象。从实际效果看，在野党往往成效显著，其通过不对称的传播和动员，在城市地区获得不少支持，进而在一定程度上弱化或抑制执政党和政府优势。此外，地区国家不少政党利用宗教、族群、语言等优势，在疫情下仍坚持开展线下组织动员活动，如张贴海报、组织街头集会、开展挨家挨户走访活动，与选民开展交心活动，以巩固和提升社会支持率。

第七章 21世纪以来拉美国家选举政治的新发展

拉美作为美国的"后院",是受新自由主义改革冲击较大的地区,在冷战结束后广泛实行西方多党民主制和选举政治,但是该地区经历了较为强烈的政治动荡及政治冲突,选举竞争日益激烈,选举的波动性较高,选举结果的不确定性日益显现。一些传统政党大为削弱,同时新的政党或政治组织在一些国家和地方选举中有所发展。当少数国家选民对执政党和政府治理能力不满或质疑其腐败行为时,少数新兴政党或民粹主义政党候选人还可能成为选举黑马。近几十年来,该地区经历了左右翼政党交替执政的政治钟摆。当前左翼力量正在经历新一轮的回摆,尤其是2022年年中拉美出现新一波的左翼崛起,使得地区国家中一半以上由左翼或中左力量执政。当然,也要看到,地区各国具体政党政治实践的特色日益体现,选举结果的不确定性、不稳定性也有所增加。这就带来地区国家左右政治力量互有退缩和进取,从而进入域内左右翼执政国家犬牙交错、复杂博弈的时期。

第一节 拉美国家选举政治的新形势

近几十年来,拉美地区民主政治面临严峻挑战,选举政治并没有产生明显的积极效果，尤其是未能增加选举政治下的政党代表性和信任度，反而在很多时候加剧了地区民众对民主的失望和不满。其突出表现包括政治家在内的短视心态明显，权力斗争恶性发展，国家治理能力欠缺，贪污腐败丑闻不断披露，以及选民的失望增多。如自2009年至2018年，拉美地区民众对民主的不满率从51%上升到71%。2018年拉美晴雨表的数据显示，拉美正在经历民主危机，即民主支持率降至48%。选民的不满对选举政治产生很大影响。与此同时，社会抗议活动有所增多，增加了执政党和政府施政难度。在此背景下，选举成了不同社会政治力量的决战，各方都高度重视每一次选举，确保掌握政治优势。由此选举操纵、非正常权力更替以及选举争议等情况也时有出现，进一步加剧了选举政治的博弈烈度。

（一）拉美选举制度改革小幅推进，但仍面临不小阻力

多数拉美国家实行总统议会制，定期进行总统、议会和地方选举。近几十年来，部分拉美国家对总统选举进行改革，从赢者通吃转向多数票决选，为第一轮总统选举设置50%得票率的门槛，否则要求前两名候选人进行第二轮决选。理论上来说，这为新政党总统候选人进入第二轮选举提供了可能，通过完善多数人支持的基本条件，也容易防止极端领导人上台执政。但是随着社会分化和政治极化，不少国家选民趋向激进化和对立化，使得上述制度设计的目标大多落空。就国别而言，在议会选举方面，拉美一些国家出于增强代表性等需要，对议会选举制度进行部分改革。如智利中左翼政府2015年对1989年的议会两院选区及议员数量进行调整。此前智利众议院议员来自60个选区、参议院议员来自19个选区，各党在每个选区可以提名最多2个候选人，而新的选举制度根据D'Hondt算法席位分配原则改变了选举方式，众议院、参议院选举的选区分别设为28个和15个，同时两院议员人数增至155人和50人。哥伦比亚国会2011年通过的选举配额规定，妇女议员数量要达到30%，但目前妇女在议会中所占席位没有超

过21%。2020年，哥伦比亚参议院通过了一项法案，要求将妇女在公职提名中的代表比例从30%增至50%。此外，还允许在2023年选举中混合使用人工和电子投票；将选举日投票时间延长到下午5点；取消总统对选举登记部门和选举理事会的改革特权；允许居住在国外的哥伦比亚人提前投票；居住在哥伦比亚的外国人仍被允许在市政选举中投票。2021年巴西总统博索纳罗认为巴西的电子投票系统容易出现欺诈行为，要求同时打印投票结果，以便于审计。同时他还大力向巴西选举法院施压，以强化总统的选举话语优势，但在巴西议会两院投票中，总统的相关要求未获得最终通过。2021年10月25日，智利举行自1988年以来最重要的一次全民公投，就是否重新制定一部宪法、替代沿用40年的现行宪法征询民意，最终智利选民多数同意制定新宪法，并决定选举产生男女各半的155名制宪会议成员来完成相关工作。

（二）拉美国家选民心态变化对选举的影响加大

拉美国家选民普遍将选举民主看作民主政治的重要支柱，重视公民民主参与的基本工具建设，如选举、自由有效的政治组织、和平的社会动员，以及公开、高质量的公共审议等。地区国家政府和立法机构也积极推动选民参与选举，如在全世界27个实行强制投票的国家中有12个国家来自拉美地区。但是地区一些国家政党领导人的激进化以及政党政治的极化发展，使得选民参与选举的积极性有所下降。根据2018年拉丁美洲民意调查项目（LAPOP）一项关于地区国家选民对本国选举信任度的调查，45%受访者表示不信任本国选举，38%的受访者表示信任本国选举，而只有10%的受访者表示非常信任本国选举。当然，上述有关情况在各个国家表现不一，这与选举的动员组织、政党的宣传以及选民的心态变化都有着直接联系。2018年拉美国家大选中，墨西哥选民投票率为63.43%、巴拉圭为61.4%、哥伦比亚为53%、智利为49%、委内瑞拉为46%。地区国家以往选举时，选民往往思考是选择向左还是向右。同时一段时间以来反对在任者成为一种常态，总统连选连任在地区构架中不多见。不少国家执政党总统候选人也有不少选择与即将离任的同党籍在任总统保持距离，以免引发选民的疑虑和不满。如 2021 年 6 月，秘鲁左翼自由秘鲁党候选人佩德罗·卡斯蒂略在第二轮总统选举中击败右翼政党候选人获得胜利；12 月，智利左翼政党总统候选人博里奇赢得总统选举，右翼总统候选人以微弱劣势败北。当然，这也不是惯例，有些在任总统仍有望蝉联胜利。此外，受新冠肺炎疫情影响，在制度安排上，多数拉美国家不允许该国居民提前投票或邮寄选票，这就使得投票中选民参与的不确定性突出。如在 2020 年多米尼加共和国总统选举中，尽管当局采取了严格的安全措施，但参与投票的选民还是减少了 14%。

（三）拉美国家选举的波动性和不确定性日益突出

随着拉美政党政治的复杂发展以及政党的碎片化发展，各类政治家基于选举的不确定性，参选的意愿明显增加，使得各类新老政治家同台竞争的情况日益增多。但是在总统二轮选举制度下，胜出的难度和不确定性增加。尤其是近年来拉美的大多数总统都是在第二轮选举中选出的（前提是有决选规定的国家），如 2014 年的哥伦比亚、2015 年的阿根廷和危地马拉、2016 年的秘鲁，以及 2017 年的厄瓜多尔和智利。就哥伦比亚而言，1953 年以来该国进行了 17 次总统选举，前 50 年左右（1953 年至 2001 年），没有举行过第二轮选举，但是在后来的 16 年中（2002 年至 2018 年），五次总统选举中有三次需要进行决选。但是从具体选举结果来看，地区国家 20 多年来先后经历了左翼集体居优、"右进左退"但是右翼主导政治周期明显缩短的时期，当前左翼政党又迎来新一轮的快速发展时期，不过能否增强和巩固政治优势还有待进一步观察。同时也要看到当前的左翼政党快速发展与上一轮的左翼崛起有所不同，其在政策诉求及政治结盟等方面体现出一些新特点，表现出更大的包容性。

（四）拉美国家内部选举环境的复杂性和尖锐性有所增强

选举不只需要完善的程序和管理，还需要相对友善的环境。从整体上来看，拉美国家选举环境较为复杂，受到各种内外选举因素的影响，呈现出明显的"选战"特点，尤其是政党两极分化、左右民粹主义力量相互对抗更是恶化政治生态。同时，社会不公、腐败、贩毒、有组织犯罪等问题日益严重，导致社会不满情绪持续上升，也加剧了广大选民对选举政治中的议会和政党信任危机。根据2018年拉美有关调查数据显示，议会和政党的公民合法性水平较低，分别为21%和13%。这些数字显示，地区不少国家选民越来越远离政党，其中58%的选民表示不参加政党而且对政治精英表达了愤慨。选民越来越倾向使用手中的抗议票，使得多数国家进一步面临政治极化和支离破碎的社会挑战，难以凝聚共识尤其是出台危机应对策略，以满足国内复苏和发展需求，并回应多边国际机构的贷款或援助要求，以及国际投资人的投资要求。这就导致无论哪个政党或政党联盟执政都难以争取较长的蜜月期，使得部分国家政治周期不同程度缩短、权力更迭加速。面对短暂的政治周期，各类政党和政治家都必须学会面对激烈的权力斗争及意识形态的对抗，妥善应对国家治理难题，以提升政治包容性，进而为达成政治共识创造条件。

第二节 拉美国家选举政治的新特点

拉美国家历史上作为欧洲殖民地，较早接受和实践西方的政党政治和选举政治，但是殖民地的独特文化和政治实践，也给上述国家打上了深刻的威权政治标签。20世纪70年代，拉美地区多数国家属于不同类型的专制或军事政权。苏东剧变以后，拉美国家绝大多数改行西方多党制和选举政治，但是40多年来多党制的发展以及民粹主义的甚嚣尘上，使得地区不少国家选举政治持续演变，呈现出不少新特点。

（一）选举框架下的政治极化日益明显

21世纪以来，拉美地区不少国家左右翼政党对立，以及政治精英与平民大众的对立日益加重，即便是经济发展较好的智利等国都难以避免。其突出表现为左右翼政党在选举竞争及日常政治博弈中总体对立，无论在朝在野都谋求打击对方并争取更大的政治优势。这导致地区国家选举争议时有发生，质疑选举舞弊以及不承认选举结果的情况不在少数，引发司法官司和选举暴力，加剧了选举的合法性危机。以委内瑞拉为例，自1999年以来，查韦斯及其继任者马杜罗积极推行玻利瓦尔革命，发展21世纪社会主义并加大国家对经济的管控力度，还完善代议制民主和参与性民主，但是不同阶级阶层的利益博弈使得代议制民主与参与性民主的不相容一面趋向突出，导致左翼执政党与右翼在野党的严重冲突。即便是大左翼内部的部分进步政党也开始反对执政党统一社会主义党的某些政策，进而影响到左翼统一战线的内部团结。玻利维亚左翼总统莫拉莱斯试图争取第四任期，但遭到右翼反对派的抵制并被反对派以政变的形式赶下台，导致莫拉莱斯的出逃。不过，由于右翼反对派不能很好地解决国内选民诉求，在接下来的选举中左翼政党东山再起，掌握了政权，为莫拉莱斯重返玻利维亚创造了政治条件。巴西长期以来堪称地区民主楷模，政党轮流执政。其中1995年至2002年由中右翼的巴西社会民主党执政。从2003年开始，中左翼劳工党开始掌权，卢拉和罗塞夫先后分别担任总统。但是从2013年以来，巴西开始爆发大规模示威抗议活动，加之政府腐败丑闻被揭露，使得卢拉在卸任后被判入狱、罗塞夫被弹劾，这些政治对抗加剧了巴西的政治分化，反建制力量受到欢迎。罗塞夫的继任者米歇尔·特梅尔也被指控腐败，进一步加剧了巴西社会对现有腐败体制的质疑及对精英的不信任。2017年，博索纳罗将自身定位为反劳工党和反体制的候选人并成功进入第二轮总统选举，还赢得最终胜利。博索纳罗就任总统后高举"反劳工主义"大旗，执政方式激进，大行右翼民粹主义，在抗击新冠肺炎疫情中无视科学意见，将激情与政治挂钩并与司法机关及地方政府等相互斗争，加剧了巴西抗疫难度。墨西哥经历了多次政治紧张和混乱，新成立的中左翼政府竭力促进发展和维护团结，重视打击传统商业组织及犯罪组织的非法行为，加剧了暴力冲突，并在一定程度上影响到选举安全尤其是候选人的安全。新冠肺炎疫情也导致拉美国家社会紧张情绪有所扩大，内部政治辩论和对抗不可避免地升温。尤其是在某些国家，以长期冲突和功能失调为特征的分裂政治将加剧，而分裂的政治可能会升级到政治冲突的程度，进而带来新的政治风险和危机。

（二）传统政党危机日益显现

20世纪90年代以来，传统右翼政党及新兴的左翼政党竞相发展，但是都面临不同程度的困难。就右翼政党而言，新自由主义的快速发展及危机的演进，导致了地区国家资产阶级的态度变化。其一方面支持民主言论和选举政治，对新自由主义政策表示欢迎；另一方面则对危机下的本国发展表示担忧，开始趋向保守主义和民粹主义，乃至在意识形态和政策诉求上出现多样化发展。当前，地区不少国家资产阶级意识形态多元，分属对立的政治派系，使得右翼资产阶级政党趋向弱化并难以更好地整合资产阶级。就倾向21世纪社会主义的左翼政党而言，其逐步摆脱了资产阶级政党的钳制和压迫，更多地走向选举舞台并融入政治体系。一些左翼社会运动也加入左翼或向左翼靠拢。巴西劳工党、委内瑞拉统一社会主义党、玻利维亚争取社会主义运动等纷纷赢得执政地位，只是有些已经败选下台，有些有望赢得政权，有些虽然继续掌权但施政艰难。其中一个重要原因是，一些国家左翼社会运动变强后，其对自身政治和经济利益的诉求更为强烈，在某些情况下还对左翼政府施加压力，力推左翼政府作出更大让步。一旦相关国家左翼执政党不妥协，就可能出现大左翼内部的分化和对抗，进而带来左翼政党实力的弱化。如巴西无地农民运动一度迫切要求劳工党政府解决土地问题，而在国家财力无法解决的情况下只能加大劳工党政府的施政困境，以及招致右翼资产阶级政党的联手攻击。此外，20世纪90年代中后期以来，地区国家普遍加大了向地方分权的进程，使得权力下放、经济发展，以及政治问责等事务的相互联系加深，给传统政党带来不小的挑战。尤其是政党的层级化建设和分权，使得组织严密型政党面临地方自治和地方领导人扩权的冲击。在不少国家，执政党在地方选举时还面临更大的协调和整合压力，加剧了现有党组织的矛盾和冲突，降低了政党选举的效率和质量。为了确保选举的胜利，不少国家政党的地方组织更多强调自主性，在地方选举中为了地方政治家利益纵横捭阖，乃至损害了党的整体利益，少数政党候选人甚至不惜与党的政策主张相背离。在此情况下，地区不少传统政党为保持党内团结或收买或影响其他政治力量，往往诉诸贪腐的手段为本党敛财。这也导致不少国家选民对传统政党表现出不信任、厌倦的态度，进而在投票时更为倾向其他政党及候选人乃至民粹主义候选人。新兴政党或无党派人士开始更多进入政治博弈，上述力量虽然不大可能很快改变本国政治格局，但无疑争夺了部分原本属于传统政党的社会基础，弱化了传统政党的竞争能力。

（三）政党选举联盟及联合执政在地区不少国家成为常态

随着政党数量的增多，地区不少国家议会呈现碎片化，无论进入议会的政党数量是变多还是变少，都容易出现没有一个政党可以掌握半数以上席位的情况。如哥斯达黎加进入议会的政党从2014年的9个下降到2018年的7个，但仍没有一个政党能够获得多数席位。一旦当选总统无法掌握议会多数，就可能面临立法机构乃至司法机构的无形打压，加大政府施政难度。因此，地区主流左右翼政党都谋求建立较大的政党联盟，以形成集团政治优势。如在阿根廷，2015年中右翼的共和国方案联盟，以及社会民主主义的激进公民联盟等政组成"变革联盟"，开展联合选举和政治竞争，以抑制正义党的发展。而正义党则为了强化竞争力，于 2019 年联合部分中左翼政治力量组成全民阵线，并成功赢得总统选举和议会选举。智利则形成为了传统右翼、传统左翼及新兴左翼三大政党阵营。其中新兴左翼政党组成的广泛阵线在 2017 年成立，尽管内部成员经历了一些变动，但代表性不断扩大，以促进社会公平公正、消除贫富差距等为主要诉求，力求在复杂的多党竞争中争取更大的政治空间和选举胜利。在 2021 年 10 月洪都拉斯总统选举中，候选人萨尔瓦多·纳斯鲁拉宣布不再参选并转而支持前第一夫人、左翼自由民主党候选人希奥玛拉·卡斯特罗参选。作为回报，如果卡斯特罗获胜将选择纳斯鲁拉作为她的副总统。这也使得该国当年 11 月 28 日总统选举中，排名前四人中的两人进行了政治结盟。巴西总统博索纳罗尽管在 2018 年总统选举中加入社会自由党，但在选举胜利一年后就以政策分歧为由，退出了社会自由党并谋求建立自己的政党，但因为未能获得足够签名支持陷入失败。着眼于 2022 年巴西总统选举，博索纳罗在 2021 年 10 月又宣布加入中间派的自由党，以增强竞选组织工作并提升政治影响力。

（四）党内选举与选举民主的密切联动有所增多

拉美国家不少政党组织较为松散，党内派系林立，内部整合难度较大。加之政党力量对比变化带来的政党分化组合不断演进，政党自身的建设难度加大。这导致不少政党突出党内民主建设的思想，允许党内不同派系的相互竞争，推动党内候选人的选举制度日益完善。当然，也有少数组织严密型政党仍突出集中的一面，以强化党内的思想和行动统一。从实践来看，地区不少政党在党纲党章中，对候选人的产生机制，以及党内争议处理建立了较为完善的章程。在地区大多数国家，政党都拥有公共资金，用于分配给政治研究和培训。同时在大多数情况下，党员对党的领导人作出的决定也拥有上诉权利。该地区政党的内部监督体系也有助于改善政党作为决策者的表现，理顺党员的政治参与和代表性关系。如哥伦比亚自由党规定要加强党内民主协商，允许党员在推选党内候选人方面享有充分的权利。而在墨西哥，历史上革命制度党通过内部利益的分配来实现政治团结，但是随着该党的下台及力量削弱，墨西哥主要政党均根据选举法和政党法不断强化党内民主。党内民主与选举民主相互结合和作用，推动了地区国家政党对选举政治的接受和实践，但是党内选举受到内部派系斗争的影响，往往可能带来民主的混乱及党内分歧的扩大。如圭亚那人民全国大会党推行美国式的党内初选制度，但多次选举失败、内部动荡和外部批评使得该党遭受沉重打击，不仅不利于党内团结，反而弱化该党选举竞争力。

第三节 影响拉美国家选举政治发展的主要因素

拉美国家选举政治的新变化并非偶然，而是内外因素相互影响、相互作用的结果。如果影响拉美国家选举政治的因素没有发生重大变化，那么地区国家的选举政治仍可能继续呈现分裂、对抗及不确定发展等特点。考虑到拉美地区短期内难以摆脱西方国家的干预和影响，外力作用下的拉美国家选举政治博弈仍将维持较高烈度。

（一）地区发展的动荡性牵动选民意愿多变

随着20世纪80年代地区国家军事政权的逐步退场，不少右翼资产阶级政党纷纷推行新自由主义改革，将国有部门私有化，并实施借贷发展模式，以致背上沉重的债务负担。但是新自由主义改革极大地损害了下层社会利益，并促进了财富的进一步集中，使得谋求社会公正公平的思想开始上升。这为地区一系列的左翼或中左翼政党上台执政扫清了障碍，推动委内瑞拉统一社会主义党、巴西劳工党、玻利维亚争取社会主义运动等纷纷走上前台。这些左翼政党谋求实施再分配政策并加强扶贫工作，让人民群众过上更好的生活。但是地区国家受历史及现实因素影响，往往依赖大宗农矿产品出口。如果国际市场商品价格合适或有竞争力,上述国家就可以促进经济发展,实施大量社会项目,并扶持左翼社会运动的发展;反之,一旦国际市场大宗商品价格下跌幅度过大,那么左翼的发展模式就会难以为继,进而遭到社会各方面的质疑甚至敌视。尤其是2008年国际金融危机引发大宗商品国际市场的萎缩及价格下降,导致地区国家经济形势明显恶化,政府收入再分配机制难以为继,迫使少数国家左翼政府转向新自由主义性质的紧缩政策,进一步削弱其对中产阶级和下层社会的影响力和号召力。部分左翼政府为保住权力,谋求通过政治收买或政治打压等方式来削弱反对党力量,引发右翼的反弹和攻击。新冠肺炎疫情给拉美带来全方位的冲击。在2021年10月国际货币基金组织更新的《世界经济展望》数据库中,2020年拉美经济收缩7.0%,其中几个南美洲国家受到疫情重创,经济收缩超过10%。拉美经济收缩无疑加剧了地区贫困和社会不平等问题。2021年3月,联合国拉丁美洲和加勒比经济委员会估计,2020年拉美有2200万人陷入贫困,地区贫困率从2019年的30.5%上升到33.7%。尽管地区不少国家加大政府干预力度,但效果并不明显。许多专家担心,拉美将面临一个新的"失去的十年",贫富差距日益拉大,加剧社会不平等和社会仇恨,进而进一步刺激社会分化。此外,疫情下的就业、腐败和犯罪活动等问题,引发下层社会的不满,导致各类社会抗议频发,选民对政党的态度在期望和失望之间徘徊,对各类选举投票的态度日益务实,要求切实解决贫穷、不平等以及公共服务短缺等问题。

(二)政治意识形态的博弈日益深化

近几十年来,拉美地区陷入了新自由主义与21世纪社会主义或经济民族主义的持续博弈。其中右翼资产阶级政党倡导私有化和充分的市场经济,并谋求加强与美国的经济关系;社会党等传统左翼,尽管对新自由主义不满,强调国家干预和社会福利,但在推进国有化方面并不积极;而新兴左翼政党谋求实现真正的直接民主,以反对右翼政治精英的腐败，如经济上强化国家所有制，扩大非私人形式的所有权，推进组建合作社、实行企业共同管理、加强国家管理或扩大国家所有权。综合上述不同政党的发展道路和发展模式追求来看，无论是新自由主义还是21世纪社会主义都一时难以解决地区发展的可持续性及长期贫困问题。尽管地区新兴左翼寻求消灭或削弱资本主义，但其无法找到一种可持续的方式来应对国际市场价格波动，也无法彻底消灭腐败问题。传统右翼政党尽管不得不重视社会不平等问题，在消除贫困以解决社会不公方面作出一些努力，乃至重视拉拢进步的左翼社会运动，但资本家的本性决定了其对财富的执着和贪欲，无疑将继续支持私有资本发展，追求最直接、最短视的出口收益，而不大会重视工业化进程。目前来看，拉美左右翼政治力量都趋向民粹化和实用化，经济社会政策更加微妙，每个国家的具体政策博弈烈度和结果都有所差异，但意识形态差异问题难以消除。在资本主义剥削和压迫下，拉美人民无疑将继续强化斗争，着力探索新的左翼替代模式。

（三）宗教因素和土著民众的影响有所增强

受前殖民宗主国影响，拉美国家90%以上的民众信奉天主教。传统上，右翼政党与教会保持着密切的联系，尤其是各种新教徒大多支持保守派右翼政党。20世纪90年代以来，该地区福音派新教人口持续扩大，参与政治的情况增多，政治影响力上升。如20世纪90年代初，福音派占哥伦比亚人口的比例不到10%，现在约占19.5%。福音派教会信徒众多，资源丰富，可以提供竞选活动的场地及电视和广播频道。这些宗教机构可以将宗教资本转化为政治资本，但是在多数国家总统选举中，福音派候选人或政党大多是作为联盟伙伴而不是真正的竞争者。在2018年哥伦比亚总统选举中，最大反对党民主中心党候选人杜克赢得1030万张选票并胜选，其中哥伦比亚多个福音派组织至少贡献100万张选票。在2008年哥斯达黎加总统选举中，福音派国家复兴党候选人名列总统选举排名第二位。2016年至2020年，时任危地马拉总统吉米·莫拉莱斯是一位虔诚的福音派基督徒,其政策的宗教色彩浓厚。2018 年,当选巴西总统的博索纳罗尽管自称为天主教徒,但他的妻子和儿子都是福音派教徒。作为总统,博索纳罗实行极右的社会政策,表现出对同性恋权利和女权主义的敌意,因而未能得到福音派的持续支持。同时,最近数年来,墨西哥、委内瑞拉等国左翼政党也开始接触各类宗教组织及其领导人,谋求与宗教政党建立合作或联盟关系。部分左翼执政国家领导人还亲自与教会沟通,提供有关政策支持,以示善意。上述举动取得一定效果,帮助相关左翼政党获得一些选举支持或牧师祝福。此外,地区不少国家福音派教会组织也利用信徒的选票,以争取为教会及其信徒谋取利益。如巴西福音派教徒谋求通过选票,要求政府为教堂免税,允许宗教媒体节目接触更多社会大众,以及为建造教堂获得土地等。有些牧师还寻求国家公职并亲自参与各类层次选举,也获得一些收获,进而提升维护教会利益的权力。

尽管自 21 世纪以来,拉美国家土著居民在经济社会领域取得一定进步,贫困程度有所降低,获得基本服务的机会有所增多,但是仍面临严峻的社会不平等。如土著民族占到地区人口的 8%,但约占拉美贫困人口的 14% 和赤贫人口的 17%。拉美近一半的土著人口居住在城市,其生存环境不安全、不卫生且更容易受自然灾害冲击。土著人口就业的不稳定性较为突出,大多只能从事低技能工作。根据联合国拉丁美洲和加勒比经济委员会的评估,旅游业是受新冠肺炎疫情影响最大的行业,其对秘鲁和墨西哥等国参与旅游活动的土著社区产生重大影响。面对严峻的生存和发展环境,地区不少国家土著居民积极参与政治,谋求提升政治话语权和影响力。上述土著选民成为相关国家主流左右翼政党积极争取的目标对象,进而对土著政党带来一定的挑战。为此,土著政党必须加强政治竞争,力争在多元竞争中更好地体现政治存在和扩大政治影响力。

(四)外部力量的持续干涉

以美国为首的西方国家不时介入拉美国家选举政治,极大地影响了地区选举形势。总的看，西方国家支持地区右翼政府，大力干涉左翼执政党和政府。美国及其西方盟友往往通过美洲国家组织等地区和次地区组织支持地区右翼国家政府，美国总统和国务卿等主要官员经常性评论拉美国家选举，对选举争议及选举官司说三道四，乃至直接施压或威胁予以制裁。在具体国别上，美国及其西方盟友主要针对古巴、委内瑞拉、尼加拉瓜、玻利维亚等国左翼政权，并进行各种污名化和打压。尤其是美国长期以来敌视地区左翼政权，攻击21世纪社会主义理论和实践，并对牵头的委内瑞拉统一社会主义党政府予以持续打压；攻击查韦斯和马杜罗两位领导人当选缺乏合法性，污蔑左翼政府缺乏民主、颠覆民主体制，以及暴力镇压人民维权活动，并通过经济、外交等多个渠道对委内瑞拉进行制裁。美国政府还支持委内瑞拉反对派领导人胡安·瓜伊多，承认其领导的"临时政府"，积极为其提供各类支持并开展各种合作。有美国背景的雇佣军还被派遣来颠覆委内瑞拉政权，但遭到失败。在2021年尼加拉瓜总统选举中，美国等西方国家极力污蔑左翼总统候选人奥尔特加，并攻击尼加拉瓜左翼政府破坏选举环境、对其他总统候选人实施高压政策。美国卡特中心还称，"尼加拉瓜的民主已经消亡，民主选举不存在可信的条件"。欧盟理事会认为，"尼加拉瓜总统和议会选举标志着该国完成向独裁政权的过渡"。在2021年圭亚那选举法的修改中，美洲国家组织表示要为圭亚那选举改革和民主建设提供支持。美国国务院则设立为期18个月的援助项目，帮助圭亚那选举委员会，以及总检察长办公室提升开展选举的能力，支持圭亚那公民社会组织协助圭政府按照地区和国际标准进行选举改革；美国驻圭亚那大使馆还指定国际共和研究所来实施这个项目。俄罗斯等国则要求西方尊重拉美国家主权，反对西方干涉相关国家的选举事务并要求其尊重选举结果。

第八章　21世纪以来资本主义国家大众政治与选举政治

大众政治起源于西方工业革命时期的群众运动，展现了当时民众对宗教改革的参与热情和力度。随着资本主义国家选举政治的普遍建立以及社会大众政治参与度的提升，社会大众在选举政治中的作用不断提升。当然，社会大众内部组成分化、意识形态变迁及政治博弈态势变化无疑也对选举政治持续产生影响。21世纪以来，随着资本主义国家经济形势的变化、社会结构的变迁及政治分化的凸显，资本主义国家选举政治与大众政治的联系日益密切，使得选举中的社会大众政治观点博弈、政治对抗等受到更多关注。尤其是随着数字技术的不断发展及数字政治的深入发展，选举政治中的社会动员及社会参与形式也不断演变，增加了选举政治的复杂性和选举结果的不确定性。同时，传统精英政治受到更多质疑，带来民粹主义力量异军突起，民族主义和民粹主义成为影响不少国家选举结果的重要因素。此外，地缘差异引发的地域政治差异日益突出，也引发部分国家选举政治中的地域分野与政治博弈更为突出。

第一节　社会分化与发达国家传统左翼政党的选举得失

进入21世纪以来，尤其是近年来，随着部分资本主义国家传统政党政治中的左右钟摆效应有所弱化，一些资本主义国家传统主流左翼政党出现了一些不正常的发展态势，即它们在经济危机和社会困难时期不仅未能实现大发展，反而陷入失人失票的危机。有些政党下降为二流政党，有些政党则干脆被边缘化。不少国外政党和政治学者对此感到迷惑，他们指出，左翼政党一直在转变，如从全民党回归传统左翼主张，在经济困难时期还提出一些更为激进的左翼主张，但是却没有赢得部分传统社会支持群体的理解、信任和支持，这不符合常规的选举政治逻辑。一些国外学者认为，随着经济社会形势变化带来的社会结构变化，尤其是一些处于困境中的中产阶级、生存艰难的工人阶级和其他弱势群体对左翼政党的代表性产生怀疑，他们更多关注自身的身份属性和群体利益，进而导致其选举投票行为的日益复杂多变。

资本主义国家工人阶级在20世纪90年代以来的新自由主义改革中遭到不小的冲击，始终面临裁员和减薪的风险，还面临社会福利和社会保障减少的打击。随着2008年国际金融危机的爆发以及新冠肺炎疫情的全球持续蔓延，资本主义国家社会结构的变化引人注目。其中富裕的大资产阶级遭到一定影响，但超级富豪数量不仅没有减少反而不断增加，其中既有不少国家在紧急救助方面给予金融产业以及特定商业利益群体等特殊照顾的因素，也有部分绿色产业、数字产业以及电子商业等在困难时期逆势发展等因素。根据乐施会的研究，全球亿万富翁在2020年获得3.9万亿美元财富，而普通民众则损失了3.7万亿美元。多数国家中产阶级遭到严重冲击，有些虽然维持住自身地位但处于苦苦挣扎之中，有些则滑落到低薪就业或失业的地步。千禧一代的青年人由于大多未经历过稳定工作，深刻感到裁员风险和贫困危机。美国皮尤研究中心的统计发现，三分之一的美国家庭根本没有储蓄，他们虽然自称是中产阶级但无疑是穷人。在全球新冠肺炎疫情暴发后，资产阶级政府还试图转嫁危机，让工人阶级承担所有的痛苦和损失，进而确保大资产阶级的利益。在此情况下，工人阶级进一步分化，有些产业工人获得新的发展机遇，积极谋求维护自身的利益，但更多的产业工人则遭受损失和持续冲击。这显示工人阶级的同质性有所减少，尤其是面对不同的就业形势和劳动市场保护体系，工人阶级的就业安全性和经济地位差异扩大，导致工人阶级内部的分野扩大。由于工人阶级内部不同群体的政策偏好和诉求差异凸显，传统左翼政党的高福利政策不能再一呼百应。究其原因在于：资本主义国家工人阶级内部鸿沟的产生原因不一，但基本发展趋势却有所相似，即工人阶级的分裂性和脆弱性明显。但不少国家社民党由于历史上搞全民党和"第三条道路"，不惜削减社会福利和社会保障，以保持经济活力，进而使部分工人感到失望，难以再争取到工人的支持。当然，还有一个更重要的因素是单一的收入再分配政策已经难以有效满足社会上不同选民群体的需求。如果不能高度重视和解决下层社会中不同选民群体的个性化偏好，左翼传统政党就可能面临更大的危机。

部分国家右翼乃至极右翼资产阶级政党趋向务实化，左右逢迎且成功塑造代表左翼工人的政党形象。随着资本主义国家社会结构变化，身份政治问题日益凸显。越来越多的迹象显示，包括工人阶级在内的多数资本主义国家选民按照身份政治而不是政治动员来投票。同时，一些国家传统左右翼政党总体政策逐渐趋同，只是表述和力度有所不同，而政治精英普遍被商业利益集团游说和劫持，导致政党代表性下降。在此情况下，左翼政党受政治属性影响，变通性往往容易受到质疑，而右翼资产阶级政党由于务实灵活调头快，因而比左翼政党相对更容易被选民接受，如在多边主义、自由贸易等议题上转变态度，突出保护主义和反对移民等。通过分析英国2017年选举中支持工党的部分支持者在2019年选举中转向保守党这一现象，我们可以发现价值观信任的部分变迁，即这些新保守党选民比传统保守党选民更愿意接受国家干预经济和政府支出。2021年，英国约瑟夫·朗特里基金会的一份公开报告显示，英国两党的传统支持基础都发生了重大变化，体现了英国政治的普遍性转变。至少在选举政治方面，保守党不再被描述为富裕的政党，保守党现在在低收入人群中比在高收入人群中更受欢迎，而工党也不再被形容为低收入者的政党。同时，2021年下半年，美国全国广播公司的一项民意调查显示，美国两党的组成正在发生变化，尤其是有迹象表明，共和党正在成为蓝领美国人的政党，而且这种变化正在不断深入演进。如果上述趋势继续发展下去，必将对共和党的未来发展产生非常大的影响。

此外，民粹主义思想及民粹主义政党的发展，对传统左翼政党产生一定挤压。就欧洲来看，随着欧洲一体化进程的持续发展以及欧盟的结构性建设不断推进，欧洲内部团结问题面临新的挑战，尤其是欧洲内部穷国与富国的资金分配分歧，以及对待移民问题的态度差异日益突出。这无疑影响到欧盟内部的协调及成员国对欧盟的态度，质疑欧盟乃至脱欧言论在不少成员国有着一定市场，有些国家政府还利用脱欧言论要挟欧盟作出更大程度的政策让步。对欧盟成员国下层社会而言，其在工作机会、福利保障等方面面临全球化冲击以及外来移民挤压等多重压力，往往趋向保守化和民粹化。而欧洲多数左翼政党基于进步思想和人权理念，在移民问题上难以作出极端的表态并配合实施民粹主义做法，进而使得不少工人阶级特别是蓝领工人转而支持民粹主义政党。同时，欧洲传统左翼政党对欧洲一体化愿景的支持也在一定程度上引起部分激进选民的不满，使其难以凭借福利国家政策获得更多支持。这使得社民党在多数欧洲国家面临极左、极右政党的多重挤压，选举得票率持续下降，难以维持曾经的主流政党地位。伴随着民粹主义思想的发展，各类涉及民生、气候变化、社会安全等议题的示威抗议活动持续推进，而且上述多数抗议活动被激进主义社会组织或政治力量所领导，导致欧洲社民党的影响力进一步受到削弱。此外，欧洲范围的民粹主义政治力量还持续加强内部交流与合作，联合影响乃至塑造新闻媒体报道基调，并煽动社会仇视和暴力活动，形成了一定范围的欧洲乃至全球性影响。

鉴于资本主义危机的系统性和复杂性，传统的左右政策变化及左右政党轮替已经不能予以有效化解。展望未来，发达国家的传统左翼政党往往批判性大于建设性，难以拿出更好的替代政策，进而得到选民的广泛坚定支持。因而无论哪个政党上台执政都必须平衡选民诉求多样性与政策务实性之间的矛盾，拿出最有效的政策并获取大多数选民支持，以有效化解积重已久的危机。对左翼政党而言，新的社会分歧已经超出了福利国家政治的狭隘领域，仅仅承诺照顾工人阶级的诉求是不够的，还要给予工人阶级更多的信心。但是不少国家社民党内部派系林立，思想主张多元且相互竞争，导致党的政策诉求及外部形象分裂。在此情况下，一些工人选择退出或抛弃社民党，并不再给予选票支持。这使得不少国家社民党党员人数不断下降，曾经的百万人员大党难以再现。当然，发达国家选民也在持续发展变化，尤其是随着一些国家选举无序和政府无能的发展，超越恶性竞争的理性选民数量也可能逐步增多，进而为部分国家社民党的新发展带来机会。

第二节　民粹主义政党发展与选举政治的不稳定性

资本主义国家民粹主义思想历史悠久，最早可以追溯到希腊和罗马时代。近代以来，民粹主义在全球各地不断发展，具有了鲜明的地区和国别特色，产生了深刻复杂的政治影响。21世纪以来，全球范围内迎来了民粹主义思想的大发展时期，推动民粹主义社会组织及政治力量快速发展，不少国家民粹主义政党还在选举中有所收获，乃至实现参政或执政。欧洲和拉美地区是民粹主义力量较为强大的地区，也是左右翼民粹主义较量和博弈较为激烈的地区。其中左翼民粹主义往往侧重国家干预和社会公正，右翼民粹主义则大多侧重民族主义、反对外来移民及地区一体化或全球化。全球民粹主义的一个共同特征就是反建制，谋求在理念上和政策上更多体现人民利益的色彩，让人民意愿和人民力量更多得到体现，进而展示民粹主义的人民性和代表性，但是民粹主义政党政策的激进性无疑也对选举政治产生作用，影响选举政治的稳定性。

一是偏重直接民主，强化选民与政治的直接联系。民粹主义者大多认为，精英政治的专权腐败会使社会大众的利益受到损害，选举不是公平竞争而是人民意志的表达，只有让人民充分参与民主政治，才有可能遏制政治的腐败和无能。这种大众政治不承认政治权威，谋求让人民与国家建立无缝的政治沟通和对话。如意大利五星运动创始人贝佩·格里洛总是批评老牌政客和传统媒体，强调需要尊重人民及其意志，并努力成为人民和政治间的沟通中介。这种说法有其合理性，但是在信息社会和社交媒体时代，人民不再是一个象征性符号，而是已经有了多元发声平台。民粹主义政党为了彰显人民的参政代表性，大多主张直接民主，将一些重大复杂敏感议题交由全民公投来解决。他们还主张围绕朝野关切的一些重大议题进行政治协商，推动达成政治共识，进而减少解决问题的难度。这一方面可以展现民粹主义政党的政治气概和风度，另一方面也可以避免直接解决一些棘手难题，进而避免遭到相关议题可能的反噬。但是这无疑也会造成一些负面政治影响，而且也不利于问题的解决。毕竟，公投提供了一个胜者全胜制的二分法选择，不会允许对失败的一方作出任何让步，只能让相关议题变得更为复杂并加剧问题解决的难度。尤其是一些国家朝野力量围绕高度分裂的政治议题进行博弈，并无视社会分歧付诸全民公投，带来恶劣后果，进而带来民主的倒退或民主的危机。从选举结果来看，民粹主义政党虽然在乎选举结果，但在一定程度上他们大多也偏重裹挟一些热点议题并大肆炒作，即便不能一举获得多数选民支持，但也能炒热相关意见，进而争取舆论得分。如欧盟一些国家极右翼政党极力推动脱欧公投，鼓噪脱欧带来的好处并炒作继续留欧的坏处，造成国内社会分化和政治对立。当然，也有一些政治学者认为，公投也有好处，有时可以对民粹主义思想和政党形成压制，使其难以进一步兴风作浪并扩大争取支持。

二是政策民粹化带来危机，加剧选举政治的对抗性。从全球范围来看，民粹主义的兴起往往发生在有关国家经济低迷、债务高企、社会不稳定时期，社会现实为民粹主义的发酵和发展提供了良好的土壤，但是民粹主义思想的发展，以及民粹主义政党的上台执政并不都是万能药，也并非可以一举解决有关国家的所有困难，反而可能进一步加大有关问题的解决难度。这是因为民粹主义的解决方案本身是把"双刃剑"，经常表现为一种非黑即白的对立或短视。在西欧，民粹主义政党的经济政策极为短视，尤其是否认预算限制以及未能客观评估不同政策选择的利弊。如意大利的民粹主义政党许下了大量的政策承诺，但执政后即发现难以实现，最后被选民赶下台。在东欧，部分民粹主义执政党为了集中权力和加强国家治理，对其他权力进行侵蚀，进而引发国内矛盾。如匈牙利青民盟政府意图将法院置于政治控制之下，废除了监管机构，并向与政府有关的报纸和媒体提供资金支持，进而遭到在野党及欧盟的反对。在拉美，左翼民粹主义政党要求国家在经济发展中发挥更大的作用，积极推进实施社会福利和社会保障方案，而忽视了财政支付能力和国家发展的可持续性。由此受基层民众诉求和选举压力等因素影响，政策制定者的政策回旋余地越来越小，稍有不慎就可能引发宏观经济不稳定及社会矛盾，其中包括不断增加的财政支出负担、新冠肺炎疫情带来的卫生健康危机、企业运转困难、市场波动、税收下降等难题。随着2021年智利、秘鲁、厄瓜多尔、洪都拉斯和尼加拉瓜等国举行总统选举，以及墨西哥和阿根廷等国举行议会选举，地区许多国家朝野政党都谋求扩大对家庭和企业的一揽子财政救济以及注重长期经济结构调整，将石油、天然气、电力和电信等关键行业国有化。但是国有化主张在一定程度上并不利于提高经济效益，反而可能影响国际投资者信心，进而增加有关国家经济发展的不确定性。因而，对左翼民粹主义者而言，其不仅可能面临右翼资产阶级的敌视和掣肘，而且可能因为无力维持或推进社会再分配政策，遭到社会下层支持者的不满和反对。

　　三是民粹主义可能带来社会持续分裂和政治对抗。民粹主义往往侧重单边主义、保守主义或激进主义，对社会多元化和包容性则看重不多。越是遇到困难，越会诉诸激进主义。如美国前任总统特朗普是鼓吹民粹主义的典型政治人物，他主张"排干沼泽"，承诺在工作人口和社会精英之间建立界限，为阻挡移民而加强边界管控。这不仅带来美国国内身份政治的发展和社会分化，而且树立排外的恶劣范例。巴西前任总统博索纳罗的民粹主义兼具巴西国情和民粹主义全球化的部分特征：他认为民粹主义不是一种坚定的意识形态，而是一种以特定方式表达的理论；对巴西重新民主化以来的进步转型不满，谋求遏制有限福利国家的发展，而回归传统价值；突出对基督教的重视，倡导基督教保守主义思想；无视政府责任和义务，施政和作为不够。尤其是在防治新冠肺炎疫情中，联邦政府的淡漠与地方的积极应对形成鲜明对比，引发地方的强烈不满。这些都导致巴西的社会政治分化以及选举竞争激烈发展。

第三节　社会大众广泛参与下的数字民主对选举政治影响加大

随着数字技术的发展，资本主义国家政府、政党、政治家与选民之间的互动日益复杂。政党、政治家纷纷加大对网络技术和信息平台的使用，强化对选民的沟通与联系工作，以增强网络时代的数字竞争能力，进而不断提升网络宣传和动员能力。同时社会大众尤其是选民也可以借助信息平台更便捷地表达政治诉求、强化政治影响力，推动政党、政治家重视民意民愿并产生积极的政策转变。当然，社会分化及对选举的多元态度，也影响到选民的投票意向。这些都带来数字时代选举政治的深刻演变，并在一定程度上引发社会大众对资本主义民主政治的新质疑。

受数字时代的政治教育、政治培训及政治历练等影响，多数资本主义国家选民对多党政治有了更深入的了解。他们不仅可以通过媒体及参政实践及时了解国内外大事，而且可以围绕自己关心的内政外交事务及时发表意见并施加政治影响。由此，社会基层有了更多的政治机会及政治能力去影响地方政治和国家政治，并塑造国家民主政治进程。这使得多数资本主义国家尤其是发达国家的政治精英对社会下层的关注明显增加，谋求妥善应对来自社会基层的不满和诉求。因此，如何了解民意、聚焦民意、引导民意成为资本主义国家政党和政治家的重要工作。不少资本主义国家政党、政治家积极通过传统媒体、政党媒体、个人网页、社交媒体平台账户等扩大宣传，展示与民众的无障碍沟通，并为选民参与地方治理和国家治理提供协助和支持。如在一些国家地方城市编制预算中，地方议员和政府官员都直接与选民开展对话，及时掌握选民的施政诉求和意见，进而在预算编制和资金分配方面更好地体现多数选民诉求。一些国家地方政府还允许选民积极参与部分重大项目实施、监督等进程，进而促进有关项目透明、公开运作，以提高项目执行的实效性。此外，一些国家还从中央层面强化电子参政力度，包括建立重大议题民调数据库、在重大民生项目审议和实施过程中引入外部电子监督员等，促进选民更好地参与国家重大事务，提升民众对政府施政的满意度。上述做法不仅提高了政治决策的质量和合法性，也增进了选民对公共机构的信任，进而有助于缓解社会民怨、降低社会动荡。

不少资本主义国家传统政党迫于数字民主的挑战，积极主动适应形势发展变化，进而强化数字政党建设，以提升政党沟通和选举能力。其一是用好数字技术构建联系路径和平台。数字技术具有公开性、可及性以及便利性，使用成本低，而且限制少，对各类政党而言基本都开放。唯一的区别是政党和政治家的重视程度不一，有些可能使用力度较大，有些则仍受传统观念及人力资源等限制，相对使用较少。但是随着社会沟通在线化的增多，数字政党建设也对领导人媒体传播能力的重视增加，只是有些领导人的偏激言论可能引发媒体的审查或反对，进而带来媒体平台一定程度的抵制。其二是强化与选民的沟通和联系。尤其是用好线上和线下工具，力争以最低的成本和最短的时间，尽可能多地动员和影响选民。数字沟通的最终目标是争取竞选支持，不少资本主义国家政党通过各种方式强化选举基础设施建设，如建立电子竞选平台，集中展示本党的选举口号、政策主张，争取在线捐款及强化动态沟通等。同时，随着网络民主的发展，数字政党的党内决策机制也受到网络民意的广泛影响，尤其是参与式讨论、网络公民投票等方式，都带来了更大范围的民众参与决策，但也带来部分隐忧。从英国政党电子竞选平台建设内容来看，多数政党仍致力于开展自上而下的数字竞选活动，谋求在日常交流、政策沟通等方面实现无缝衔接，但是在实际工作中却差强人意。可以说，数字民主已经并将继续改变不少资本主义国家的政党政治，使得数字化成为政党竞选和内部管理的重要趋势。其三是加强政党部分核心职能建设。其中包括构建在线政党组织，协调内部组织关系，招募候选人以及筹集资金等。但是随着数字民主的发展，沟通本身不再成为问题，如何将分散多元的民意进行整合并凝聚主流民意，成为政治精英关注的现实难题。这对那些寻求变革的政党和政治家而言，也成为难以回避的重要议题。它们不能再拘泥于传统的左右分歧，而要强化价值讨论，特别是如何从对话和沟通中寻求社会价值的新融合、新发展，并促进不同阶级阶层凝聚新共识。同时还要努力加强政治责任感，在顾及资本利益的同时，努力实现政策造福所有人。

电子投票在不少资本主义国家成为现实手段及未来选择方向，其对选举政治的影响正在逐步体现。面对信息技术的新发展，不少国家开始寻求推进选举技术的进步，进而提升选举质量和效率。如爱沙尼亚等十多个国家推行电子投票，而瑞士、法国、澳大利亚和巴拿马等国尝试为海外公民进行在线投票。这使得选举的竞争和管理进入到一个新的时期，导致信息收集宽泛化、选举数据商品化、数据隐私和安全问题日益凸显以及选举参与者的行为多变化。不少国家选举利益攸关方在赞赏电子投票便利性的同时，也开始质疑选举安全及外部干扰，认为电子投票中的一些违规违法行为可能给选举带来威胁，进而破坏民主的完整性，并危及国家治理和社会政治稳定。一些社会基层民众由于受教育程度相对不高，加之对先进技术存在质疑，对电子投票的信任度不高，认为其选举主张可能会被技术垄断所"淹没"。对于电子投票结果，一些国家政党或政治家还可能以选举技术缺陷等为由，指责选举舞弊或不公正，并拒不承认选举结果，乃至煽动选举暴力，进而破坏民主政治环境。对上述问题，不少国家选举主管部门在引入电子投票时都必须予以关注和重视。此外，电子投票虽然有利于选民投票，助推青年的投票率不断提升，但是也不足以有效扩大选民总体投票率。毕竟，很多资本主义国家选民并不信任选举制度本身，认为即便其参与投票，也无法改变政党、政治家的利己主义，以及国家发展积重难返的局面。

第四节　地域、民族、种族、宗教与选举政治

纵观资本主义国家选举政治，影响其选举完整性与有效性的因素非常多，其中地域、民族、种族、宗教差异带来的选举恶性竞争时有存在，乃至成为影响选举进程的极为重要因素。上述地域、民族、种族、宗教等问题大多有着历史文化和政治博弈等渊源，尤其是与西方殖民者的人为划界有着密切关联，往往难以化解和消弭。一旦外部力量居心叵测，通过插手有关国家的地域、民族、种族、宗教等议题，影响其选举进程和选举结果，就可能产生难以估量的后果。

不少资本主义国家内部围绕沿海与内地、贫困与富裕、不同语言地区，以及地方执政党与中央执政党不同等差异，出现了较为严重的地域性问题，对选举竞争产生一定的影响。如一些国家内部组成部分来源复杂，有些甚至是殖民者人为撮合，导致内部组成部分之间的相互不信任，乃至存在一定程度的敌视情绪，这导致上述国家往往存在一定的内部分离主义倾向。如加拿大魁北克地区、西班牙巴斯克地区等因语言及民族等关系，出现了一定的分离主义倾向，导致地方民族主义政党持续发展，进而削弱中央政府对相关地方的政治管制并带来

国家分裂的风险。在玻利维亚等部分贫困国家中也存在少部分的富裕地区，上述富裕地区往往对中央政府把控税源、将富裕地区税收通过再分配渠道转移给贫困地区感到不满，往往要求扩大地方税收自主权。一旦相关要求得不到满足，这些地区还可能提出独立的要求。如2017年，玻利维亚最富裕的圣克鲁斯省、塔里哈省、贝尼省和潘多省不满宪法草案给予中央政府更多控制权，公开要求独立，并引发左翼政府的政治压制。在巴西等国家，由于一些地方执政党与联邦执政党的执政理念差异，地方执政党和政府往往坚持地方自治理念，有时不仅不配合联邦政府，而且与联邦政府对抗，导致中央和地方关系紧张，加剧联邦政府的控局难度。

民族、种族与宗教问题也大多有着紧密的联系，一旦处理不当就可能引发政治分歧、选举对抗。在南亚、西亚、非洲等地区一些国家，民族与宗教问题相互交织、相互作用，导致民族和宗教关系持续紧张，进而带来选举政治中的政治分化和对抗问题愈演愈烈。如印度人民党政府持续炒作印度教民族主义，时有反穆斯林言论，甚至谋求制造民族和宗教矛盾并从中渔利；在对外政策上，重视吸引印度教信众加入本国，而对其他宗教信仰移民则予以排斥，引发国内世俗主义力量及其他具有一定民族、宗教性质政党的不满。菲律宾作为亚洲唯一的天主教国家，天主教会实力强大，其通过对选举议题的阐释、对信教选民的影响以及监督大选等多重方式来影响选举，但是该国南部一些地区民众信奉伊斯兰教，由于未能得到公平的待遇，时常发生民族和宗教冲突。在欧美国家，白人种族主义持续高涨，对外来移民尤其是穆斯林的敌视居高不下，这不仅催生了部分国家种族主义政治力量的发展，而且推动一些国家的传统政党也对外来移民转向一定程度的消极。当然，部分欧洲国家此举也引发穆斯林群众及一些伊斯兰国家的反对，导致部分国家间的关系紧张乃至对立。而在非洲部分国家，执政当局谋求纠正历史问题，进一步弱化白人对国家财富和资源的控制，并持续增强黑人自主能力，缓解因国内种族问题日益突出而导致国家发展以及社会内部和谐与团结受影响的情况。移民问题还日益成为影响一些资本主义国家选举竞争的重要议题。在美国,由于民主党相对重视欢迎外来移民,往往受到外来移民的支持,使其在某些时候成为外来移民的首选支持对象,而共和党则对外来移民大多持冷漠态度,引发部分外来移民的敌视和反感。近几十年来,由于拉美地区移民受经济等方面因素影响持续流入美国,使得民主党的选民基础有所扩大并呈现自南向北扩散的趋向。如果上述趋势延续下去,在可预见的未来,美国民主党可能借此获得更多的外来移民选票并增强政治竞争力。

展望资本主义国家选举政治前景,地域、民族、种族、宗教等问题绝非朝夕可以解决,其对选举政治的深刻复杂影响仍将延续。如果全球经济仍迟迟不能走出低迷状态,必将进一步加剧有关资本主义国家的地域、民族、种族、宗教等问题,进而使得选举政治进入更为艰难的时期。

第五节 精英政治对选举政治的影响仍然很大

随着政治民主化进程的推进,尤其是社会大众参政的日益深入,资本主义国家政治精英面临越来越尴尬的境地。一方面,社会大众对精英的不满增多,对精英的推崇和追随也随之减弱;另一方面,精英的定义也在发生变化。除了传统政治、经济、宗教、科技和艺术等精英外,平民中的精英也开始异军突起并成为新的精英主力军,使得精英的内部组成结构复杂化,相互关系也趋向多元,难以形成利益共同体和责任共同体。一些民粹主义者尽管否定和批评精英,但是不可否认的是其也成为新的精英,尤其是他们不仅有很多的追随者而且有着重要的社会政治话语权。这些新老精英既相互争夺民意,也在某些情况下开展一定的合作。因而,不少资本主义国家的精英政治群体日益复杂敏感,对选举产生深刻复杂影响。

就传统政治精英而言,其往往与传统政党、政治组织等有着相对稳定的联系与合作。在发达资本主义国家,随着政党数量的增多、部分传统主流政党的力量下滑及政党的碎片化,传统政治精英的影响力和动员力也在不断走低。其在选举方面的竞争力也有所弱化,不但难以确保自身的选举胜利,而且即便当选也难以在组建联合政府和施政方面发挥较大的作用,往往需要作出政治妥协和让步才能有所作为。这就使得传统政治精英在发达国家的行动能力有所受限,其对选举改革,以及其他经济政治改革的影响力也不同程度降低。即便是在德国这样的发达国家,联盟党、社民党作为主流政党也不得不向绿党、自民党等政党让步,无论是在联合政府基本共识还是在部分政策制定方面都是如此。当然,为了挤压激进主义政治力量,发达国家传统政治精英有时也会相互协作,在某些选举的关键时候加强立场协调,以防止民粹主义政客出线。同时在组建联合政府时,不少资本主义国家传统政治家也往往将激进主义政治力量排除在外。而在发展中资本主义国家,尽管社会政治精英也在持续发生变化,尤其是一些出身演员、教职、神职或脱胎于执政党的反建制精英也开始崭露头角,但是这些新兴精英有时被收买或被约束在一定的政治范围。这种情况有其特殊的国情背景,无论在发达资本主义国家还是在发展中资本主义国家都存在。在非洲不少国家,国会议员与选民的联系没有多么密切,其往往需要基于本党利益或政党领导人利益的角度发声和作为。因为这些议员可以动员的政治资金大多来自政府或本党领导人的协助筹集,如果其不对本党表示忠诚,就可能失去政治支持和经济帮助。如尼日利亚党派和政治精英相互支撑,新兴政治精英以谋求自身利益最大化为诉求,优先考虑个人政治前途和政党的发展,因而选民信任度并不高,但是其依托背后政治支持,仍拥有一定的政治舞台。此外,也有一些发生"颜色革命"或内部军事政变的国家,传统政治精英被镇压或被限制参政,使得新兴政治力量领导人或原本被压制的反政府政治人物获得新的政治权力。在上述情况下,有些新兴政治精英谋求进一步提升政治实力,但也面临诸多社会政治压力。

此外，随着经济转型及新兴经济的发展，资本主义国家的企业精英也在发生变化，传统产业精英有所减少而科技产业新贵不断涌现，并对政治的影响不断扩大。如在美国，除了两党精英外，硅谷精英不仅受过高等教育而且非常富有，还具有全球影响力，对全球治理有着较强影响力。这些新的精英务实，对官僚体系不感兴趣，重视通过技术创新、全球市场开发来致富。同时，他们具有较强的流动性，相互之间也加强协作。尤其是在促进发展绿色经济、维护多边主义方面，其集体发声往往产生较大积极影响。在2008年国际金融危机暴发后尤其是新冠肺炎疫情暴发后，这些新兴精英重视维护自由贸易和开放经济，反对贸易保护主义和单边主义，对破坏多边主义的民粹主义也不予支持。如特朗普担任美国总统期间，持续炒作民粹主义，煽动国内政治对抗并在全球范围推行保守主义，引发硅谷精英的不满。对此，一些新兴科技精英不仅不予支持，还给予民主党及其候选人较多支持。如在2020年美国总统选举中，脸书等社交媒体对共和党候选人特朗普予以各方面的媒体传播限制，而对民主党候选人拜登予以大力支持，其中包括媒体宣传、资金支持等，这些都为拜登的胜选提供了不小的助力。而在欧盟，尽管受美国施压影响，欧盟在发展对华关系上表现出一定的消极态度，但并未放弃接触政策。其中一个重要原因就是欧盟内部的新兴企业精英虽然看重来自中国企业的竞争挑战，但是并不愿意盲目追随美国，放弃中国这个广阔的市场。在此情况下，欧洲一些新兴企业精英从国别和欧盟等多个层面，持续开展政治游说活动，谋求当局帮助他们扩大对华务实合作，乃至更多参与共建"一带一路"。

第九章　21世纪以来资本主义国家媒体政治与选举政治

媒体在当今世界扮演着重要角色，不仅通过占据信息源来塑造舆论观点进而影响民意，而且通过与政党政治、选举政治的密切联系成为影响政治运行的重要因素。近二三十年来，随着传统媒体的日益式微以及新兴媒体的蓬勃发展，新兴媒体利用舆论优势在选举政治中占有越来越重要的分量，使得媒体政治与选举政治的结合日益深入。强化媒体优势、掌握和引领舆论成为许多政党、政治家的重要关切，但媒体历来是一把"双刃剑"，如果把握不当或使用失误，就可能被反噬，进而陷入舆论旋涡。深入研究当今时代的媒体政治与选举政治关系，有利于更好地把握资本主义国家选举政治的新发展、新态势。

第一节　新兴媒体与选民教育

随着资本主义国家选举政治的持续推进尤其是选举改革的发展，各国都高度重视选民教育工作，并将之提上重要的政治日程。一般而言，选民教育的主要内容是介绍如何投票，涉及如何注册登记为选民、如何填写选票，以及如何理解本国选举制度下的选举结果认定等知识。选民教育通常是由政府提供并由选举委员会等专业机构负责实施，其立场一般公正客观且无党派性。通过接受选民教育，选民可以深入了解选举规则、程序，以及政党政策、候选人表现，而且可以促进选民对选举进程的把握，更客观地认知选举结果。由于每年都有新的选民作为"首投族"，因而需要保持选民教育持续开展。加之一些国家选举分歧和冲突时有发生，也需要加强对选民的专业教育，使得选民教育在发达国家和发展中国家都保持常新。但是随着选民教育与竞选活动的日益关联，选民教育在很多情况下"变味"。各种私营机构、民间组织、政党、政治家，以及外国政府、地区组织、国际组织及国际非政府组织等也介入到选民教育工作并借助媒体工具进行多样化的教育和传播，这使得媒体的选民教育作用更为深刻复杂。在此过程中，媒体既是主动传播者也是被动传播者，这是因为媒体作为思想和政策传播工具，一方面需要积极主动传播选举信息，以吸引选民关注；另一方面，媒体作为商业机构也需要接受政府、政党、政治家等送达的业务，开展特定选举信息传播。由此，一些情况下的选民教育在某种程度上具有教导选民投给特定政党或候选人的嫌疑。当然，也有不少国家设立了选民教育的第三方监督机制，查找选民教育中的人为引导或误导行为，进而努力确保选举的公正客观。

　　一些发展中资本主义国家由于选举政治相对不完善，选民教育参与方相对复杂多元。选民教育作为专业性工作，需要确保准确性和客观性。一般而言政府选举机构权威性较强，而且依据法律规范来开展选民教育工作，容易得到认可。如巴基斯坦选举委员会通过新老媒体向潜在选民传递选举教育信息，同时借助媒体平台保持与选民的互动，展示选举委员会的公正客观立场。巴基斯坦媒体也对选举委员会很感兴趣，但在传播选举委员会信息之前也会进行一定的审查，以确保其客观与完整，进而方便选民作出自己的判断。尼泊尔选举委员会在选举中借助广播电视等媒体的公益节目播放与选举过程有关的信息，如选举行为守则、候选人简介、如何投票、何时投票、如何折叠选票等情况，进而帮助选民了解选举的重要性及更好地参与选举进程；通过社交媒体平台，向选民传递选举信息并与当前和未来的选民保持联系，以强化选民对选举的认知。但是媒体并非完全中立，其往往带有一定的政治立场，对特定参与竞争的政党和候选人有着特殊的情愫和偏好，并在选民教育中内置或明或暗的投票引导倾向。在这种情况下，选民如果不能很好地进行客观判断就容易受到媒体的引导影响，甚至有部分民间群体也不同程度进入选民教育领域，并产生不容忽视的影响。如2022年菲律宾大选前，菲律宾韩流粉丝组织也开始通过粉丝集会开展选民教育，通过选民讨论来激发选民的投票兴趣，其诉求是"如果你能为你的偶像投票，你也应该为你的国家投票"。上述韩流粉丝组织虽然没有明确引导选民投给谁，但是作为粉丝组织的影响力不容小觑，容易产生集体投票意向。

发达国家由于选举相对程序化，选举教育更多融入学校教育，使得选民教育工作保持常态化。但是受青年人政治冷漠等因素影响，发达国家的选民教育效果还有待进一步考察。如日本受人口老龄化影响，年轻选民相对较少、投票率也不高。这使得日本社会对青年选民予以高度重视，希望通过年轻选民的广泛参与选举来结束老人政治的僵化现象，并增强选举政治的合法性。政府、政党、政治家、媒体等积极鼓励年轻选民去投票，政府甚至针对年轻选民特点，招募女性偶像团体来推进选民教育并鼓励年轻选民去投票。同时，政府还鼓励家长发挥引领作用，通过家庭教育，来推动青年选民参加投票。如美国建立了较为完备的选民教育体系，涉及选举援助委员会、地方政府选举办公室，以及社区开展的选民教育、各级学校开展的选民教育、卡特中心等民间机构及智库开展的选民教育等。官方和民间各种力量均参与选民教育工作，美国学生学习投票联盟及全国公民联盟还组织年度全国选民教育周活动并设立专门网站，指导选民了解投票信息，呼吁登记选民积极参与实际投票。在过去的二三十年里，加拿大投票率整体处于低水平，各级选举的选民投票率均有所下降，青年投票率更是处于40%以下。为此，加拿大谋求通过加强民主制度的完整性来促进选民教育。受选举法等制度影响，政党往往在选民教育方面受到一定约束，而民间组织及社区则具有一定的便利性，它们通过开展选举教育和媒体报道，帮助学生、青年及移民等掌握选举过程并协助一些青年人成为选举志愿者。

第二节 新兴媒体与竞选博弈

随着选举政治的深入发展，资本主义国家竞选活动不断升级。新兴媒体作为舆论平台，不仅发展为选举教育、辩论和监督的平台，而且成为极为重要的竞选平台。上述新兴的竞选平台不仅促进了选举参与性和互动性，而且为政党、候选人等提供了重要的联系和沟通渠道。其中社交媒体有力地影响了选民观念、政治立场及政治参与行为，帮助边缘化群体争取更大政治利益，以及弱势候选人打好不对称选举战争。当然，社交媒体动员也具有一定的负面效应，一些负面新闻、假消息乃至负面动员都容易导致社会混乱，并引发社会对抗。

当前，借助新兴媒体开展选举动员在很多资本主义国家已经成为主流，由此改变了不少资本主义国家的竞选形态。一方面，报纸、电视、电台等传统媒体的选举动员影响力有所下降，但是仍被广泛用于竞选工作。一些国家传统媒体往往在竞选活动期间根据官方要求为参选政党和候选人提供公平的广告时间。其还根据新闻业务需要开展竞选新闻播报、组织政党或候选人的辩论，或依据私营商业合同来发送竞选广告。如在以色列，由于竞选法禁止政党或候选人赞助电视或广播活动，并限制纸面媒体的政治广告，使得传统媒体几乎没有政治广告。因此，传统媒体对竞选活动的报道侧重于采访、辩论等活动。另一方面，随着数字广告业务的拓展，资本主义国家的数字竞选活动越来越多，不少国家各类政党都谋求利用脸书、推特、优兔（YouTube）等社交媒体开展竞选活动，重在精准定位目标群体，进行细化竞选。照片墙（Instagram）在应用上由于具有一定的描述性和故事性，受到青年选民的欢迎，也受到政党及候选人越来越多的重视。在2020年美国总统选举中，民主党总统候选人拜登由于系非在任总统，在社交媒体竞争方面较特朗普有着一定劣势，如特朗普脸书粉丝达3000万、推特粉丝超8500万，而拜登脸书粉丝不到300万、推特粉丝也只有900多万。为此，拜登根据国内形势变化和竞选态势及时调整战略，强化数字竞选的组织工作。一个重要策略是在推特、脸书、照片墙、TikTok、优兔等几乎所有社交媒体上都开展传播，并借助有影响力的重点人物协助进行在线传播。在传播内容上，侧重谈及拜登个人生活和成长经历，关注对人的关怀，着力争取老年人、女性、少数族裔等群体支持，以提升选举得票率。在整个竞选期间，拜登竞选团队的数字广告支出达到6000万美元。德国民粹主义政党"另择党"虽然党员人数和支持者较传统的社民党和联盟党数量要少，但是社交媒体竞选活动却搞得有声有色。其主要原因包括：党的领导人魏德尔高度重视在线宣传，其视频信息往往具有吸引力，获得点赞、评论和分享的数量很大；同时，该党重视利用脸书、推特两大社交媒体账户传播，尤其是绕过监管，传递关于种族主义、民族主义等煽动性信息，鼓吹对移民的敌视、对精英的不满以及对社会治安的抱怨，进而获得广泛关注；该党部分有关争议性议题的论述有时不被选民看作极端主义言论，反而被看作民主的表现，并引发部分选民的情绪性共鸣。从现实意义上来看，这种病毒式的竞选语言及情绪化煽动，激化了本已突出的社会分化。此外，由于该党擅长制造悲情情绪，以该党资金匮乏为由，主攻免费的社交媒体宣传，并视外界的舆论打压和攻击为政治不公，使得该党反而赢得一些社会同情。考虑到社交媒体在竞选中的突出作用及显现出的一定乱象，德国部分政党、民间组织等呼吁政党和候选人强化自我规范，不断增强在线竞选活动的透明性、公正性和道德性，以免恶化选举政治环境。

在资本主义国家，选举政治也是"泼粪"政治，为了胜选候选人往往不择手段。尤其是不少候选人不是着眼于政策竞争，而是聚焦于抹黑和妖魔化对手，让对方声名狼藉，其做法包括投放负面广告、散布假消息、扭曲或伪造竞争对手的言论等。竞选攻击对象可能包括政党、候选人、候选人家人或侧近人士，容易给参选政党或候选人带来直接打击。攻击内容则五花八门，无所不用其极，如指责敌对的政党出卖人民利益或国家利益，在一些议题上无所作为；指责竞争对手涉嫌贪污、卷入色情事件等，以破坏竞争对手的声誉；通过揭露竞争对手的家族涉嫌违法违规事件，给竞争对手抹黑，煽动社会大众尤其是选民对特定候选人的质疑。这其中，有些指责可能涉及选举相关事务，有些则可能与选举无关，纯粹是给竞争对手制造麻烦，以分散竞争对手精力。在竞选攻击时间上，资本主义国家政党、候选人开展负面宣传的时机往往会放在选举前举行，以持续制造话题，困扰竞争对手；有的则在临近投票日抛出，通过破坏性的揭批和攻击，减少竞争对手的反应时间并引导选民投票意向。上述做法往往具有双重效应：一方面是可能产生打击竞争对手、破坏竞争对手形象的效果，进而压制竞争对手的竞选势头。尽管有些舆论攻击事后被证明是假新闻或抹黑行为，但无疑也会给竞争对手造成短时影响，乃至影响到选举进程或选举结果。另一方面是可能被当场揭穿，未能给竞争对手造成有效压制，反而适得其反，导致攻击的一方遭到反噬。面对上述负面宣传和选举竞争，被攻击方大多高度重视和积极应对，力争及时消除负面影响。其中有些政党或候选人针对假信息、假新闻进行正面论述，阐释事实真相，进而以正视听；有些政党或候选人以其人之道还治其人之身，同样围绕攻击方的有关议题进行反击，力争搅乱舆情并转移选民关注点。当然，也有部分国家政党或候选人消极应付竞争对手的负面竞选攻击，导致选民对相关假新闻、假信息的认同，以至产生恶劣政治效果。总的来看，虽然负面竞选活动有一定效果，但是正面竞选活动也不可或缺，采用哪种方式或混合使用上述两种方式取决于资本主义国家参选政党及候选人所处的选举地位和运用的选举策略。

随着网络技术的日益完善以及社会大众在线参政的增多，资本主义国家政党和候选人开始更多诉诸在线筹款方式，以争取支持者和同情者的小额资助。这种募款方式具有一定的好处，即便利、数额不限并有利于增进政党或候选人与选民的心理连结。很多未能获得国家财政资助的政党和候选人可以通过在线募款方式，快速提升选举资金实力，进而更好地开展选举竞争。他们往往进行周密的政治竞选筹款谋划，包括设定募款对象、募款目标、募款策略，以最大限度争取选民的认同和资金支持；使用的在线平台可能包括政党网站、候选人社交媒体账号、政党社交媒体账号等。总体来看，政党及其候选人为争取资金支持往往主动联系选民或发布募款信息，以争取激发选民的认同和积极捐赠。如美国民主党总统候选人拜登在2020年9月30日前的一年多时间内，在线募款能力表现一般，仅获得2410万美元资助。而拜登-哈里斯组合竞选网站上线后，其联合在线募款能力快速上升，尤其是哈里斯意外大受网民热捧，使得该网站在运营后的48小时内获得4800万美元的竞选资助，其中大约80%来自在线捐赠。2020年10月，加拿大保守党发表疫情下的第三季度募款报道，指出该党从近4万名支持者手中募集了约560万加元的资金，这达到了该党募款历史的一个新高度。该党认为加拿大选民不仅越来越支持保守党，而且为保守党提供资金，以便该党同自由党进行政治竞争，进而为国家发展开创更好的未来。而在英国进入议会的政党可以得到国家的财政资助，政党虽然也可以通过网络获得选举资金支持，但受政治文化等因素影响获取的资金支持相对有限。同时英国政党在接受捐赠方面受到不少限制，尤其是个人捐赠者必须是英国公民，或居住在英国的爱尔兰、欧盟和英联邦公民，且总数不得超过500英镑。随着英国选民对在线捐款的认识日益深入及认可增多，英国主流政党保守党、工党等收到的在线捐款有所增多，但其他捐款方式仍占据主要地位。

第三节 算法政治与选举政治

随着信息技术的发展以及数字平台的日益成熟，资本主义国家选举竞争日益激烈，对选民信息的掌握以及对选民的策略性引导成为参选政党与候选人的重要关切。由于政党、候选人作为政治行为体缺乏相应的技术能力和平台，他们往往需要借助数据科技企业才能掌握数据、创建算法及构建选举预测模型，并借此强化相关竞争优势。21世纪以来，西方一些大型数据科技企业利用技术和人才优势，强化学习、人工智能建设，进而深入地把握选民的选举心态和选举行为方式，并具有了强大的选举介入或干预能力。其中，英国剑桥分析公司由于卷入美国总统特朗普2016年参选的胜利而受到关注和质疑，引发国际社会对数据科技企业干预选举的重视。据悉美国亿万富翁和保守派筹款人罗伯特·默瑟以1500万美元的投资帮助创立了剑桥分析公司，并招募了特朗普前顾问史蒂夫·班农，尽管班农后来离开了该公司，但其对特朗普竞选有着重要影响。在2016年美国总统选举中，该公司最初试图将选民引向支持总统候选人特德·克鲁兹，但在克鲁兹退选后，其将服务对象转为特朗普。剑桥分析公司通过技术手段获取8700万美国脸书用户的数据，并使用这些数据用于竞选广告传播和选举动员。根据《纽约时报》等媒体的信息披露，剑桥分析公司通过一个应用程序收集和评估个人信息，主要涉及网民的专业、政治偏好等，上述做法尽管看似中立或无害，但其背后有着深刻的政治动机。据美国司法机构后来的调查发现，脸书公司也知道剑桥分析公司参与对脸书用户信息的收集可能涉嫌违反公民隐私法，但脸书并没有予以制止，反而存在误导其用户的情况。剑桥分析公司的突出特点是通过掌握脸书美国用户的个人档案及选举立场，进行人格和数据分析，判断其政策诉求和感兴趣的议题，进而针对性开展信息推送工作，以持续影响乃至塑造上述用户。同时，剑桥分析公司还通过定位脸书用户的地点，来分析特定地区选民的政治取向及可能的选举投票结果，进而有针对性地开展精准选民传播工作，以尽可能地扭转选举态势。为此，美国司法机构作出处罚，将脸书公司列为被告对象，如哥伦比亚特区总检察长将脸书公司首席执行官扎克伯格列为诉讼对象，以惩罚脸书公司对泄露数据信息的无动于衷。

在英国2016年脱欧全民公投中,剑桥分析公司也被指责卷入支持脱欧的英国独立党,尽管后来被英国官方证实没有直接涉及,但疑似形象已难以消除。起因是在英国举行脱欧公投之前,英国社交媒体上针对脱欧的精准传播如火如荼,使得围绕脱欧的政治竞选活动获得前所未有的强化。2019年,剑桥分析公司前业务发展总监布里塔尼·凯撒向英国议会下院数字、文化、媒体和体育委员会提供了一系列文件,指控剑桥分析公司在"脱离欧盟"和英国独立党高层人士的帮助下收取了一定费用,尽管相关方面从未签署过合作协议,但是剑桥分析公司却仍收到相关费用。英国社会内部对脸书、推特、谷歌等的相关脱欧宣传也有不同看法,认为这可能导致数字政治竞选活动失去控制。脸书公司首席执行官扎克伯格因此也被英国议会传唤。2020年10月,经过三年多的调查,英国官方对剑桥分析公司参与脱欧公投事件作出裁定,认为该公司"没有参与",也没有滥用个人数据,但英国官方仅仅完成主要线索的调查,并坦承英国民主制度存在脆弱性,还对违规的相关机构予以处罚。如给予脸书公司50万英镑处罚,理由是该公司没有保护用户被不受政治目的截获数据;分别给予"脱离欧盟"及"投票离开"两大支持脱欧组织1.5万英镑和4万英镑的罚款,理由是发送未经同意的邮件和短信等。从具体影响来看,尽管英国官方为剑桥分析公司涉嫌违法介入脱欧公投予以澄清,但是英国内部及国际社会大多仍对此持怀疑态度。

剑桥分析公司还高度重视发展中国家业务,将介入发展中国家选举视为有利可图的事业并无视可能产生的消极后果。根据英国《卫报》2018年的一篇报道称,剑桥分析公司的母公司战略传播实验室被一位尼日利亚亿万富翁雇用,以支持2015年古德勒克·乔纳森的总统竞选连任工作。在竞选期间,该公司与以色列私人情报公司Black Cube合作,获取有关乔纳森的对手布哈里的医疗和财务信息。同时,剑桥分析公司还传播了一个反布哈里的视频,暗讽布哈里支持恐怖组织博科圣地并企图削弱女性权力，但是布哈里并未因此受到多大影响，并最终赢得总统选举。此外，剑桥分析公司据悉也多次参与了肯尼亚总统选举活动，尤其是围绕朱比利党的竞选活动，提供诸如获取选民信息、选民数据库服务以及选民支持等业务，还为该党提供竞选议题设计、发言人培训以及竞选文稿的撰写等服务。从某种意义上来看，该公司对朱比利党进行了重塑，以提升该党竞争力和影响力。在印度，剑桥分析公司及其印度子公司积极拓展业务，甚至对印度的种姓分层进行深入研究，以提升对印度选民的认知和掌握程度。印度人民党和国大党都相互指责对方与剑桥分析公司及其印度子公司开展选举合作，通过盗窃和操控选民信息以及散布假新闻，强化社交媒体竞选能力。

从发展趋势来看，随着资本主义国家社会舆论环境的变化，政党、候选人对选举数据的重视将越来越大，需要处理好选举公开公正透明以及通过数据加强对选民进行策略性引导的关系，进而在尊重公民隐私权的同时，增强选举竞争力。数据科技公司作为选举的参与力量，也需要在遵守法律基础上，强化运作的规范性、公正性，否则可能激发部分资本主义国家的选举危机。

第四节　媒体偏见与选举政治的极化

资本主义国家媒体多数并非所谓的独立和中立媒体，而是有着特定的政治立场或社会诉求，因而在新闻报道方面也有着一定的偏见。其中可能包括片面截取信息、对特定报道对象的偏好或厌恶、夸大或缩小事实真相、对信息选取的随意性等。究其原因，无非涉及媒体定位、记者和撰稿人价值判断，以及媒体外部资金支持方的干预等因素。尤其在一个媒体碎片化与融合化同步推进的时代，媒体偏见对政治影响不断扩大。从媒体组成来看，无论是传统媒体还是新兴媒体都是舆论场，都可能激发读者的反响和共鸣，但是新兴媒体由于即时的互动性受到更多重视。这种新兴媒体尤其是西方主流社交媒体虽然强调中立，但其管理层无疑具有一定的政治立场以及利润导向思维，导致在信息发布监管以及舆论意见立场平衡方面往往有所欠缺，进而为新兴媒体上的信息传播及恶性舆论斗争提供了一些灰色空间。上述灰色空间无疑加剧了选民分歧和对立，进而增加了选举政治的复杂性乃至加剧选举政治的极化。

美国作为老牌资本主义国家，传统媒体和新兴媒体都非常发达，自由主义媒体与保守主义媒体的相互斗争也非常激烈。尤其是围绕市场、移民、社会福利、环保等议题，不同社会思潮和政治力量的博弈愈演愈烈，并演变为新老媒体的舆论对抗，其影响十分深刻，不仅放大了道德和情感因素，而且将社会大众尤其是选民引入到数字信息斗争中去。这也使得建立共识越来越困难，进一步弱化了社会整合可能性。一些美国人担心，知识较少的美国人尤其容易被简单的民粹主义价值观所诱惑。一些美国人则认为，意识形态分歧使得政治分化更为突出，强化了两极分化，也导致公众更加政治化、党派化。2020年8月，盖洛普一项民意调查发现，86%的美国人认为新闻报道中存在相当多的偏见。这一结论并不令人意外，因为媒体经常嘲笑它们不认可的立场。同年，美国皮尤研究中心的一项研究显示，美国自由派和保守派看待新闻的方式存在明显差异。自由主义者对美国广播公司、美国有线电视新闻网、《纽约时报》及其他所谓的主流媒体表现出高度的信任。在2020年美国总统选举中，民主党总统候选人拜登不仅受益于有利的选举形势，还受益于主流媒体的倾向性报道。在报道方式上，不少新老媒体将复杂的竞选问题简单化、标签化、道德化，如将特朗普打造为种族主义的同谋，而将拜登塑造为支持穷人和再分配的英雄。这种简单的论述在定位美国总统候选人的同时，也将媒体受众简单化归类，使得媒体受众趋向碎片化。而当《纽约时报》和《华盛顿邮报》支持拜登-哈里斯的竞选活动时，它们无疑成为民主党的支持者，而不是公平的报道者。因此，可以说美国媒体对2020年大选的报道是分裂的，激化了社会对抗和政治冲突，拉长了美国政治恶斗周期。

法国媒体中的精英媒体与外围媒体扮演了不同的角色，在加剧媒体报道差异性的同时，也容易激发舆论分歧和政治对立。法国精英媒体一般包括《世界报》《解放报》《费加罗报》《回声报》等传统报纸及其在线平台，精英媒体一般有着一定的政治立场，致力于促进全国性沟通和对话。在2017年法国总统竞选中，就在投票日前两天发生了总统候选人马克龙的竞选电子邮件泄露案，这可能给马克龙带来严重的选举危机，但精英媒体并没有进行疯狂的追踪报道和解密，使得马克龙没有受到电子邮件泄露的影响。

一些发展中资本主义国家受内部民族、宗教、文化等多元性以及民主政治相对不成熟等影响，出现了多党竞争体制下的媒体博弈越来越激烈的问题，进而对选举政治产生越来越大的负面影响。印度是实行多党政治和多元媒体的国家，媒体数量众多、政治立场差异较大、相互斗争较为明显。在新冠肺炎疫情背景下，印度传统媒体和社交媒体上的反穆斯林论调时有出现，这不仅破坏了社会团结，而且不利于印度抗击疫情。尽管总理莫迪呼吁团结，强调病毒与宗教、语言等没有关联，但他的言论仍不足以阻止日益加剧的社会紧张关系。

从历史发展趋势来看，资本主义国家媒体的差异性和多样性不可能弱化，尤其是随着资本主义危机发展，上述问题将变得更为明显和突出。这种媒体的急剧分化，以及与选举政治的高度结合必将产生更为长远的社会政治影响，进而冲击民众的思维和认知以及社会政治生态塑造，破坏社会和政治团结，并加重资本主义选举政治危机。

第十章　21世纪以来资本主义国家女性政治与选举政治

自从人类诞生政治以来，政治中的性别问题就挥之不去并与阶级、种族、民族、宗教以及经济社会生活的各个方面不同程度结合起来。就全球范围而言，性别仍是政治制度规范及政治权力博弈的一个重要范畴。资本主义选举中的性别议题博弈不仅影响女性投票权益、参政权益，而且决定女性在国内及国际政治中的地位与影响力。全球政治学者在研究女性政治时，往往将不平等、女权主义作为最为主要的研究领域，反映了女性政治关注的一些重要方面。纵观21世纪以来资本主义国家选举政治中的女性政治，女性政治受到更多的重视，女性政治也呈现不少新特点，甚至在某些方面超越了女性政治本身。尤其是多数政党将女性候选人数量作为显示党内民主，以及衡量政治民主化的重要指标，而且进一步拓展到将性少数群体作为重要工作对象，以提升选举影响力。

第一节　21世纪以来资本主义国家女性政治的新发展

21世纪以来，资本主义社会持续发生变化，一个突出表现是社会内部对女性的尊重和重视明显增多。女性的地位和社会政治作用也随之提升，进而获得更多的权益。女性赋权不仅仅涉及教育机会、工作机会，而且涉及政治文化及对女性参政的可持续支持。作为基本人权，女性的受教育权得到极大提升，在多数国家女性和男性一样获得平等教育机会。尽管女性在受教育过程中仍面临一定偏见，但是多数国家女性能够获得基础教育乃至一定程度的高等教育。通过教育赋予女性权利，既可以帮助打破性别歧视，为各国妇女发展带来长久的动力，也可以促进减少贫困、增进社会公平正义，以及推动女性获得平等资源和发言权等。此外，各方都普遍认为，扩大女性在政府中的代表性是实现真正包容性代议制民主的先决条件，女性参政机会的增多以及更多参与决策过程可以实现决策的平衡性，并增加社会大众对公共机构的信任。尤其是妇女通过越来越多地参与经济事务，获得更多的经济资源和实现财务稳定，有利于促进经济的增长及对社会事务更多的关注。

资本主义国家女性基本稳定获得投票权并可以围绕一些重大议题发声，进而对政治施加影响。投票权不仅仅是一项个人权利，也意味着女性的解放。但是如何合法行使权利，对不同资本主义国家女性而言在某种程度上仍是一个问题，尤其是一些发展中资本主义国家女性，受到经济地位、家庭地位、宗教约束等影响，投票自主权受到一定限制。根据2021年美国皮尤研究中心对198个国家和自治体的研究，上述国家和地区都没有禁止女性投票，其中新西兰在1893年就允许女性在全国性选举中投票，全球还有大概20个国家要早于美国赋予女性投票权。就美国自身而言，自1984年以来，美国女性每次在美国总统大选中的投票率都略高于男性，在非总统选举年中，这一差距已经趋于缩小。在最近的选举中，在亚裔、太平洋岛民、黑人、拉丁裔和白人选民中，女性选民的数量则超过了男性选民的数量。如在2020年美国总统选举中，69%的女性可投票选民参加投票，而男性可投票选民中只有65%参加投票。同样的模式在其他一些国家也有不同程度的体现。当然，在美国不同层次选举中，性别认同要弱于党派认同，美国选民不会因为候选人是女性就主动投票支持。种族、教育、阶级等因素在一定程度上影响非白人女性的投票倾向,一般而言,非白人女性中受教育程度较高的群体往往支持民主党,白人女性则倾向支持共和党。女性相对多数支持民主党,选举投票率越高,民主党获得的女性选票就越多。

在资本主义国家中,性别差异不仅体现在投票方面,而且进一步延伸到政治发展的多个方面。女性作为一个群体,在政治信仰上历来差异较大,也不是一个稳定的投票集团。其中多数女性基于自身关注及身份认同,往往强调多样性和差异性,而不认同所谓的同质性和统一性。由于多党政治和选举政治长期运行,一些女性已经从参与政治发展为积极引导政治,且获得地方、国家议会的议员资格乃至进入政府并担任重要职务。这种政治地位的变化及政治作用的发挥,有利于促进国家可持续发展和包容性发展,进而增强经济社会平等及促进社会平稳运行。据各国议会联盟的数据显示,截至2021年1月,全球各国议会中约有四分之一议员系女性。[①] 其中,美洲女性民选代表比例为32.4%,比例占世界最高;中东和北非地区女性民选代表比例最低,仅为17.8%。全球范围内,女性议员比例最高的国家依次是卢旺达(众议院61.3%和参议院38.5%)、阿拉伯联合酋长国(50%)、尼加拉瓜(48.4%)、新西兰(48.3%),这表明并非发达国家的女性议员比例最高。同时在经合组织国家中,2021年女性议员在双议会或单一议会中的平均比例为31.6%,较之10年前的26%有所增加。如2017年至2021年间,法国、拉脱维亚、新西兰等国将女性议员的比例提高了13个百分点。在政府组成方面,经合组织国家也致力于促进政府的性别平衡,仅2021年的联邦政府或中央政府部长职位中就有34%为女性掌握。西班牙、芬兰和法国等国担任部长级职务的女性比例还达到50%。此外,随着女性政治家的日益增多,更多女性开始站上政治舞

---

① "Women in Parliament in 2021" https://www.ipu.org/resources/publications/reports/2022-03/women-in-parliament-in-2021.

台的顶端，担任国家元首或政府首脑职务，进而发挥更大的政治作用。就 2021 年来看，全球出现 20 多位女性领导人，如时任德国总理安格拉·默克尔、孟加拉国总理谢赫·哈西娜、尼泊尔总统班达里、爱沙尼亚总统克尔斯蒂·卡尔朱莱德、纳米比亚总理萨拉·库贡格莱瓦、芬兰总理桑娜·马林、斯洛伐克总统祖扎娜·卡普托娃等。上述女性领导人在百年变局叠加世纪疫情的大背景下，在国内治理以及全球治理中发挥不同程度的作用，受到广泛的关注和重视。

从 20 世纪末到 21 世纪初，全球范围女权主义运动与性少数群体（LGBTQ）平权运动同步发展，上述两大运动既有相同点也有不同点，在某些方面加强合作，同时在某些方面受外部因素影响也相互敌对。作为性少数群体往往受到歧视，遭到保守派攻击。女权主义运动多年来则受到社会的认可，虽然也遭到一些保守派的攻击，但基本上处于被正名状态。为了争取社会认同和政治权益，不少国家性少数群体平权运动经常举行示威游行与抗议，还支持自己的候选人参选并取得一些胜利。在欧洲，欧盟宣布为性少数群体提供保护并在法律和政策上予以支持，一些知名政治家也公开宣布为同性恋，但是部分国家对性少数群体予以限制，进而引发一定政治效应。如匈牙利将有争议的儿童保护法诉诸公投，而该国的性少数群体组织及一些欧盟成员国则予以反对和抵制，甚至谋求威胁将匈牙利开除出欧盟。

当然也要看到，随着资本主义危机的持续发酵，资本主义国家女性政治也发生一定变化。尽管她们在一定程度上被看作变革的领导者和推动者，但是政治发挥的空间仍受到一定限制。

第二节　一些资本主义国家女性参政的配额制度与有关规定

资本主义国家基本上实行选举政治，但是有选举就离不开不公平竞争乃至约束性竞争，这给相对处于弱势地位的女性往往带来不利影响。鉴于以往政治中的女性参与不足问题，资本主义国家越来越多的人开始呼吁实现政治机构中的性别平等,尤其是一些国家政府、政党及政治家努力推动从制度层面为女性参政创造条件,进而推动更多的女性进入议会或政府工作。在这种情况下,各种形式的确保女性代表性的配额制度应运而生,并赋予了女性更多的政治权利。就女性配额制度的类型来看,主要有预留席位、立法规定的女性候选人席位及自愿配额席位。上述一些做法不仅在多数发达国家成为惯例,而且也日益成为发展中资本主义国家选举政治发展方向。保留席位主要为妇女在立法机构中留出一定比例的席位,从而保证一定数量的妇女当选。为此,各国政党也积极完善候选人配额,确保其候选人中妇女占据一定比例。候选人配额可以是强制性的并由宪法或选举法强制实施,也可以由政党自愿采用。自 20 世纪 90 年代以来,性别配额已被许多国家认可和实践,成为增加妇女政治代表性的最有效机制。1995 年,联合国开发计划署的一份报告得出结论认为,30% 是"妇女作为一个群体在立法议会中发挥有意义影响力"所必需的关键少数群体份额。目前,在联合国 193 个会员国中,有 120 多个会员国实行性别配额,但男女比例如何配置、如何实施都各有特点。当然,还有不少国家虽然没有明确女性候选人的配额,但也鼓励女性参政并任命女性担任重要政治职位。

一是明确选举中的参选女性比例。一些国家受政治文化、社会环境等因素影响,女性参选的比例相对较低,为此引发了相关国家政府增强女性参与选举比例的努力。发展中资本主义国家受发达国家影响,对相关问题的认识也日渐深刻,并加强立法工作。1991 年,阿根廷通过了世界上第一部女性配额法,规定各政党需提名女性担任其候选人名单上 30% 的可选举职位。此后,拉美国家如玻利维亚、哥斯达黎加、厄瓜多尔、墨西哥、尼加拉瓜和巴拿马等,纷纷开始实行配额法,引发国际社会广泛关注和响应。2006 年,东帝汶选举法要求妇女候选人占到三分之一,目前东帝汶议会通常约有 40% 的女议员。阿尔及利亚重视民选机构的候选人性别比例,设置女性候选人配额并于 2012 年获得议会投票生效。任何参加立法选举或省和社区议会选举的候选人名单都必须包括三分之一女性候选人。2011年，波兰选举法规定，在该国议会、地方选举以及欧洲议会选举中，男女候选人人数均不得低于35%。而在西方发达国家，鉴于女权主义的持续发展以及女性政治地位的不断提升，不少国家早就加大了女性赋权的力度。如2007年，西班牙通过《两性平等法》，要求各政党在所有选举名单中纳入不少于40%和不超过60%的男女候选人，这一比例还要在每组5名的候选人名单中得到体现。有些国家虽然没有出台明确的配额法，但是在实践中也积极推进女性参政力度。日本女性参政问题历来较为突出，如在2017年众议院选举中，女性候选人仅占18%，在2019年的参议院选举中，女性候选人占28%，而最终相关议会组成中的女性比例则分别为10%和23%。2020年年底，日本公开提出到2025年实现女性议会候选人的配额达到35%，希望由此促进政治领域的性别平等。

二是规范议会性别组成比例。发展中资本主义国家由于历史欠账较多，近年来在规范议会性别组成比例方面力度较大，引发较多关注。如卢旺达在全球推行保留席位方面做得非常成功，2003年卢旺达新宪法规定，议会等单位在内的女性代表比例为30%，其不仅仅涉及候选人配额，而且也等同于最终结果的女性议员配额。新宪法还规定，只有妇女才有资格投票选举妇女专用席位。2003年，卢旺达众议院的女性议员就达到49%。在2008年众议院选举后，卢旺达女性议员达到56%。2013年，卢旺达女性议员比例进一步上升至64%。印度宪法为缓解性别差异问题，规定在各级议会选举中为妇女保留33%的席位，保留席位轮流分配给不同的领土选区。印度宪法还进一步规定，"乡村行政委员会、市议会等应按照国家立法机构依法规定的方式保留给种姓、部落和妇女"，其中乡村行政委员会配额为46%。埃及众议院在经历"阿拉伯之春"之后，积极推进选举改革，尤其是2020年，修法明确众议院由568名议员组成，议员通过自由无记名投票直接选举产生，其中至少25%的席位保留给妇女。而多数发达国家虽然没有规定议会性别具体比例，但是对女议员的提名和助选等工作十分重视。其中，冰岛尽管对议会中的女性议员数量没有设定配额，但具体实践效果比较好。如在2021年冰岛议会选举后，女性获得63个席位中的33个，占据议会席位的52%。

三是强化中央政府或地方政府组成的性别比例。在选举之后，很多资本主义国家在组建政府过程中重视性别平等，不断提升女性阁员的数量，力争实现性别政治的平衡。第一个公开声称实现性别平衡政府的国家是瑞典。2014年，瑞典总理斯特凡·勒文宣布组成世界上第一个女权主义政府。2015年，加拿大总理贾斯汀·特鲁多宣布组建第一个性别平衡内阁。2015年，智利立法机构同意设定其有史以来第一个性别配额，建立一个更具代表性的政府。其中，性别配额将为政党候选人名单中的男女人数分别设定最低和最高限额，即男性和女性必须至少占候选人的40%，而两性都不能超出候选人的60%。该法律由智利总统米歇尔·巴切莱特于2014年5月首次提出并于2017年开始实施。法国总统马克龙于2017年任命15名女性进入29人组成的内阁。2018年，西班牙内阁宣誓就职，由11名女性和6名男性组成。2019年，南非总统拉马福萨总统组成的新政府中，女性占到政府部长总数的一半，其中公共工程和基础设施部长还由反对党资深女性领导人出任。在2018年埃塞俄比亚新政府组建时，总理阿比·艾哈迈德任命10名女部长，占到政府部长职位的一半。

四是为了确保配额制度的贯彻落实，一些资本主义国家还建立约束机制或惩罚机制。如比利时不仅对候选人性别配额作出具体规定，还对男性和女性候选人排名作出明确规定，强调不符合配额规定的政党候选人名单将被选举管理机构拒绝。一些国家还对不遵守法定配额规定的政党予以经济处罚或其他处罚。如葡萄牙规定，进入议会但不遵守法定性别配额的政党可能会失去25%至80%的公共资金。在爱尔兰，如果任何一个政党的女性议会候选人比例少于30%，就会失去50%的公共资金支持。在法国，如果政党候选人之间的性别差异超过

2%，该政党可能会失去75%的公共资金。而在意大利，各政党取得国家公共资金援助与女性配额直接相关，以国家规定的性别配额最高比例为基础，逐步递减。此外，一些国家还对议会领导机构成员的性别组成形成共识，即必须确保性别平衡。

从实际情况来看，很多资本主义国家性别配额制度稳步推进，使得女性赋权工作不断进入新的发展阶段。如斯洛文尼亚对性别配额采取了有序推进的方式，从自愿配额转向2005年的法定配额。2005年开始，该国国家和地方层次的议会选举都采取了逐步增加女性配额的方式，这使得该国社会和政治机构能够逐步适应新的措施，并反思其实施效果以及社会政治影响。摩洛哥作为君主立宪制国家，在2002年全国选举中，宣布将在众议院325个席位中为妇女保留30个，为此各政党自愿承诺实现上述目标。在2009年地方选举中，摩洛哥众议院为女性保留12%的席位配额。2011年"阿拉伯之春"给摩洛哥带来一定的政治冲击，迫使摩洛哥进一步作出选举制度改革，努力将性别配额制度化和法律化，其中将众议院妇女保留席位增至60个。此外，在地方选举中，还将女性代表配额从12%增加至27%。印度尼西亚自1999年开启后专业集团党执政时期以来，作为伊斯兰国家在推进女性配额方面续有发展。该国成功通过性别配额方案，要求政党在各类选举中考虑女性代表比例至少占30%。2008年，在政治活动人士推动下，印尼修改选举法，要求政党推选的各类选举女性候选人至少达到30%，同时要求政党提交的政党候选人名单前三名中，必须有一名是女性。马拉维是非洲相对落后的国家，也积极推动女性配额制度建设，甚至同意至少40%的内阁职位应由妇女担任。但在女性议员配额方面，尽管多年来马拉维国民议会中的女性比例有所增加，并在上次选举中达到23%，但仍然远低于三分之一的地区一般要求。在2021年索马里筹划推进选举进程中，索马里女性政治家在联合国等国际机构帮助下，谋求实现女性占据议会30%的最低标准，以便改善索马里妇女在决策和政治中的参与性和代表性，但最终妇女只收获了21%的议会席位。

上述显性的制度设计及隐性激励机制无疑促进了一些资本主义国家的女性政治代表性,提升了性别政治的平衡感。当然,性别配额不只是让女性获得政治职位,而是更多为女性创造环境,促进她们有机会接受必要的政治培训和获得必要的政治经验,以候选人的身份参与选举并在胜选后履行政治责任和推动政治进步。性别配额也有利于政党作出政策调整,从而为女性提供政治空间,释放其政治潜力,帮助提升政党的吸引力和影响力。当然,在实行领先者当选制、比例代表制等不同选举制度的国家,上述女性参政的配额安排也受到一定影响。但无论如何,更多女性进入议会有利于改变对女性参政的看法,并创造新的政治文化;有利于推动女性获得更多政治上的尊重,对国家决策和国家治理带来更多影响,使得国家发展更多体现包容性、可持续性。更为重要的是,更多女性参与政治也促进了实质民主发展,使得政治的辩论性和包容性更为突出。当然,对于要不要女性配额及女性配额的实际效果,部分资本主义国家社会内部依然存在不同看法乃至激烈争论。

第三节 女性参政的制约因素

在资本主义国家中,女性参政虽然得到广泛重视,女性配额也得到不少国家的接受和认可,但是仍面临一些较为严峻的障碍。其中既有体制机制、政治文化、社会环境等因素,还有女性自身的因素等。可以说,推进性别平等、切实落实女性配额制度仍任重道远。对此,联合国经社理事会表示,性别配额立法是改善妇女参与国家和地方决策的主要政策干预措施。目前来看,尽管44%的国家(84个)在议会一级通过了关于性别配额的立法,并且在上述国家中女性平均获得议会席位的26%,但在未实施法定配额的国家中,这一比例仅为21%。在地方层面,43%的国家(77个)通过立法规定了性别配额。上述国家中的四分之一要求女性比例为50%,但大多数国家的目标则为30%

至 40%，即便如此也尚未全部达到。世界经济论坛《全球性别差距报告 2021》也显示，性别差异问题仍然存在，需要超过 135 年的时间来缩小性别差距，较之《全球性别差距报告 2020》的期望时限延长了 35 年。在该指数涵盖的 156 个国家的约 35 500 个议会席位中，女性仅占 26.1%；而在全球 3400 多名部长中，女性仅占 22.6%。

一是发展中资本主义国家女性参政受到较多限制。在亚太地区，各国对女性参政的帮助和支持参差不齐，有些设立女性配额，有些则没有设立女性配额。如中亚国家多为伊斯兰国家，其中吉尔吉斯斯坦和乌兹别克斯坦通过立法确认了 30% 的女性配额；哈萨克斯坦则兼顾女性和青年，立法规定政党的候选人名单应包含至少 30% 的 29 岁以下妇女和青年。但是也有少数国家未能有效推进女性配额制度建设。在大洋洲地区，女性议员人数相对不多，部分国家议会中甚至没有女性议员。如自 1975 年以来，巴布亚新几内亚议会中女性议员极少。2017 年该国大选后，新组成的议会中没有一名女性议员。自第一个议会性别配额制度建立 30 多年来，拉美国家女性配额制度得到长足发展，但是该地区女性政治家的当选比例仍存在不足。尤其是在政府和议会当中，尽管多数国家配额要求达到 40% 或 50%，但女性占据上述职位的比例不到三分之一。鉴此，不少国家谋求实施更为激进的改革，要求实现完全的平等以及达到 100% 的比例配置，但是目前看来还是一种高标准的诉求。而在非洲地区，随着不少国家加强平权运动，使得女性参政的人数大幅增加，尤其是非洲东南部一些国家女性加入议会的比例超过 30%，但是非洲国家对女性参政的支持还不够。如女性在尼日利亚政治体制中各个领域的代表性不足一直是一个非常大的问题，109 名参议员、360 名众议员中分别只有 7 名和 22 名是妇女，从未出现过一位女性州长，36 名副州长中只有 4 名是妇女。

二是从资本主义国家女性参政配额制度的实施及其影响来看，该制度还面临理论与实践的落差问题。其一，不同选举制度的影响。就比例代表制度和领先者当选制而言，前者无疑有利于女性候选人胜出，而后者则相对不利于女性候选人；就公开名单制度与封闭名单制度而言，公开名单制度由于允许选民选择其青睐的政党候选人，而不论其排名顺序，这容易使得对女性候选人的特殊照顾和保护落空，而封闭名单制度则相对有利于女性候选人获得更多机会当选。如在 2009 年的选举中，印度尼西亚用公开名单制度取代了封闭名单制度，允许选民选择他们偏好的候选人，包括来自同一党派的候选人，而不管候选人在政党名单上的顺序如何。其二，惩罚措施不完善。一些国家虽然在法律上制定了女性参政配额的制度，但是没有制定违规的具体惩罚措施，使得有关制度难以贯彻落实。其三，制度模糊性问题依然存在。有些国家只是规定了候选人的女性比例，而没有规定女性进入立法机构的比例，使得参选的女性候选人与实际当选的女性议员之间产生较大差距。其主要原因是部分女性候选人政治竞争力不足，缺乏相当的政治实力；一些国家出台女性配额制度并非源自内部政治驱动因素，而是迫于外部力量尤其是联合国的压力，因而主要政党和政治人物在现实中贯彻落实相关制度的意愿不强。在一些国家还因为制度的模糊性问题产生司法争议，导致政治对抗或冲突。如 2010 年，肯尼亚宪法引入了强制性的性别配额制度，但是没有相应的宪法机制来确保上述制度被执行，这导致 2013 年以来的议会选举出现争议，尤其是质疑女性议员数额未达标情况下的议会合法性问题。2020 年 9 月 21 日，肯尼亚时任首席大法官以议会未能遵守宪法要求，即议会同一性别成员不能超过三分之二，建议肯尼亚总统解散议会。但是肯尼亚总统未就此作出反应，引发肯尼亚国内政治争议。2013 年，萨摩亚宪法对女性配额作出规定，即女性至少占立法议会议员的 10%，并为避免异议，明确定位为 5 人。但是随着立法议会议员从 49 人增至 51 人，女性议员人数也需要随之调整为 6 人。对此，该国最高法院和上诉法院有着不同认知，并作出不同的裁决。虽然该国最终实现了女性议员调整至 6 名的目标，但是该国多数选民认为任命更多女议员的程序有问题，可能产生司法遗留问题。其四，保护外的隐性歧视问题。一些国家由于给予了女性参政配额，使得主要政党不大愿意再提供额外的女性候选人名额。这在保护女性候选人的同时，也容易弱化其选举竞争力。毕竟不经历激烈选举的候选人一般不容易拥有强大的政治竞争力，也难以获得可持续的政治发展空间。特别是部分保留席位女性议员由于与被赋予的选区存在一定距离，因而在与选民互动以及争取选民支持方面力有不逮，难以强化基层影响力。还有一些国家女性赋权和女性配额虽然取得一定进步，但在实际政治运作中女性议员往往仍遭受一定歧视，地位要低于男性议员，处于政治核心的边缘。同时，由于不少发展中资本主义国家议会容易受到行政权力的压制，因而也使得女性议员的总体政治影响力弱化。其五，政党空头支票大行其道。一些国家政党、政治家强调女性赋权，支持提高女性配额，但往往口惠而实不至。如印度主要政党均没有派出更多的女性候选人参选，只是喊着一些竞选后扩大女性任职机会的口号，具有较强的选举投机性。

三是其他一些看不见的社会政治规则在挤压或冲击女性配额制度，使其难以发挥应有的作用。其一，教育不平等。对于女性候选人而言，参政还需要良好的教育背景和从业经历，但这些是贫困家庭女性难以企及的。尽管不少国家和国际机构支持扩大女性受教育权，以及进行各种形式的选举教育或女性政治家培训活动，但原本就具有良好教育背景、出生政治世家或具有政治优势的女性无疑更胜一筹。其二，选举中的金钱政治。国际研究普遍表明，女性与男性相比在筹款方面处于劣势。尽管许多国家都实行了某种形式的女性配额，但女性配额并不一定能让女性在筹集选举款项时较男性更强。女性候选人除了政府资助、公开筹款外，还需要来自家族或政党的强大资金支持，否则女性候选人往往难以获得明显的胜利。高昂的政治成本增加了女性参选的难度，使得她们往往在选举竞争中面临更大的挑战。同时，与金钱政治有关的非法活动，如官商勾结、买票等活动也使得平民女子难以进入更高层次的选举政治，这无疑为来自政治世家的女性精英提供了更多参政机会，进而部分扭曲了女性配额的初衷和制度设计目标。其三，任人唯亲的选人机制。从国外一些资本主义国家践行女性配额制度的具体实践来看，在挑选女性代表时往往存在一定的裙带主义倾向。这不仅在发展中资本主义国家较为普遍，而且在发达国家也不少见。不少政党领导人或政党党内派系通过政治交易或政治回馈等方式为特定女性创造更多的参选和胜选机会，而一些有才华无背景的女性却无法得到参选的机会。这无疑制造了新的女性不平等，加剧女性内部的参政矛盾和分歧。其四，选举竞争下的暴力和威胁。在不少资本主义国家，选举政治与暴力政治如影相随，街头斗争、议会斗争等层出不穷，弱势的女性候选人和政治家往往面临众多的暴力威胁。有些女性候选人在竞选时面临暴力恐吓乃至袭击，人身安全遭遇威胁乃至被枪杀。有些国家议会斗争残酷血腥，包括女性议员在内的朝野政党议员经常发生肉搏战，使得女性议员面临人身安全难题。这些在一定情况下会影响部国家女性参政，以及担任面临激烈竞争政治职位的意愿。

四是女性受自身特性影响也面临一些独特的参政挑战，进而影响到女性配额制度的落实。在不少国家，社会对女性抛头露面参政存在不同看法，乃至存在歧视心态。虽然越来越多的印度尼西亚人表示支持妇女参政，但其国内文化却妨碍了妇女参政。如一些印尼女性认为，女性的主要任务是照顾家庭，而政治是肮脏的，不适合女性参与。同时，印尼国内一些人基于宗教信仰和家庭生活等因素，对女性与男性直接开展交往，以及女性夜间出去开展政治工作予以反对。而在塞内加尔，平等在沃洛夫语中已经成为一个反面词汇，其等同于女性不再接受丈夫的权威，进而引发丈夫对女性参政的一定程度敌视。作为女性，往往要扮演妻子和母亲的角色，有时难以平衡好相关角色，进而处于艰难的境地。如德国图林根州议会议员玛德琳·亨弗林曾被禁止带着六周大的婴儿进入州立法会议厅。一些国家女性走上政治前台，但却被背后的家族男性成员所操纵，弱化了女性配额制度的效果。如在印度，女性配额制下产生的女性议员或行政官员往往作为家庭男性成员的代理人，以致其在行使政治权利时更多考虑家族和家庭利益。

可以说，女性候选人和政治家面临严格的社会政治检验，且较男性受到更多责难。如稍有行为出格就可能遭到广泛批评，进而影响政治前程。

　　总的来说，实现性别平等、强化女性赋权是资本主义国家努力的方向，但是制度设计与实际效果的差异始终存在，并且在资本主义危机时期有所恶化。同时，女性参政配额绝不是数字游戏，尽管更高的数字具有一定的积极意义，但数字的形成过程及如何实现相关目标无疑具有更大的实际意义。只有女性配额无疑还不能从根本上促进性别平等及提高女性的政治权利，还需要资本主义国家进行更多的政治意识教育、深化政治改革以及用好新的信息技术和平台，进而为女性参政创造更为有利的环境，促进女性真正参政并发挥好建设性作用。

第十一章 21世纪以来资本主义国家选举政治与政治民主化

资本主义国家绝大多实行选举政治，通过选举的形式产生各级立法机关和政府。由此，选举政治的运转情况直接攸关资本主义选举民主的质量。从制度设计的一面来看，选举政治有利于促进选民通过用好手中的选票来影响或干预政治，进而凸显政治的民意性。但是从实践层面来看，资本主义选举政治中的形式民主与实质民主并不吻合，因为参选的政党、政治人物都有着自己的特定利益，在很多时候为了个人、政党或特定利益集团利益而可能牺牲人民和国家利益，进而导致资本主义民主制度的设计目标落空。不少资本主义国家选民尽管对此不满并谋求政治变革，但并不能从根本上改变资本主义国家选举政治低效化的事实，进而使得资本主义民主政治受到越来越多的质疑。

第一节 资本主义国家选举制度与政党制度的相互影响

随着资本主义国家政党的产生和发展以及政治博弈的演进，选举制度与政党制度始终处于相互影响、相互作用之中，促进了两者的不断演变，使得两者的不适应性及相互摩擦有所突出。

对选举制度而言，就是要将选民的选票转为具体的民选代表，但是不同的选举制度决定了谁能够胜出，以及由此带来政党的力量变化。一些选举制度可能对大党有利；一些选举制度则可能对小党有利；一些选举制度则可能决定了新兴政党难有出头和发展的空间；一些选举制度则可能对独立候选人有利。这些都会影响到政党的发展以及政党制度的演变。当然，这种变动背后也离不开政党自身代表性的变化。就资本主义国家政党演变而言，二战结束后，主流政党大多侧重阶级性，体现不同的阶级阶层利益。在20世纪90年代后，往往突出构建全民党，争取代表广泛的价值观、意识形态以及社会阶级阶层利益。但是随着2008年国际金融危机爆发，以及由此带来的社会结构变迁、社会议题细化、社会博弈复杂化，选民的身份认同和政党的细分日益明显，促进了一些特色政党或新兴政党的新发展。以英国为例，英国实行领先者当选制，长期以来以两党制而闻名，保守党和工党长期占据政坛主流地位并轮流执政，但是英国议会下院的组成却出现了鲜明的变化，使得两党制色彩有所淡化。其主要原因是：自2005年以来，保守党和工党之外的其他政党开始持续发力，占到下议院的25%乃至更多份额，使得下议院的多党构成日益明显，尤其是自由民主党有时还具有了参加联合政府的资格。土耳其选举制度实行比例代表制，自二战结束以来，尽管出现一些军事政变等非法更替政权行为，但政党制度却不断呈现变化。如自1950年以来，土耳其大体经历了两党制、温和多党制及多党制下的一党独大格局。印度人民院及地方议会实行领先者当选制，其原因是印度宪法缔造者认为，比例代表制可能难以产生多数派政府，而领先者当选制则允许最大的政党或联盟组建多数派政府。二战结束以来，印度受选举制度影响，先后经历了国大党一党主导、近似两党制，以及印度人民党一党居优的政党制度演变。当然，在上述制度下，印度各类全国性和地方性政党不仅存在，而且拥有一定的政治影响力和话语权。值得关注的是，不少资本主义国家由于政党联盟的兴起，使得小党或新兴政党拥有一定的选举竞争空间，对领先者当选制带来一些冲击。

第十一章　21世纪以来资本主义国家选举政治与政治民主化

选举制度的部分具体化规定也对政党制度发展产生影响。选举制度不仅涉及投票、计票方式，而且涉及竞选筹款、竞选组织等诸多内容，尤其是后者对各类政党的发展演变影响更为深入。部分国家为防止政商勾结、权钱交易，对政党接受私人和企业捐赠予以限制，并为进入议会的政党提供国家补贴。这对一些小党和新兴政党产生一定影响，导致其候选人参加选举的财务压力很大。他们如果未能进入议会或获得一定数量的选票，则可能面临选后财务亏空乃至破产的风险。这就导致一些小党或新兴政党难以进入议会，或长期徘徊于议会边缘；而大党则凭借雄厚的财力及强大的选举动员能力，可以相对较好地保持政治地位和选举竞争力。有些实行比例代表制的国家采取封闭名单制度，选民选政党而不选具体的候选人，这就弱化了候选人与具体选区及选民的密切联系，进而导致候选人及胜选者往往关注党内提名和支持，而忽视对所代表地区及选民利益的重视。长此以往，其中一些政党就可能出现脱离群众、官僚主义等问题并在选举中面临困境乃至失去政权，进而导致一些国家的政党制度发生变化。这在少数发展中资本主义国家表现较为明显。一些国家对总统任期有着不同规定，其中包括允许无限期连任、只能任两届或一届等。这些任期规定对总统的心态、执政党运作及选民心态都容易产生一定的影响，进而从不同角度影响到执政党发展走向以及政党间竞争态势，牵动政党力量对比的动态性变化，进而影响到政党制度的走向。如菲律宾规定总统只能任一届六年，副总统则不受此限制。在任总统为避免卸任后被边缘化，以及捍卫政治家族、所属党派等利益，往往选择在卸任后继续保持政治影响力，以强化政治保障力度。

政党制度的发展变化也会带动选举制度的变化。选举制度作为一种重要政治制度，其制定和修改都需要反映多数政治力量的诉求。其中，执政党或执政联盟往往凭借在立法机构的优势，着力推动于己有利的技术性或制度性变革。而反对党基于自身利益，也往往谋求推动选举制度向有利于小党或新党的方向改革。如加拿大实行多党制及领先者当选制，由于主要政党力量差距并不是很大，议会排名第一的政党也经常无法获得半数以上席位，加之有时也无法获得其他政党支持组建多数派政府而只能组建少数派政府，这对在任政府的施政构成严重挑战。连续几次担任少数派政府领导人的自由党领导人特鲁多表示，"他不赞成比例代表制作为替代方案"，并认为该制度"赋予可能是边缘政党的小党派更多的权重"。他补充道，推进选举改革"不是优先事项"，因为各政党在这个问题上仍然没有达成共识。以色列实行多党制和比例代表制，但该国没有设立过多的选区，而是将全国作为一个选区。多年以来，以色列没有一个政党可以单独组阁，而需要联合多党组建政府。如2021年3月选后，该国13个政党进入议会，最终经历近3个月的时间才由统一右翼联盟领导人纳夫塔利·贝内特和拥有未来党主席亚伊尔·拉皮德成功领导组建八党联合政府。但是以色列议会中获得席位的议员与普通以色列选民之间缺乏明显的直接联系。政府一旦成立，一般也不需要征求选民的意见。上述无疑引发以色列国内部分选民和政党的不满，要求实行结合选区制和比例代表制的选举改革，但长期以来一直受朝野政党斗争及国内不同民族、地区力量博弈等因素影响，难以达成一致。

第二节　全球化时代的选举竞争与资本主义国家政党适应性挑战

随着经济全球化和地区一体化进程的不断演进，其现实社会和政治影响也日益突出。尤其是不少资本主义国家受全球化负面效应冲击，经济社会难题积重难返，而执政党和政府则应对不力，进而加剧选民不满及报复性选举惩罚倾向。为此，一些资本主义国家政党提出了各具特色的应对方案，如有的谋求肯定全球化及地区一体化的积极方面，主张抑制其消极方面；有的夸大全球化及一体化的风险，并鼓动民族主义、民粹主义，以期从中渔利；有的则强调当下全球化及地区一体化对实现增长的功效,进一步倡导市场开放和自由贸易。在此过程中,各类政党围绕开放与保守政策竞相发力,以争取扩大社会支持并提升选举竞争力。面对资本主义危机,资本主义国家政党必须妥善应对全球化时代的选举竞争,不断提升自身的适应性,否则就可能在政党竞争中落败并被边缘化。

当前,资本主义国家政党应对全球化挑战的政策趋向碎片化,使得化解全球化挑战的政治共识难以形成。全球化对政党的言行既有直接影响,也有间接影响。20世纪90年代中后期以来,资本主义国家尤其是欧美国家传统主流政党普遍向"第三条道路"转型,着力打造全民党形象,但是全球化冲击带来的社会分化迫使不少传统主流政党谋求向传统属性回归,凸显其原有的左或右色彩。同时,也有不少政党趋向实用主义,选择性实施部分符合选民偏好的政策,而不论其意识形态和价值观,即便是竞争性政党的政策也可以搞拿来主义。如巴西1994年至2010年间,选举的波动性不断下降。从2002年起,随着巴西主流政党意识形态差异逐步缩小,导致政党联合的模式变得越来越难以预测。再加上随之出现的一些重大经济和政治危机,导致部分巴西老牌政党出现发展困境,从而为极右翼政治力量在2018年选举中的异军突起创造了条件。当然,各类政党基于特定意识形态尽管对全球化发展有着不同认知,但大体认可全球化可能影响到选民基于经济利益的投票倾向,进而冲击选举结果。在全球化浪潮中,选民对执政党和政府的业绩进行广泛评估,涉及对外贸易、吸引外资、创造就业机会及公共服务提供等多个方面。那些妥善应对外部风险和挑战,以及善于平衡经济发展、社会民生和安全稳定的政党往往获得更多的认可和支持。如哈萨克斯坦"祖国之光"党在国家面临大国争夺、全球化背景下的贸易争端和外部制裁等难题时,努力推进财富再分配并强化党建工作,进而提升选民的认可度。2016年,世界银行统计的该国基尼系数低于任何一个北欧国家,立于世界上最平等国家之列。哈萨克斯坦政府还针对数百万的低收入人口提供财政援助,以缓解社会分化问题。同时为了强化党内纯洁性,"祖国之光"党还进行党内整顿,对党籍议员、政府部长以及地方政府领导人的违法违规行为进行惩罚,努力确保党内选举中的候选人廉洁度,进而展示了党的政治文化及变革能力。而那些难以抑制全球化负面影响,导致国家陷入资本外逃、贸易额减少、工作机会流失等难题的政党往往面临惩罚,进而影响到政党力量的变化。如印度人民党执政以来,积极发展IT产业和软件行业,重视打造出口大国,实现了经济稳步发展,但是该党重视市场经济发展,忽视对处于弱势地位的农业保护,乃至强行出台多个涉农法律,使得农民可能面临大企业的残酷竞争,以及丧失农产品保障价格的风险,严重危及农民利益,导致印度出现全国范围的农民抗议示威,迫使莫迪政府在2021年11月被迫废除有关涉农法案并公开道歉。

全球价值链的延长、外包的兴起和发展、非法移民的增多,对发达国家下层社会及部分中产阶级带来广泛影响,使其对政治精英及现行制度的不满增多,经常发动示威抗议乃至组织街头暴力。在投票取向方面,上述社会群体往往趋向支持民族主义或民粹主义政党,进而带来一些国家政党力量的持续变化。其中一个突出变化是工人阶级对传统左翼社会民主党的支持率明显下降,不少工人选择支持或加入民粹主义政党,这在西欧、北美地区国家表现更为明显。如德国"另择党"的成员并不必然是全球化的受害者,而是基于对外国非法移民与难民涌入产生的不安全感,进而诉诸强硬对外政策。随着加拿大城乡差距的扩大以及低技术产业的衰落,工人的就业问题日益突出。鉴此,右翼的保守党极力操纵经济民粹主义,并努力将工人阶级选民作为优先事项,以扩大其社会基础。而南欧工人阶级则面临显著的分化,其主流分别支持左翼或右翼政党。如希腊国内有左翼政党激进左翼联盟和右翼政党金色黎明党,它们均有着一定的工人阶级支持背景,前者曾一度执政,后者则进入议会。从发达国家整体来看,外来移民可能相对青睐左翼政党,谋求巩固社会福利和社会保障。由于支持民粹主义政党的社会群体往往政治立场十分清晰、投票意愿较为积极,其投票率一般要高于其他选民,这往往会激化一些国家的选情乃至撕裂社会。就欧洲一些民粹主义政党发展来看,其一方面因为资本主义经济危机的延长而获得持续的民意支持;另一方面却可能因为批判大于实干,进而难以经得住政治胜利带来的选民实际检验。鉴此,欧洲国家民粹主义政党在未来一段时间虽然会出现此起彼伏的情况,但难以受到根本性打击并仍将保持一定的政治声量。

第三节 选举政治与西方政治民主化幻象

资本主义国家尤其是一些西方国家高度推崇西式的选举政治,认为定期的直接选举可以产生代表选民的民意代表,进而组建政府并制定法律,并最终将人民的意愿转化为国家治理政策。同时经常性的选民与政治家的联系与互动,以及政党轮替下的政策转换,可以确保维护多数选民的权益。但是这种理论上的假想与实际制度层面运作的脱节一直存在,导致形式民主与实质民主的距离越来越大,使得西方国家引以为豪的选举政治破窗效应尽显,西方民主政治弊端受到越来越多的质疑和责难。

通过观察21世纪以来资本主义国家选举政治的现实表现,我们可以看到西方将选举民主神圣化、简单化、标签化,而忽视了选举民主的本质建设,导致选举日益空洞化,选举效果日益弱化。其具体表现是:尽管选举仍在持续举行并显现出"规范""热闹"的外在表象,但制度性缺陷使得选举效果受到很大影响,即便是再多的掩盖和辩护也无济于事。尤其是在不少西方国家,选举不再是关于自由和民主的选择,也难以产生真正代表民意的领导人,更难以为国家开创一个更好的发展方向。如美国很多选民认为,"谁当选总统没有区别,国家政治不可能因为更换总统而发生根本性的变化"。"不少选民对选举没有兴趣，认为谁当总统都没有区别，情况还会像以前那样延续下去。"① "美国民主党与共和党不一样但并非完全不同物种，它们分别接受不同资本部门提供的资本。"② "'作为小恶'，民主党作执政四年，对左翼和受压迫的群体、工人阶级来说，很有可能遭遇到共和党执政四年带来的地狱一样的灾难。"③ 这无疑要归咎于资本主义政党政治的本质，其主要目的不是为人民服务而是为资本服务，并通过将权力集中到少数人手中，以确保资本家更好地获取利润。当选举政治与自由市场密切结合时，资本主义国家的市场就被赋予更多的权力，变得更具掠夺性和不民主。在此过程中，工人阶级和其他弱势群体往往缺乏相应的控制权，资本则横行无阻、肆意牟利，进而破坏了民主进程。即便工人阶级或其他群体表达不满并进行了持续的斗争，也难以扭转资本主义政治体制的运行逻辑，即选举成为资本主义民主政治合法性的唯一象征。同时，他们还不得不在压迫自己在不公正制度下投下一票。而胜者全胜制也使得资本主义政党、政客成了选举的最大赢家，他们一方面通过选举掌权，另一方面则启动新一轮攫取人民血汗成果的历程。因此，无论哪个党上台都难以真正改变资本主义的选举政治进程。此外，受资本主义选举竞争中的金钱政治、虚伪政治等影响，真正代表人民的候选人也难以获得出线的机会，而为资本张目或民粹面具下的激进派则容易出头。只是上述情况下的领导人更替并不意味着国家治理能力的增强，反而可能使得国家发展更为糟糕，乃至陷入恶性经济政治发展循环。

一些西方国家尽管倡导平等投票、公平选举，但是却存在着各种

---

① "It Should't Matter Who the President Is", http://fee.org/article/it-shouldnt-matter-who-is-president.

② Domenico Montanaro, "Poll: Despite Record Turnout, 80 Million Americans Didn't Vote. Here's Why", http://www.npr.org/2020112/15/945031391/poll-despite-record-turnout-80-million-americans-didnt-vote-heres-why.

③ Keith Rosenthal, "Once again on the Democratic Party, the lesser evil, and the working-class Left", http://www.tempestmag.org/2023/09/once-again-on-the-democratic-party-the-lesser-evil-and-the-working-class-left.

压制选民的机制，使得选民在事实上并不能很好地享有应有权利。就美国而言，其只能被称为一个合众国，而很难被称为"民主国家"。此外，随着欧洲一些国家选举政治的发展，其对选民的压制现象也开始抬头。其主要表现是通过技术手段剥夺部分选民的合法投票权益。如英国开始效仿美国的选民身份识别制度，但由于并非完全免费提供，使得数百万人因为缺乏带照片的身份证无法参加投票。同时，欧盟一些成员国执政党和政府对在其他成员国定居或工作的侨民实施一定的选民注册和投票限制，进而削弱海外侨民的投票影响力，以增强其国内选举地位。如在2019年，波兰下议院选举中，执政党法律与公正党赢得43.6%的选票，亲欧盟政党联盟则获得27.4%的选票。但在波兰的欧盟侨民投票中，只有七分之一的合格选民投票，其中亲欧盟政党以38.95%对24.9%的得票率击败执政党。如果波兰的欧盟侨民投票率和国内选民投票率相同，且波兰的欧盟侨民投票意愿保持一致，那么亲欧盟政党的得票率将大幅提升并基本赶上执政党。

一些发达资本主义国家虽然倡导多党民主制，但是对政党的成立和运作，以及政党进入议会设置诸多障碍，无疑具有维护既有优势政党利益的考量，进而使得选举政治中的政党压制问题也日益突出。对资本主义国家而言，多党制不等于政党越多越好，但也不是越少越好，核心在于规范政党运作并维护多党竞争的稳定秩序。多数资本主义执政党和政府都谋求利用控制议会、掌握立法的时机，积极推动选举立法，进而塑造于己有利的选举法律环境。其中包括新政党成立、注册及评估等机制，政党运行的经费筹集和使用机制，政党进入议会的门槛规定，政党建立选举联盟或组建联合政府的条件，等等。如2021年，澳大利亚政府对新政党成立制定新的规范并提高政党注册的标准，要求新政党注册至少要有1500名成员并禁止使用与现有政党相似的名称，引发澳大利亚一些小党与民间组织的广泛不满和质疑。而有些实行比例代表制的资本主义国家现在不断提高进入议会的门槛，此举虽然减少了政党恶性竞争，但无疑也遏制了民主的参与性和民主活力。

此外，不少发达资本主义国家出于意识形态和价值观等诉求，对共产党和社会主义政治力量予以防范和排斥，以维护西式民主的优势。这一方面使得共产等进步力量面临政治和法律障碍，处于不利的议会竞争态势；另一方面也使得共产党等进步力量面临构建统一战线以及加入联合政府的难题，往往处于被排挤、被弱化的境地。

此外，选举周期对西方民主政治也产生极大冲击。西方国家资产阶级政党追求一切为了选举、一切服务于夺权，始终不停地忙于选举斗争。具体而言，其要么忙于各类全国和地方竞选，要么忙于选后的政府组建或朝野博弈，多数政党根本没有时间和精力来思考解决国家面临的现实重大问题。不少执政党和政府往往在国家面临重大风险和挑战时诉诸选择性忽视策略，采取不敢直面、避重就轻或转移矛盾等措施，谋求延迟危机爆发的时间并将问题留给下任政府来解决。这就导致不少资本主义国家的福利制度危机、生态危机及债务危机等问题不断暴发。同时，不少资本主义国家政党、政治家及候选人等受特殊利益集团影响，在国家治理方面不惜牺牲多数利益，而为小团体利益服务。对于这种问题，多数资本主义国家选民虽然十分不满，但是难以从根本上推动政治变革，促进消除金钱政治、权钱交易等体制性弊端。这无疑彰显了资本主义选举制度设计的缺陷和弊端。

第四节　资本主义国家选举民主的未来走向

随着资本主义系统性危机的日益显现，对资本主义国家选举政治的疑虑、批判也明显增多。尤其是上述动向与资本主义的政治危机、腐败丑闻相互结合，使得社会大众尤其是选民对选举民主的不满与日俱增。可以说，资本主义国家选举民主的发展方向已成为国际社会关注的一个突出问题。在此背景下，西方国家仍继续为选举政治背书，鼓噪选举民主尽管有缺陷但仍有着较强的韧性，有望在变革中迎来新的发展机遇。但对不少发展中资本主义国家而言，资本主义选举民主既不能解决西方自身的问题,也不大可能为发展中资本主义国家带来福祉。发展中资本主义国家需要结合世界政治发展潮流,广泛吸收人类政治文明的前沿成果,在参考借鉴中不断探索创新具有本国特色的选举政治,进而为本国发展营造更为有利的政治环境。

从资本主义国家内部来看,西方国家内部一些人对选举民主缺陷有了更多了解和质疑,就连作为西方民主旗手的福山,也开始反思其提出的"历史终结论"。少数人认为资本主义选举民主的最大挑战源自自身,特别是其难以克服的与生俱来的短期主义,难免长期纠缠于政党利益、政客利益及小团体利益,最终在艰难运行中自我沉沦。但是更多的人在反思资本主义选举民主危机时没有进行深刻的剖析,而是将之归咎于西方不认可的政治体制和领导人之祸或外部因素干扰。如85%的美国人现在认为美国的政治制度需要改革并对美国的治理结构表达失望,认为所谓的民主国家需要反思自己做了什么。但是美国总统拜登则认为,民主必须捍卫,要予以不断加强和更新并为其而战。他还组织召开所谓"民主峰会",但其目的不是探讨如何改善西式民主,而是基于地缘战略和地缘政治算计,谋求进一步攻击所谓的"威权主义",以巩固和强化所谓的"民主国家联盟",进而更好地服务美国的全球利益和全球领导力。欧盟尽管内部问题重重,但是仍在世界各地倡导选举民主。如2009年,欧洲理事会通过关于在欧盟对外关系中支持民主的战略;2011年,欧盟委员会强调在欧盟发展政策中支持人权、民主和善政的重要性;2020年,欧盟通过《欧盟人权与民主行动计划》,重申了欧盟努力促进民主的承诺。但是对于不少发展中资本主义国家而言,这种强行输出的选举民主,以及干预别国选举政治的做法根本不是灵丹妙药,也不是"普世价值",毒药即便包裹上蜜糖也改变不了毒药的本质。不少西方政治家和政治学者提议重塑代议制民主,以增强公民、选民的参与性,并更好地体现社会多数利益和促进社会团结与和谐。美日欧等地部分政治活动家、学者还陆续提出一些选举民主可持续发展倡议或方案,包括扩大全民公投等直接民主、随机选取普通人加入议会、允许年轻人从世代发展利益的角度进行政治监督等。但是这些倡议往往停留在纸面上,难以得到广泛的实践,而且即便成为现实政治也不能改变政治博弈中的力量对比。在此情况下,不少资本主义国家的选举政治变革仍处于内部讨论之中,还看不到明显改善的迹象。

信息技术的快速发展以及网络的普及并不能解决资本主义国家选举民主的体制性问题。随着对互联网和数字工具的广泛使用,资本主义国家民众有了更多的参政方式和手段,尤其是意见表达机制更为畅通、政治声量和影响力更大。对此,不少资本主义国家政党、政治家宣称数字民主正日益弥补选举民主赤字,并帮助选民更好地参与政治和推进政治回应民意。但是应该看到,数字民主往往吸引政策制定者的是对选民信息的掌握,以及对选民投票取向的引导,而不是促进选民更好地参与政策制定和监督政府。同时,数字工具的广泛使用,不仅弱化了政治家与选民的实际接触,而且容易带来选举操控及选举争议。一些资本主义国家政党、政治家还利用数字工具来煽动社会仇恨和暴力冲突,导致由选举争议引发的社会对抗此起彼伏。从这个意义上来看,数字工具创新只是从形式上改变了选举政治,但是不可能从根本上改善选举制度,以及促进选举民主质量的显著提升。即便是欧洲理事会主席查尔斯·米歇尔也对日益复杂的信息操纵和干扰感到忧心,认为这不仅破坏了选民的信心,而且也种下怀疑的种子。尤其是恶意行为者将数字技术如人工智能和机器学习算法等用于选举、操纵选民,这令人忧心。某些大型科技公司没有承担社会责任,反而恶意介入选举进程,肆意干涉民主建设。这些都使得选举政治本应体现的价值观和包容性受到侵蚀。

资本主义国家对民主政治的探索将更加深入。不少发展中资本主义国家政党、政治家和政治学者认为,西方国家利用经济和政治权力优势来界定选举民主,并对其他国家的选举民主说三道四,乃至推动政权非法更替,这本身就不是民主的行为,反而凸显了西方的民主输出具有深刻的利己主义倾向和不可告人的政治意图。作为发展中资本主义国家，不能也不应该让西方国家垄断选举民主的定义。同时也要看到，西方引以为豪的民主输出，不仅成绩乏善可陈，而且给其他国家带来了深刻而持续的灾难，尤其是导致不少国家出现了严峻的经济、社会、安全和政治危机，乃至出现内战或国家分裂。在非洲，一些国家在增强民主认同的同时，还推崇具有非洲特色的协商民主，谋求平衡选举自由、竞争与问责等相互关系，进而促进政治协商和社会团结，共同致力于国家发展和繁荣。

选举民主与资本主义的未来发展密切相关。资本主义国家内部普遍认为，选举民主的稳定发展与资本主义经济繁荣息息相关。在经济繁荣、民众收入和社会福利同时改善的时期，资本主义国家往往有着更多的物质条件来收买选民，以提升选举政治的合法性。但是随着资本主义危机的交织和叠加，左翼选民对政治代表性的看法趋向消极并弱化对民主的满意度。尽管右翼选民中的一部分受经济衰退的影响较少，对民主的看法和态度变化不大，但是也有一部分右翼选民因为经济衰退受损而对选举产生消极看法。尤其是随着资本主义经济危机的持续发酵，资本主义国家出现了新兴政党持续发展、新老政党较量日益激烈，以及政党分化组合日新月异的情况，进而引发选举政治的国内生态环境产生新变化。其中包括一些传统政党作为问题制造者虽然受到冲击，却仍被选举上台执政，只是无法解决现有问题；一些国家民粹主义政党乘势而上，在选举中获得不少政治收益，进而实现参政或执政，但是民粹主义政党也不是解决问题的最佳方案，其往往因为擅长批评和空头许诺而不善于执政则很快下台；一些国家朝野主流政党出于争取选民信任的需求，也推动一些选举制度改革的举措，但是这种技术层面的变革并不能在多大程度上提升选民的民主满意度。此外，在一些国家陷入经济危机、债务危机并谋求国际金融机构或西方国家援助时，往往也不得不接受外部的政策建议和实施激进的改革。如希腊受2008年国际金融危机严重冲击，被迫接受国际货币基金组织和欧洲央行等援助，同时也接受了其提出的一些紧缩政策建议，这使得希腊选举政治具有了强烈的外来干预色彩，引发不少希腊选民的不满甚至敌视。当前来看，受多重因素影响，资本主义国家经济复苏和发展仍面临不少阻力，使得资本主义选举政治短期内也难以改变饱受质疑的境地。

第十二章　21世纪以来资本主义国家选举政治与经济发展

　　资本主义选举制度本意通过制度设计，让干得好的政党和政治家可以胜出并为选民服务，而让干得差、经不住检验的政党和政治家下台。这既是资本主义选举民主的核心议题，也是资本主义选举政治的机制和程序问题。可以说，每次选举竞争，都是关于政党之间包括经济政策在内一系列的政策较量，也是对执政党领导国家经济发展表现的一次检视。多数情况下，善于发展经济并引领国家改变面貌的执政党容易连选连任，但是在野党的掣肘、突发事件的干扰，以及国际经济环境的突然变化等因素也可能拖累执政党领导国家发展的表现。目前来看，在评估资本主义国家选举政治表现时，不仅要立足选举政治本身及其所处的制度环境，而且要深刻把握选举政治与经济发展的复杂相互关系，这样才能深层次地掌握选民对选举政治质量和表现的认知。由此，才有可能彻底解剖资本主义选举政治面临的风险与挑战，掌握影响资本主义选举民主发展走向的关键指标。

第一节　选举竞争框架下的朝野博弈冲击西方国家发展

资本主义选举政治的参与者日益多元，政党、政治家、利益集团、民间组织及其他利益攸关方围绕民意持续竞争，谋求获得更多选民认同并争取政治竞争的优势。但是朝野政党一旦明确各自立场，就会按照各自的角色来开展政治行动，执政党无疑要打压在野党并巩固执政优势，参与联合执政的小党则谋求利用"造王者"地位来迫使主要执政党作出更多政治让步和妥协，而在野党则不遗余力攻击执政党，谋求实现政治地位的翻转。对于选民而言，其虽然被称为国家的"主人"和政府权力的"源头"，但是却因为选举政治框架下的政党斗争而遭受冲击乃至其利益被轻视或无视。尤其是不少国家政府部门和中立机构经常出现功能失调乃至停转的情况，但本国政治精英对此往往无动于衷，进而导致选民成为国家发展停滞、失速或濒临崩溃的受害者。从美欧国家的表现来看，一种情况是因为政治极化导致部分国家政府预算难以获得通过，最终出现政府关门的问题。如美国政府债台高筑，借债运转成为常态。为通过高额的联邦政府财政预算，国会不得不一再打破债务上限。对此，美国两党依据自身现实政治地位，利用国会平台，频繁为对方制造麻烦，导致联邦政府预算往往获批困难。尤其是在两党分别控制参议院和众议院的情况下，财政预算通过的难度更是大幅增加，导致联邦政府部门不时因为预算不足而关门，使得选民无法享受到应有的经济社会服务。信用评级机构标准普尔等有时因为美国朝野斗争，下调美国联邦政府的评级，进而影响到美国经济发展的内外环境。如美国国会预算办公室估计，2018年年底的35天联邦政府四分之一机构关门，带来110亿美元的经济损失，其中30亿美元属于永久损失。另一种情况则是部分国家因为进入议会政党众多但相互立场差异较大，导致组建联合政府以及联合政府施政都面临诸多困难。如比利时政党因为地域、语言等议题长期以来相互掣肘，难以形成共识,进而带来政府组建的难题。21世纪以来,比利时一再打破历史记录,出现数百天选不出政府的窘境。尽管在此期间,上届政府转为看守政府继续执政,但是由于缺乏授权,看守政府无法根据形势变化作出重大的政策调整,或制定新的发展战略。这些都容易引发国际投资者的关注,无疑容易对比利时的债务市场产生消极影响并可能导致国际评级机构下调比利时的评级。

随着西方国家内部沟通和磋商机制的进一步失灵,社会抗议、街头斗争等现象日益增多。据悉,自2008年国际金融危机爆发以来,全球大规模抗议和示威增加36%,由21世纪第一个10年的年均355个发展到第二个10年的年均482个。这种大规模的抗议活动最主要发生在欧洲及非洲和中东等地区。尤其是欧洲的大型暴力活动从2000年至2009年的年均92个,增加到2010年至2019年的年均157个,增长率达到71%。其主要原因是,金融危机促使西方国家持续实施紧缩政策,在相当程度上弱化了西方国家社会凝聚能力,并引发大规模的社会抗议、罢工。如法国的"黄马甲"运动、美国的"黑人的命也是命"运动还引发全球反响,波及多个国家内部稳定与发展。而在美国,由于政党政治中的歧视黑人及不公平政策,美国的反种族主义抗议活动不断。2020年9月,美国花旗集团的一项研究认为,自从2000年以来,由于美国黑人在获得教育或商业贷款等方面面临的一系列歧视性措施,美国国内生产总值遭受不小的损失,总额达到16万亿美元,接近美国2019年国内生产总值。花旗集团为此指出,如果美国能够消除针对黑人的歧视性做法,自2020年开始未来五年美国经济将额外增长五万亿美元。[1]

西方国家选民对经济低迷带来的损失非常敏感,其心理痛苦程度与选举的投票态度直接关联。多数选民认为不断恶化的经济状况源自

---

[1] "Cost of Racism:U. S. Economy Lost ＄16 Trillion Because of Discrimination,Bank Says",http://www.npr.org/sections/live-updates-protests-for-racial-justice/2020/09/23/916022472/cost-of-racism-u-s-economy-lost-16-trillion-because-of-discrimination-bank-says.

执政党的无能和失败,并谋求在选举中给予其相应的惩罚。如美国、英国、意大利、希腊等部分国家年轻世代面临严重的经济困难,收入要比父母一辈低,使得他们当中的一些人对民主的不满增多,不仅不热心投票,而且对西方民主表现出质疑。一旦经济选民发现公开的社会抗议乃至政权轮替都无法解决国家面临的经济社会问题,就可能趋向民粹化和激进化,进而采取强烈的反建制立场,谋求从根本上改变国家的政治制度和体制,以开辟新的政治发展路径。而在挪威等部分欧洲国家,由于执政党和政府全力扭转经济形势和维护社会平等,进而在一定程度上提升年轻人民主满意度。当然,这种情况在西方国家中还不多见。鉴此,共识政治日益成为西方国家的现实需求,但是基于短期政治得失算计,多数西方国家政党、政治家等只会口头上诉诸团结、协调的口号,而在实际上转向身份政治,拼命巩固和增强政治基本盘,进而谋求在混乱、动荡的政治形势中维持自身地位。上述做法已经引发不少西方国家选民的反感和敌视,纷纷要求有关政党、政治家等不要再利用选民分歧来固化和强化社会矛盾,进而实现别有用心的狭隘政治目标。

第二节 西方国家选举政治与经济不平等

随着西方国家社会政治生态的持续演变,选举政治的发展异化日益凸显,尤其是政府经济表现与民主问责的脱节增多。以往,一旦经济不平等程度较高时,选民就会感到社会正义和公平被侵害,进而降低对现任执政党和政府的支持。但是现在的情况已经发生一定变化,即经济绩效表现不好的执政党或领导人不一定会遭受重大选举挫折,而执政表现相对较好的政党也并不一定就能延续执政地位。这是因为选民的内部组成和选举影响力并不一一对应。同时,经济不平等对不同政体国家的政治影响也可能不一致。如议会制国家的总理时刻面临议会不信任投票惩罚,时刻可能面临经济衰退、议会不信任而下台的风险；总统制国家的行政权力相对较强，对议会政党博弈的干预力量也较强，使得一些国家总统尽管面临一定的选民不满和议会责难，但往往会完成整个总统任期。即便在任期内遭遇经济困境，但由于一届总统任期往往为四年或五年，在任总统一般有更多时间和机会来化解。

西方国家经济不平等往往有着深刻的历史及现实背景，经济不平等与政治不平等相互关联。经济弱势群体往往寻求通过选票来改变自身经济和政治地位，进而不断增强对国家发展的影响力。但是经济全球化以及资本主义选举政治的内在逻辑使得不同社会阶级、阶层在国家经济、社会、政治等活动中有着差异化的权利。尤其是富人尽管人数不多，但有着不对称的选举影响力，可以通过资金捐赠、协助开展选举宣传和选民动员等方式帮助政党、候选人来扩大政治干预能力。同时，在选后政府组建以及政府施政干预中，富人有着远远大于穷人的游说能力，尤其是可以引导政策制定或修改完善的方向。如在美国，不论哪个党上台都会精心考量社会不同群体的诉求，进而作出相对应的政治决定。对于富人的经济政策诉求，无论是共和党还是民主党政府都表现出强烈的优先考虑立场，甚至不惜牺牲国家利益来照顾富人利益。即便在2008年国际金融危机爆发后，引发金融危机的"麻烦制造者"也没有被美国政府抛弃，它们不仅没有被清算而且还得到高强度的援助，从而确保华尔街的利益受到有效保障。根据2021年美国皮尤研究中心的统计数据及其他来源信息来看，美国富人与其他人的收入差距在扩大，尤其是中低收入家庭收入在下降，而富人则在继续变富。其中1%的富人拥有43.27万亿美元，而底层90%的人总共拥有40.28万亿美元。4747名亿万富翁拥有的财富比美国底层50%家庭的财富多三分之二。美国富人往往占据大多数股票和资产，尤其是最富有的10%的人拥有89.7%的股票，这种不成比例的股票分配使得富人更容易获得股价上涨的收益。美国人口的贫困率在2020年实现回升，达到11.4%，这也使得美国贫困人口达到3720万。此外，当中低收入人群利益与富人利益不相一致时，美国政府也明显更看重富人利益，并帮助富人继续致富。就这个意义来看，美国的选举政治无疑是富人政治，包括中产阶级在内的中低收入阶层虽然具有一定的参政热情和话语权，但无疑都会被置于政治的次要位置。这主要是因为美国社会内部缺乏有竞争力的第三党，加之工会受到不少的压制，使得美国共和党与民主党更多关注资本的立场和态度并争取其支持。

较之美国的自由市场经济模式，欧洲国家多数相对重视社会保障和社会福利，侧重社会财富的再分配，但是欧洲国家的经济不平等问题依然较为严重。2008年国际金融危机爆发后，欧洲国家深受债务危机影响，失业问题较为突出。而新冠肺炎疫情叠加经济衰退，更是加剧了欧洲国家劳工市场波动并给弱势工人、穷人带来严重冲击。其中既有全球供应链失衡带来的工作机会流失问题，也有经济全球化带来的工人议价能力持续削弱的问题，还有政府货币政策波动对资产、股票、房地产等带来的现实影响。在经济困难时期，多数欧洲国家政府的货币政策调整，往往对投资股票、债券等的富人有利，而穷人则受益有限，使得穷人难以在短期内改变经济状况。如英国在发达资本主义国家中属于经济不平等较为突出的国家，其工人阶级处境相对困难。在2020年财年中，英国最富有的20%人口收入比最贫穷的20%人口高出六倍以上，而最富有的10%的人口收入比最贫穷的40%人口多出50%。与退休人员相比，非退休人员的收入不平等程度更高。对于欧盟内部的东欧成员国而言，其受2008年国际金融危机冲击影响较大，经济不平等问题日益突出，尤其是地域收入差异拉大。这就导致倡导社会平等的左翼民粹主义力量在该地区不少国家获得较多支持，进而导致倾向穷人的社会福利政策持续出台，以帮助工人阶级和穷人更好地应对经济社会挑战。同时为争取社会底层民众的支持，不少东欧国家极右翼民粹主义力量在接受移民问题上态度消极，使得社会保守排外情绪持续高涨，移民融入社会主流的难度加大，进一步加剧经济社会不平等。

日本在经济泡沫破碎后，长期推行紧缩政策，使得国家发展总体持续和缓、国民收入没有实现实质性增长。其间自民党也遭遇一些败绩，在野党实现短暂上台执政。2012年安倍上台后，实施了所谓的"安倍经济学"，推行扩张性货币政策、积极的财政政策以及管制放松政策，进而促进了经济繁荣、股价持续上涨并使得企业尤其是出口企业业绩改善。然而并非所有人都从自民党政府的扩张性政策中受益，根据2020年的经济数据，日本贫困率在七国集团成员国中排名第二，在经合组织国家中排名第九。自2012年至2020年，日本名义工资仅上涨1.2%。自2014年至2019年，日本家庭的平均财富下降3.5%，但是最富有的10%家庭收入却逆势增加。安倍的政策引发了广泛的社会争议，也加剧了自民党内部的派系斗争。在2021年国会提前选举中，自民党领导人岸田文雄谋求改变安倍的政策并通过一种"新型资本主义"来缩小贫富差距，进而实现经济增长与财富再分配相结合，促进国家发展成果更多为全民分享，而非仅仅被少数人独享。尽管广大选民对自民党的亲市场政策存在普遍的不满情绪，但自民党仍战胜了反对党并谋求推动全面改革。同时，岸田文雄的政策尽管受到不少质疑，但他也强调重视减少不平等问题，声称将工资增长置于政府工作核心位置。其主要举措包括减免税收，鼓励公司提高工资，给予年收入低于960万日元且抚养18岁及以下儿童的日本家庭10万日元的儿童补助，为促进国内旅游出台相应的资金补助政策等。但是受多方面因素影响，上述政策执行难度较大，难以得到有效的贯彻落实。

最后，从西方国家经济发展与政治表现来看，经济不平等与选民的选举态度存在一定偏差。其中有些国家多数选民投票热情、有些国家多数选民摇摆不定、有些国家多数选民的政治热情明显下降，进而导致不少西方国家的选举形势和选举结果多样化发展。总的来看，一旦收入不平等扩大、社会分化拉大，弱势选民的政治报复心态就容易凸显，但其如不能形成多数选举共识，就可能使得国家陷入选举作用弱化、不平等问题积重难返的局面。可以说，西方国家如果不能充分实现选举政治的程序民主、实质民主，以及广泛凝聚正向的政治共识，并推动真正的政治平等，就难以实现经济平等。

第三节　新冠肺炎疫情、经济发展与发展中资本主义国家选举博弈

　　新冠肺炎疫情的肆虐，给资本主义国家带来了严峻的经济、社会和政治等问题，进而加剧了选举框架下的朝野博弈复杂性、敏感性。发展中资本主义国家受产业结构、经济活力及外部冲击等影响，对世纪疫情影响下的世界低迷经济有着更为深刻的感知，导致其选举竞争中的政策诉求之争更为尖锐。从若干地区层面来看，部分具有典型意义的国家迎来重要的选举政治变化，其有关发展态势及未来发展趋势值得关注。

（一）拉美国家左右博弈历来较为突出，右翼政党抗击新冠肺炎疫情的表现为左翼政党重新抬头及促进社会正义带来可能

　　新冠肺炎疫情对拉美国家冲击较大，对本就面临严重经济不平等的一些国家造成严重的经济冲击，并引发大规模的示威抗议，牵动地区政党政治的新一轮波动，促进部分左翼政党或候选人的崛起。当然，一些左翼执政国家处境也较为困难。根据2020年年底拉美晴雨表的一项民意调查，在18个拉美国家中，只有49%的受访者认为民主是最好的政府形式。未来，拉美的情况可能变得更糟。而在拉美最大国家巴西，右翼总统博索纳罗面对2022年大选前的不利民调，毫无根据地声称"2022年大选可能存在人为操纵"，他还宣称"基于我所看到的，我不会接受任何不宣布我是赢家的选举结果"。在总统选举落败后，博索纳罗选择不承认选举结果，其所属政党自由党亦要求巴西法院判决总统选举部分结果无效。此外，博索纳罗在败选后选择前往美国短暂停留并于2023年年初返回巴西，以帮助自由党参与接下来的各类选举斗争。

智利激进左翼抓住形势击败中右翼政党实现执政。智利是拉美地区最发达国家之一,但是受新冠肺炎疫情冲击也较为突出,甚至出现与该国发展程度不成比例的染疫病例。为此,智利右翼总统皮涅拉及朝野政党加强疫苗购买及施打的工作,力争确保该国1900万人口可以获得更好的健康保护。尤其是朝野政党在疫苗施打问题上放弃政治斗争,共同努力促进控制疫情,一度缓和了政党关系。从疫情对经济的冲击来看,智利总体抗压能力较强,政策反应表现较好。尽管2020年经济增长率下降5.8%,但2021年经济有所恢复,全年增长率超过5%。但是智利经济增长得益于政府财政拨款以及从私人养老基金中提取的总额约为500亿美元的资金,这对智利保持财政平衡及维持经济可持续带来的很大挑战,进而使得该国经济复苏进程呈现脆弱而缓慢的特点。因此,在2021年智利总统竞选中,激进左翼总统候选人博里奇与右翼政党候选人卡斯特进行了政策竞争,最终左翼候选人博里奇成功当选智利新一届总统。博里奇的主要竞选诉求是对自由市场模式进行重构,扩大社会权利,提高对企业和富人的税收,建立一个福利国家,并彻底改革私人养老金制度。相比而言,卡斯特无视新自由主义发展模式对智利社会不平等的影响,仍倡导自由市场经济,反对外来移民,则难以获得多数选民的支持。但是在当选后,博里奇政府基于不控制议会多数及政府财力受限的现实状况,开始调整政策立场,从诉求激进改革转向稳步改革,意图维持"有序的经济"。新政府还强调要平衡经济发展与财政责任的关系,并扩大对原住民权利、性别平等以及环境保护等议题的重视,努力确保国家稳定发展。

秘鲁新兴政党异军突起并夺取政权。在拉美地区国家中,秘鲁属于中等发展水平国家,其经济发展对资源开发依赖较重,相对看重自由贸易。在新冠肺炎疫情发生之前的右翼政府执政时期,市场紊乱、财富分配不均等问题早就十分突出。新冠肺炎疫情对秘鲁的冲击是巨大的,导致2021年年底该国出现200多万人感染、20多万人死亡,以及200万人陷入贫困。秘鲁经济在2020年下降了11%以上,成为拉美国家中经济下滑最为严重的国家之一。作为该国重要政治力量的自由秘鲁党长期以来只是一个地方政治组织，2016年才获批为政党。在2021年选举中，自由秘鲁党派出候选人卡斯蒂略参选总统，他一开始诉诸较为激进的左翼竞选策略，谋求扩大对自然资源的控制权、重新分配资源财富，以及对自由贸易协定的重新评估和谈判，进而扩大国家的自主权。但是在上台执政后，为了争取投资者和商业精英的支持，卡斯蒂略内外政策都趋向温和，转而谋求建设"有市场的大众经济"，政策兼顾社会下层以及部分社会精英，同时注意争取商界支持，强调国家发展需要促进社会福利。随着铜矿等自然资源价格的上涨以及政府投资的增多，2021年秘鲁经济实现了较大复苏，从经济衰退中实现一定恢复。2022年秘鲁国内生产总值增长率为2.7%，低于新冠疫情前的增速，主要原因是支撑2021年经济扩张的有利条件在弱化，尤其是政府投资减少以及消费者支出下降，促使经济增长放缓。与此同时，随着卡斯蒂略政府向中右政策的转型以及卡斯蒂略开始推进其领导的秘鲁全国教育工作者联合会的发展，自由秘鲁党与卡斯蒂略相互关系趋向紧张，该党认为卡斯蒂略背叛了自由秘鲁党的思想，因而不会支持其领导的内阁。但是面对秘鲁立法机构谋求弹劾总统卡斯蒂略，自由秘鲁党一度陷入两难境地，一方面尽管不得不批评总统缺乏意识形态的稳定性，另一方面则表示要搁置争议并支持总统领导的行政团队，以帮助政府渡过难关。

洪都拉斯传统两大政党落败，新兴左翼政党兴起。自2009年洪都拉斯发生政变，左翼领导人曼努埃尔·塞拉亚被暴力赶下台以来，该国迎来了新自由主义的发展时期。从积极的一面来看，右翼国民党致力于私有化进程，建设经济开发区以及扩大对外经济贸易合作，使得经济增长率在地区排名靠前，远远高于地区平均水平。但是该国在新冠肺炎疫情暴发之前就出现经济增长率连年下降的问题，如国内生产总值增长率2017年为4.8%，2018年下降至3.7%，2019年进一步下降至2.7%，2020年则收缩9%。同时，受新冠肺炎疫情及飓风等多种因素影响，该国贫困率和经济不平等问题更为突出，2020年日均生活费不到5.5美元的贫困人口比例增加到50%以上；外债高企，总额超过150亿美元，占到国内生产总值的57%；暴力事件层出不穷，社会不安全感加剧。为降低新冠肺炎疫情对经济社会的消极影响，右翼政府也积极出台应急举措，如支持扩大放贷力度，加大对穷人的基本需求支持以及对企业的援助。为消除非民主的政权更替方式，以及建立了一个正义、和平与民族和解的国家，前总统塞拉亚的妻子卡斯特罗代表2011年从自由党分离的自由与重建党参与2021年总统选举，其政策主张的核心是反对新自由主义模式及自由市场的恶性发展，重视增加社会支出及加强反腐败工作，还谋求通过制宪会议重建国家。相比之下，其他政党候选人则都大多提出了陈旧的新自由主义配方。由此，卡斯特罗获得了历史性胜利并成为该国历史上第一个女性总统。

（二）东欧地区国家虽然感染新冠病毒绝对人数不是很高，但死亡病例与人口总数相比相对较高，因而影响到有关国家的选举政治走向

其中一个突出的倾向是受欧盟政策影响，部分亲近欧盟、支持欧盟一体化的政党或者秉持中间立场的政党相对容易获得较多的选民青睐。就东欧一些国家的选举来看，多党联合执政的情况也日益复杂，加剧了执政联盟应对公共卫生危机与经济危机的难度。

保加利亚中间政党开始崭露头角。亲近欧盟的中右翼政党欧洲发展公民党过去七年曾长期执政，但是面对新冠肺炎疫情，该党领导的政府在接种疫苗方面工作乏善可陈。尤其是政府为争取商业部门的支持在社交隔离方面举措不得力，以致染病人数和死亡率不断增加；国内腐败问题严重，导致选民对欧洲发展公民党政府的容忍度大为下降，反政府大规模社会抗议事件时有发生。受政治力量极为分散的影响，保加利亚于2021年4月和7月举行过两次议会选举，但选举产生的具备牵头组阁资格的政党或政党联盟均未能成功组阁，使得选举被宣布无效。同年11月举行的第三次议会选举后，坚持反腐败的中间派"我们继续改革"联盟赢得议会240个席位中的67个,并牵头组建四个党派联合政府。新的联合政府致力于促进改善民生,承诺年均经济增长率达到5%以上,并逐步追赶西方合作伙伴。但是四个党派的政治理念差异较大,内部分歧难以有效消除,尤其是围绕宏观经济政策、财政政策、加入欧元区,以及打击腐败等方面的博弈,可能加剧联合政府的运作难度。

摩尔多瓦在独立后政党政治格局持续演变,经历了右翼政党占据优势、共产党长期执政、小党联盟联合执政,以及右翼行动与团结党一党居优等时期。2019年成立的弱势联合政府在发展经济及应对疫情方面有所欠缺,使得2020年该国国内生产总值下降7%,就业率降至5年来最低。2021年,摩尔多瓦经济开始逐步恢复,但大部分短期指标仍为负值。2021年7月,摩尔多瓦提前举行议会选举,更为亲近欧洲的行动与团结党获得半数以上席位,掌握总统职位和议会多数席位。这为摩尔多瓦申请加入欧盟创造了有利的内部条件。鉴于摩尔多瓦政治的新变化及可能获得的欧盟更多支持,国内生产总值增长率在2021年回升至3.8%。

捷克经历了联合政府的大转变。捷克民粹主义政党ANO2011运动与左翼的社会民主党等政党在2017年组建联合政府,联合政府重视社会正义,积极帮助低收入工人和养老金领取者,使得工资持续上涨、失业率创下历史新低。但是在应对新冠肺炎疫情方面,执政联盟应对不当加之提早放松管控,导致捷克成为新冠感染率和死亡率最高的国家之一。2019年,捷克经济增长率仅为2.2%,2020年国内生产总值则下降5.6%。面对不利的经济社会形势,左翼社会民主党和共产党均无法与联合政府总理巴比什保持距离,也难以提出更好的左翼替代政策。在2021年捷克选举中,社会民主党和共产党都未能获得5%的选票,未能进入议会;而ANO2011运动虽然获得最多的议会席位,但不占据优势,难以牵头领导联合政府。新的捷克政府由中右翼的公民民主党等五个政党组成,其中部分政党属于第一次进入政府。中右翼联合政府在政策上更为亲近西方，主张与欧盟接触。但是上述五个政治利益迥异的政党结合起来，难以形成共识。同时，疫情下的通货膨胀、能源价格上涨以及预算赤字不断扩大，将进一步冲击该国经济发展。

波兰具有民粹主义倾向的执政党蝉联选举。波兰是欧盟成员国当中经济增长最快的经济体之一，有着强大的国内市场、低私人债务、低失业率，同时对欧盟内部市场的依赖较大。新冠肺炎疫情对波兰卫生部门冲击相对较大，而对经济部门冲击则相对较小。当然，疫情无疑带来就业率降低、公共债务增加等难题，这些都为波兰长期发展带来一些挑战。但是受消费者支出、工业部门发展等影响，波兰2019年国内生产总值实际增长率为4.7%，2020年受新冠肺炎疫情影响国内生产总值下降了2.5%。2022年，波兰尽管遭遇高通胀、消费市场低迷、能源危机等冲击，仍取得4.9%的国内生产总值增长率。2023年，波兰面临消费力下降、投资不振等挑战，经济增长有所放缓。波兰执政党法律与公正党作为中右翼政党，政策诉求突出务实性，以谋求扩大社会支持率，如在外交政策上支持加入欧盟、促进欧洲一体化，在经济政策上突出国家干预主义政策，但在社会问题上对女权主义以及性少数群体等持反对态度并抵制外来移民，进而突出本土主义和民族主义的形象。自2015年以来，法律与公正党一直执政，在疫情发生后该党坚持按期举行选举，在竞选政策中积极倡导爱国主义和民族主义，并成功将波兰塑造为遭到欧盟不公正对待的国家形象。由此，法律与公正党于2020年再次赢得执政地位，但是其反对欧盟干预其国内司法的立场，也影响到波兰政府与欧盟的双边关系。

罗马尼亚政党关系复杂发展，严重影响到联合政府的组成和运作。自2017年以来，罗马尼亚经济增速连年下降，在受新冠肺炎疫情冲击的2020年更是下调为-3.9%，但是在2021年，随着政府财政支出的扩大而实现部分经济恢复。根据2019年的统计数据，罗马尼亚人均国内生产总值达到12 610美元，首次被世界银行列为高收入国家。然而，新冠肺炎疫情将罗马尼亚再次拉回到中高收入国家行列。受医疗条件、保健系统完备性、政治不稳定等多种因素影响，罗马尼亚病毒感染者较多、死亡人数不少，加之接种疫苗数量不足，导致疫情反复暴发。2020年12月，罗马尼亚举行议会选举，右翼执政党国家自由党虽然未能获得议会第一大党地位，但凭借有效的政治结盟手段，与拯救罗马尼亚联盟、匈牙利族民主联盟联合执政，执行相对亲欧的政府政策。但是围绕区域发展基金的争议，拯救罗马尼亚联盟很快退出联合政府，导致联合政府陷入执政危机并于2021年10月被议会以不信任案否决。为了保持联合政府主导地位，国家自由党被迫选择与议会第一大党——长期的政治对手社会民主党合作，组成新的三党联合政府。尽管新的联合政府占据议会近三分之二席位，政治地位稳固，但是左翼社会民主党重视社会福利建设，包括提高最低工资、增加养老金及延长儿童保育津贴，这对联合政府政策制定带来难题。受欧盟整体财政政策影响，罗马尼亚必须控制财政赤字，减少"猪肉桶"开支，以改善公共财政管理，进而为经济复苏和稳定发展创造条件。如果罗马尼亚左右大联合政府能够重视结构性发展障碍，重视化解财政赤字和经济不平等问题，致力于实现可持续高质量发展，就有望促进国家的稳健发展。反之，则可能陷入政府内左右博弈加剧的难题，进而可能导致联合政府陷入新的危机与困境。

第十三章　资本主义国家共产党国内统一战线建设新探索

统一战线历来是共产党的法宝。马克思、恩格斯、列宁等经典作家都倡导统一战线建设并提出许多具有深远意义的理论。其中既有国际统一战线理论，也有国内统一战线理论，后者对各国共产党稳固和增强国内社会政治基础具有重要意义。进入21世纪以来，全球资本主义挑战与危机日益凸显。相对有利的国际形势以及复杂的国内社会政治生态变化，推动不少资本主义国家共产党立足现状，加强理论与实践创新，其中一个重要方面就是推进非革命时期的国内统一战线建设，以争取有利的政治斗争尤其是选举斗争地位。

第一节　资本主义国家共产党国内统一战线建设面临复杂局势

21世纪以来，资本主义国家社会政治生态经历深刻演变，对资本主义国家共产党产生复杂多元影响。一方面，资本主义危机为一些资本主义国家共产党带来相对有利的政治和舆论环境。另一方面，内部社会政治形势的变化加重了一些资本主义国家共产党面临的挑战。上述复杂因素导致在资本主义受到越来越多质疑的情况下，一些资本主义国家共产党却表现不尽如人意，引发世界社会主义力量的持续反思。

（一）社会不满情绪延烧，但阶级阶层变化负面影响显现

21世纪以来尤其是2008年国际金融危机以来，资本主义国家连续遭受打击，经济、社会及政治等危机不时爆发，引发社会不满情绪持续高企。这为共产党动员社会力量、开展政治斗争提供了一定便利。同时伴随着资本主义国家社会阶级阶层的持续变化，尤其是低技能工人数量的减少，共产党传统社会基础面临弱化的难题。受2008年国际金融危机影响，不少发展中国家制造业面临一定危机，工人阶级不同程度遭到冲击。全球新冠肺炎疫情更是进一步冲击资本主义世界，带来的结果是亿万富翁财富急剧增加，中产阶级队伍有所流失，以及工人失业率有所上升。根据国际劳工组织统计数据，"疫情下全球工人由于失业而导致收入减少8.3%，约为3.7万亿美元，相当于4.4%的全球生产总值。"[①] 虽然工人阶级及丧失身份的部分原"中产阶级"大多对此不满，但从实际情况来看，资本主义国家共产党的实际获益相对有限。其中，部分国家工人阶级在选举中要么弃权，要么倒向民粹主义政党；部分国家工人阶级则倾向中间主义政党，以寻求新的出路。在2022年法国总统选举第二轮投票中，在任总统马克龙以58.55%的得票率获胜，极右翼总统候选人勒庞则获得41.45%的选民支持。第二轮投票的弃权率为28.01%，接近投票选民总数的三分之一，这无疑突显出法国选民对总统选举的失望。同时部分发展中国家共产党尽管在艰难时期有所发展，有些还获得一定程度的选举胜利，但是相比民粹主义、民族主义及保守主义政党等要逊色不少。上述无疑给资本主义国家共产党巩固和扩大社会基础的努力带来困难。

---

① "ILO Monitor: COVID-19 and the World of Work. Seventh Edition", https://www.ilo.org/wcmsp5/groups/public/@dgreports/@dcomm/documents/briefingnote/wcms_767028.pdf.

（二）资本主义国家传统左右翼主流政党持续转型，加大政策竞争难度

20世纪90年代，发达国家传统左右翼主流政党普遍基于社会结构变化，着力打造全民党，兼顾左右翼诉求。不少发展中国家民族民主政党等也开始向全民党转型，谋求超越阶级、民族、种族、文化、宗教等差异，扩大代表性。这些都在一定方面对共产党的传统社会基础造成侵蚀。随着2008年国际金融危机以来，资本主义危机的持续发展、福利制度的调整，不少全民党遭遇较多挑战，尤其是与核心选民越来越远。在北欧、西欧国家，社会党的政策主张面临绿党的强烈竞争，更多的中产阶级倒向绿党。发达国家主流保守派也因为相对温和的政策主张，面临一定的身份危机，难以处理好与愤怒的、两极分化的选民关系。当前，基于政治斗争需要，不少发达国家社会党、保守党大搞实用主义，部分向传统回归，虽然总体效果不彰，但大多能勉力维持局面。面对传统左右翼主流政党的转型，不少资本主义国家共产党也不同程度创新思想，提出不少左翼替代政策并引起一些反响，但总体上还难以起到明显的政治效果。

（三）民粹主义政党快速发展，在一定程度上挤压共产党发展空间

21世纪以来，资本主义国家迎来新的政党发展期，新兴政党不断涌现，尤其是民粹主义政党异军突起。这使得资本主义国家民粹主义政党支持率达到20世纪30年代初以来的最高水平。欧洲民粹主义政党历史悠久，近来发展较快。希腊激进左翼联盟诞生于20世纪80年代末，在2015年1月议会选举中战胜新民主党，成为希腊议会最大政党并牵头组建联合政府。意大利五星运动成立于2009年10月，在2018年3月议会选举中赢得32.7%的选票[1]，成为意大利第一大政党

---

[1] "Italy: Results of Parliamentary Elections in 2018", https://www.statista.com/statistics/813006/results-of-parliamentary-elections-in-italy/.

并参与组建联合政府。德国"另择党"于2013年成立，短期内获得较大社会支持但随后实力有所下降，目前仍保持10%左右的支持率①。在2019年欧洲议会选举后，新成立的欧洲议会"身份与民主"党团占据73个席位，较之其前身欧洲"民族与自由"党团增加37个席位。法国国民联盟领导人玛丽娜·勒庞还表示，尽管"身份与民主"党团在欧洲议会席位中占比10%左右，但它实际上属于一个更为广泛的非正式"主权主义集团"的一部分，该集团大约由200名具有民粹主义、保守主义及疑欧主义色彩的欧洲议会议员组成。② 发展中国家民粹主义政党虽获得一些发展，但激进程度及影响力总体有限。面对新冠肺炎疫情冲击，不少资本主义国家在野民粹主义政党猛烈批判执政党和政府，要求其出台更为积极的最低工资、失业救济、医疗保险，以及低收入家庭保障、中小企业扶持等政策。这些政策主张往往不切实际，效果也有待进一步检验，但无疑满足了部分愤怒选民的逆反投票心态，对包括工人阶级在内的各个社会阶层都产生一定的诱惑力。

（四）资产阶级政党合纵连横复杂演进，共产党等部分进步力量受到一定挤压

随着资本主义国家社会政治生态的复杂演变，尤其是传统主流政党的普遍弱化以及新兴政党的蓬勃发展，一些国家政党竞争态势日益多变，政党兴衰沉浮加速演进，政党分化组合有所发展。不少资本主义国家中小政党为求生存、谋发展，选择与大党联合，或组建小党联盟自保。政治碎片化也使得不少国家尤其是发达国家难以出现一党独大的政治局面，各类政治力量不得不寻求通过妥协与交易来组建联合政府。在资本主义世界，联合政府越来越成为常态，少数派政府也有所增多。从实际情况来看，虽然各种光谱的政党都有可能合作组建联

---

① "Germany Made Its Decision: No Future for the Far Right?", https://politicstoday.org/germany-made-its-decision-no-future-for-the-far-right/.

② "New National Populist EU Group 'Identity and Democracy' Takes Shape", https://www.eutimes.net/2019/06/new-national-populist-eu-group-identity-and-democracy-takes-shape/.

合政府，但不少资本主义国家共产党经常因为意识形态等因素受到公开排斥。这在一定程度上削弱了部分资本主义国家共产党的影响力及其可持续发展空间。

第二节 资本主义国家共产党对国内统一战线的新认识及其特点

面对复杂严峻的国内社会政治形势，如何把握机遇、化解挑战，成为资本主义国家共产党的现实问题。鉴此，不少资本主义国家共产党着眼当前难题及未来发展，谋求通过采取开放与包容的态度，扩大社会政治联合，以巩固和提升政治实力，进而为本国社会主义发展累积政治能量。

（一）多数认同扩大国内统一战线的政治力量组成，以体现包容性

随着时代的深入发展以及资本主义国家社会政治生态的演变，资本主义国家共产党对国内统一战线的认知日益加深。资本主义国家国内统一战线的形式和名义都有所发展，形成了统一战线、左翼阵线、左翼联盟、中左联盟、人民阵线、人民民主联盟等多种形态。上述情况反映了相关国家共产党的政治理念变化。不少资本主义国家共产党认为，在新的历史时期国内统一战线的政治意义更为突出，形式和名义需要服务于内容，以增强党的影响力、号召力和行动力为要。要根据时代任务以及具体形势来确定国内统一战线的形式和名义，而不能固守成见。国内统一战线也不大可能只有一条，需要根据战略任务和战术需要来确定建设思路及进度。如意大利重建共产党在本国债务危机发生后，向国内所有左翼政治力量发出了建立替代左翼的呼吁，建议党内外的中左翼力量团结起来，在尊重各自发展经历基础上构建一

个反新自由主义的、广泛的"左翼联盟"。① 比利时工人党指出,"本党是一个马克思主义政党,对社会主义充满信心并无意去适应资本主义。有必要与所有真正的左派力量探讨如何应对资本主义和帝国主义、打击种族主义以及组织工人阶级。"② 此外,也有一些资本主义国家传统共产党对扩大左翼合作领域存在疑虑,如希腊共产党直截了当地反对加入激进左翼联盟组织的统一战线,甚至都不愿意讨论这种可能性。③

(二) 多数认同扩大国内统一战线的社会代表性,以扩大社会基础

对于社会阶级阶层的具体变化,多数资本主义国家共产党也比较敏感,谋求一定程度的以变应变。一方面,针对工人阶级变化及其他被压迫群体提出应对之策。如澳大利亚共产党表示,该党是工人阶级政党,承认工人阶级在社会变革中的领导作用。工人阶级需要与被大企业剥削的社会其他阶层建立联系,这就要求共产党在劳动群众中赢得实质性的影响力,同时积极与其他左翼和进步政治力量建立联盟。④ 在法国共产党第37次全国代表大会上,该党全国委员会主席皮埃尔·洛朗敦促共产党人抛开与其他左翼势力和群众组织的分歧,表示必须逐步建立一个受欢迎的左翼阵线,并与那些愿意在社会变革过程中与我们合作的人建立联盟。他告诉法共党员,不要害怕与潜在盟友的分歧,也不要"抛弃"右翼工人,因为工人阶级"不是一个没有矛盾的同质集团"。任何基础广泛的左翼联盟都将不可避免地带来"各

---

① 于海青:《债务危机下南欧四国共产党的发展动态》,载《党建》,2011年第1期,第46—47页。

② "We Are a Marxist Party That Believes in a Socialist Future", https://jacobinmag.com/2018/12/belgium-workers-party-ptb-elections-left.

③ "Greece:SYRIZA, the Communist Party and the Desperate Need for a United Front", http://socialistresistance.org/greece-syriza-the-communist-party-and-the-desperate-need-for-a-united-front/3535.

④ "An Introduction to the Communist Party of Australia", https://cpa.org.au/cpa-introduction/.

种形式的团结以及各种矛盾",法共必须与所有这些力量合作。① 巴西共产党指出,巴西工会及其他社会组织在劳工党执政后失去战斗性并走向官僚主义,并成为"阶级斗争的刹车片";呼吁巴西进步力量团结起来站在反对资本主义和帝国主义的前沿,共同维护工人的工资、教育、健康和住房权益;强调该党优先考虑参加工会、大众运动,以及在工作、住房及学习等场所开展的活动。② 另一方面,逐步突破阶级阶层界限,将包括中产阶级在内的劳动人民都作为工作对象,谋求进一步扩大对中产阶级的工作,以建立更为广泛的统一战线。如美国部分进步力量公开称,"就后工业时代而言,对平等主义政治起决定性作用的是左翼积极的中产阶级政策","我们的任务是说服中产阶级——或者说是中产阶级的大部分人"。③ 比利时工人党指出,自2008年党代会之后,该党在坚持马克思主义基本原理的同时,也提出要努力真正成为一个全体劳动人民的党,并为此采取灵活策略,加强沟通和组织工作。④

(三) 不少认同兼顾国内统一战线领导权的原则性和灵活性,力争平衡实现短期和长期目标

与冷战中后期相比,当前一些资本主义国家共产党对构建国内统一战线的态度出现不少变化,对"先锋队""领导党"等提法相对较少提及,而更看重本国政治现实,谋求通过建设广泛左翼联盟增强政

---

① "Communist Party of France Plans to Build Broad Left Coalition", https://www.peoplesworld.org/article/communist-party-of-france-plans-to-build-broad-left-coalition/.

② "Brazilian Communists Call Workers to 'Fight for Popular Power' against the Forces of Reaction", https://morningstaronline.co.uk/article/w/brazilian-communists-call-workers-fight-popular-power-against-forces-reaction.

③ "The Left Must Appeal to a Middle Class Squeezed by Capitalism", https://jacobinmag.com/2021/03/middle-class-decline-capitalism-1-percent.

④ "Winning Elections, Advancing the Struggle-contribution of the Workers' Party of Belgium to the 100th Anniversary of the Founding of the Communist International-The Fight for Peace and Socialism Continues!", https://www.solidnet.org/article/21-IMCWP-Contribution-of-WP-of-Belgium/.

治斗争能力。尤其是部分资本主义国家共产党鉴于国内政治形势及自身影响力，趋向务实，短期内不片面追求对国内统一战线的领导权，而谋求发挥独特作用。如英国共产党认为，在社会主义斗争初始阶段，需要推动工人运动持续性地左转并掌握国家政权。新的左翼政府需要以议会中的工党、社会党以及共产党的大多数为基础，同时以议会外广泛的群众运动作为支持。① 但是也有不少社会主义理论家和学者认为，共产党需要坚持对国内统一战线的领导权，强调工人阶级政党必须掌握革命和斗争的领导权，否则就不可能有真正的革命斗争。如知名左翼理论家泰勒·詹姆斯认为，在非革命情况下，有组织的革命者占少数，这只能通过与其他可能尚未建立变革目标的人一起来实现。统一战线的显著特点是，革命者必须与改革派合作，以实现当前的目标，但不应处于被动的二等公民地位并放弃所有领导权。革命者只有在团结一致并开展行动时，才能实现具体的目标。② 当然，暂不强调领导权并不表明上述共产党甘当配角或放弃了社会主义目标，争取参与执政仍是很多共产党的现实诉求。如日本共产党在 2016 年 7 月第 24 届国会参议院选举前夕，联合民进党、社民党、生活党等在野党最终就建立选举国内统一战线、共同推荐候选人达成共识，日本共产党还特别强调"野党共斗"（在野党共同斗争）的重要性。四方一致同意，选举结束后，各方将在国会等其他领域协同斗争。这标志着日本共产党推进的国内统一战线进入了稳定与发展时期。③ 近年来，日本共产党进一步要求党员积极参与和领导不断变化的国民运动、社会运动、新的社会阶层运动；着力推进国内统一战线建设，扩大与市民和在野党的交流对话，努力推动建立在野党联合政府，进而为实现党的奋斗目

---

① 赵婷、丁广昊：《英国共产党的理论革新与发展态势》，载《当代世界社会主义问题》，2020 年第 4 期，第 90—101 页。
② "What Do We Mean by a United Front", https://socialistworker.org/2017/03/02/what-do-we-mean-by-a-united-front.
③ 曹天禄：《日本共产党国内统一战线：历史·机遇·挑战》，载《马克思主义研究》，2019 年第 9 期，第 119—127 页。

标而努力。

（四）不少认同加强统一战线理论与实践的交流互鉴，促进共同发展和进步

资本主义国家共产党大多参与选举竞争和议会斗争，重视就重大理论与实践问题进行交流对话，国内统一战线无疑是其中的一个重要议题。就地区层面而言，欧洲、亚洲和拉美等地区共产党分别形成各自的地区共产党交流机制，开展经常性交流对话。在国际层面，共产党和工人党国际会议也为各国共产党交流和研判形势、加强理论对话提供了重要平台，促进了共产党、工人党的相互声援与国际协作。在此过程中，一些资本主义国家共产党还重视利用各种双多边平台同中国共产党等社会主义国家执政党进行交流合作，探讨国内统一战线建设之道。如1998年，尼泊尔共产主义运动领导人普拉昌达指出，"通过反思革命战争发展的普遍原则——马克思主义、列宁主义和毛泽东主义，以及尼泊尔革命的具体实践，尼泊尔共产党（毛主义中心）已认识到敌人使用武力反对人民战争的可能性"，"民主革命的成功显然离不开无产阶级领导的反封建反帝且包含不同阶级、阶层的广泛革命统一战线。上述革命统一战线的基础显然是而且应该是工农团结，但是革命统一战线的构建和发展取决于不同国家的具体国情"。[1] 2008年国际金融危机爆发以来，资本主义国家共产党围绕构建国内统一战线的地区和国际对话更为积极，深化了各自斗争经验交流，提升了各自政治斗争能力。

第三节　资本主义国家共产党国内统一战线的实践新探索

尽管政治实力、国内影响力和阶段性目标不同，但资本主义国家

---

[1] "Two Momentous Years of Revolutionary Transformation", http://www.bannedthought.net/International/RIM/AWTW/1998-24/nepal_Prachanda24Eng.htm.

共产党构建国内统一战线的意图大体一致，即团结尽可能多的政治力量，争取尽可能多的社会支持，以扩大社会主义影响力，夯实本国社会主义事业基础并为未来的斗争做好政治准备。在实践中，资本主义国家共产党大多重视体现特色、维护人民利益，以及促进党的发展，形成一些相近或相似的特点。

（一）借力结构性政党联盟，推进党的自身发展

资本主义国家共产党参加的结构性政党联盟基本系左翼政党联盟，其在相关国家具有重要的政治地位和影响力，乃至可以左右政局走向。共产党作为政党联盟重要成员，往往提供重要的思想、价值支持并输送重要人才资源。在新的历史时期，一些资本主义国家共产党对结构性政党联盟的认知和借力出现新的变化。如1989年，南非共产党与非国大及南非工会大会结成政治联盟（简称"三方联盟"）。1994年，三方联盟以非国大名义参加首次不分种族大选并赢得胜利。南非共产党认为，在三方联盟中该党虽然不是领导者，但是可以作为先锋力量，提供思想支持和参与国家治理。近年来，南非共产党强调，当前应巩固联盟，团结国内进步力量，打击帝国主义和垄断资本主义的联合进攻，推动民族民主革命第二阶段的深入发展。为此，南非共产党根据形势发展变化，推动成立更广泛的爱国阵线尤其是建立和巩固左翼群众阵线。在左翼群众阵线建立过程中，突出左翼群众阵线具有一定的独立性，而不是三方联盟的自然附属。2017年，南非共产党发布《南非共产党比任何时候都需要承担民族民主革命的领导责任》文件，强调非国大虽然对民族解放运动作出重要贡献，但不能将民族民主革命等同于非国大，非国大并非一劳永逸占据革命的领导权。同时基于三方联盟内部出现的问题，2021年3月南非共产党与南非工会大会发表联合声明，指出"南非共产党和南非工会大会重申对重组三方联盟的承诺，认为如果不能很好地进行重组，就不能有效应对接下来的地方

选举"。① 自 1971 年来，乌拉圭共产党就参加本国左翼政党联盟——广泛阵线，虽始终不占主导地位，但仍积极开展活动并不断体现存在和扩大影响。在广泛阵线近年来丧失执政地位后，乌拉圭共产党借助联盟力量和影响，持续发展壮大自己。如在 2020 年 9 月举行的乌拉圭地方选举中，广泛阵线成员、共产党人卡罗琳娜·科塞当选首都蒙得维的亚市市长。②

（二）把握时机，持续发展较为松散的政治联盟

鉴于一些资本主义国家政党力量的此消彼长快速演进及政党斗争日益复杂尖锐，不少共产党根据形势发展需要，灵活地推进建设国内统一战线。这种政治联盟往往表现为短期的松散政党联盟或选举联盟。如 21 世纪以来，印度主要共产主义力量在遭遇挫折后，探索加强选举联盟建设。在 2020 年年底比哈尔邦议会选举中，印度共产党、印度共产党（马克思主义）、印度革命社会党（马列主义）与全国人民党组成的选举联盟获得邦议会 29 席中的 16 席，其中印度革命社会党（马列主义）获得 12 席。2008 年，法国共产党选择同左翼党等左派小党组成选举联盟——左翼阵线并支持梅朗雄参选总统。同时为遏制法国右翼和极右翼的进攻，法国共产党也开始寻求与社会党等实施有限的合作。如在 2020 年 3 月法国第二大城市马赛市政选举中，共产党、不屈法国、社会党等携手合作，提出"马赛之春"的口号并共同推选唯一候选人，谋求实现左翼在马赛的执政。③ 智利共产党曾派人在社会党领导人米歇尔·巴切莱特领导的第二届政府中任职，但是该党认为没有在推动左翼政府变革方面作出更多的努力。为应对 2021 年制宪会议

---

① "SACP and COSATU Bilateral Statement", https://www.polity.org.za/article/sacp-and-cosatu-bilateral-statement-2021-03-16.

② 徐世澄：《拉美政党政治新变化与左翼政党的政策调整》，载《当代世界》，2020 年第 11 期，第 65—70 页。

③ "In Marseille, the French Left is Finally Uniting", https://www.jacobinmag.com/2019/12/marseille-spring-printemps-marseillais-france-election.

及总统选举，智利共产党与多个反新自由主义政党组成名为"我赞同尊严"的左翼竞选联盟。左翼竞选联盟赢得制宪会议和总统大选等两场选举胜利，联盟总统候选人博里奇还当选智利新一届总统。对于新政府，智利共产党认为其核心关注，"不仅仅是获得政府职位，更为重要的是推动国家变革。作为政治联盟的成员，该党不仅需要加强同左翼内部的沟通和协调，还要积极发动捍卫政府、支持变革的公民和社会力量"。① 对于联盟合作伙伴，一些国家共产党还坚持立场，认为该批评的要批评，该斗争的要斗争，而不能无原则妥协。如尽管委内瑞拉共产党加入执政党统一社会主义党组建的大左翼联盟，但是基于形势发展需要也牵头于2020年8月以本党为主组建革命左翼的"大众革命替代"，谋求为委内瑞拉社会大众提供新的左翼替代，并持续揭批委内瑞拉资本主义危机，以及政府政策的亲资产阶级性质。近期，委内瑞拉政府对"大众革命替代"的攻击有所升级，尤其是"马杜罗总统和国民议会议长豪尔赫·罗德里格斯予以严厉批评，乃至声称后者与美帝国主义勾结，破坏国家和平发展与稳定"。②

（三）通过提供议会外支持，与执政党、执政联盟结成动态的临时政治联盟

一些资本主义国家共产党为体现独立性和自身色彩，虽与资产阶级政党保持一定距离，但也不排斥在议会外对左翼或具有一定左翼色彩的执政党、执政联盟予以支持。其主要方式是在议会投票时，适当与执政党和政府加强沟通和配合，帮助政府预算方案及其他重要议案顺利通过。在那些执政党或执政联盟未获议会半数以上席位的国家，获得一定关键席位的在野共产党无疑可以发挥重要的政治平衡作用。如2008年国际金融危机爆发以来，葡萄牙共产党把握资本主义危机带

---

① "What Role for the Left in Boric's Chile?", http://www.peoplesworld.org/article/what-role-for-the-left-in-borics-Chile/.

② "Maduro Accuses Left and Communist Party of Being Agents of Imperialism", https://venezuelanalysis.com/analysis/15124.

来的机遇,切实加强国内统一战线建设。在2012年党的十九大上,葡萄牙共产党强调用四月革命的价值观和精神来塑造葡萄牙并提出爱国的左翼替代主张,以争取工人、农民和中小企业的支持。同时,葡萄牙共产党尽管对社会民主主义的危害有着深刻的认识,但是出于抵制新自由主义及为工人和农民争取利益的需要,与左翼集团一道在议会外选择性支持社会党执政。当然,一旦社会党政策危及基层民众利益,共产党就可能收回对其的政治支持。捷克和摩拉维亚共产党近年来通过在议会外支持ANO2011领导的少数派政府,两次协助政府安然渡过反对党推动的议会不信任投票,进而争取政府在国有企业改革等方面作出让步。

(四)在反抗外来侵略和干涉中,支持政府构建临时的爱国统一战线

这种情况在受西方干涉较多的发展中国家较为普遍。上述国家在野共产党对本国政府经济社会等政策往往颇有微词,但是在反对外来干涉方面大多选择给予政府一定道义支持和声援,以展现共产党的爱国主义和民族情怀,以及对国家主权、安全和发展等利益的维护。如伊拉克共产党对本国政府镇压民众围绕民生问题发起的抗议予以强烈指责,但也配合政府反对外部力量袭击本国领土或制造军事冲突。亚美尼亚共产党对阿塞拜疆2020年入侵本国予以坚决反对,"呼吁世界各地的共产党与我们一道,要求结束战争并通过基于《联合国宪章》的对话和外交活动以及对民族自决权的尊重来解决亚美尼亚与阿塞拜疆之间所有悬而未决的争端"。[1]

综合以上情况来看,一些资本主义国家共产党往往不拘泥国内统一战线的路径,而根据形势需要多策并举,以保持国内统一战线建设

---

[1] "Armenian Communists Support Peace and Calls for an Unconditional Ceasefire", http://challenge-magazine.org/2020/11/05/armenian-communists-support-peace-and-calls-for-an-unconditional-ceasefire/.

的灵活性和实效性。

第四节　对新形势下资本主义国家共产党国内统一战线的评估和展望

对多数资本主义国家共产党而言，国内统一战线既是战略也是策略，既是当前需要也是长远需求。在百年变局叠加世纪疫情的复杂国际背景下，资本主义国家共产党加强国内统一战线建设的意义重大，并产生一定的积极影响。

（一）展示一些资本主义国家共产党的理念创新和思想力量

随着社会结构、政治生态的变化以及资本主义危机的持续发酵，资本主义国家的发展理念之争日益显化，各种社会政治思想激烈交锋。从思想理念和政策诉求来看，一些资本主义国家共产党的左翼替代方案往往体现较高的时代性，展现了高度的正义性和公平性，而这正是其他一些政治力量的主张所缺乏的。但是这种思想政策的超前性和激进性，还需要进行广泛的传播和推广，以争取更大的思想认同和政治支持。为此，一些资本主义国家共产党积极开展舆论宣传、思想教育、理论沟通等工作，并将上述努力融入到国内统一战线构建工作中去，进而形成更大的思想传播力和影响力。上述思想工作的对象既包括一般的社会大众，也包括志同道合的左翼政党、社会运动和民间团体等，还涵盖其他可能存有一定共识基础的潜在政治力量。从实践效果来看，持续不断的思想创新及其宣传影响，一定程度上为加强左翼力量的团结，以及组建更大范围的国内统一战线奠定了更为有利的思想基础。

（二）彰显一些资本主义国家共产党的政治合作文化

以往部分资本主义国家共产党被认为相对"保守"，对其他各类政治力量多持批判和攻击态度，还进行了不同程度的政治斗争。这为一些资本主义国家资产阶级政党非议和排挤共产党提供了"说辞",也引发了一些资本主义国家选民的疑虑。上述情况持续推动资本主义国家共产党的反思,促使一些国家共产党努力把握形势,在保持一定批判性的同时,也努力显示更多的沟通和对话姿态,以争取更多的社会政治力量参与到反对新自由主义,以及针对资产阶级政府的斗争中去。一方面,部分资本主义国家共产党加强与在野党、社会运动及民间团体等的沟通与对话,联合开展议会斗争或街头斗争,以反制右翼或极端主义政府政策,乃至促进实现政权的更替;另一方面,部分资本主义国家共产党利用相对有利的政治形势,通过与即将执政或正在执政的左翼政府进行沟通和对话并提供有条件的支持,进而展现负责任的政党形象。这表明不少资本主义国家共产党走向了更大程度地开放和包容,意图通过进一步打破政治界限或壁垒,促进政治沟通与协作,进而更多体现共产党的新政治文化。上述政治文化的形成和强化有利于一些资本主义国家共产党在本国争取实现社会主义过程中获得更多的政治支持并积累更多的政治能量。

(三) 帮助一些资本主义国家共产党实现一定范围的选举胜利

资本主义政治体制的核心在于选举,只有取得尽可能多的选举成果才可能获得更多政治资源并拥有相应的政治竞争优势。一些资本主义国家共产党的国内统一战线理论与实践创新,其现实目标还是通过获得各类选举的胜利,进而赢得一定的政治话语权尤其是参政或执政的资格,并为自身发展谋求更为有利的政治环境。国内统一战线建设有助于一些资本主义国家共产党在提名候选人、联合宣传、争取选民支持,以及反制政治攻击等方面获得更多支持,进而实现更多的政治收益。从全球范围来看,西班牙共产党、智利共产党等部分资本主义国家共产党实现了参与联合执政或派遣党员干部担任中央政府高官;俄罗斯联邦共产党、比利时工人党、巴西共产党、乌拉圭共产党等一些资本主义国家共产党在地方议会选举中表现出色并占据一些重要城市或省份的执政权。这些不断出现的亮点不仅鼓舞了相关国家左翼力量和进步民众,而且促进了世界社会主义的新发展。

(四) 推动一些资本主义国家共产党的政策主张成功转化为国家法律或政府政策

资本主义国家共产党不缺乏思想创新和政治斗争的勇气,但是受在野地位影响,往往呈现政策批判多而政策实践少的问题。只有将政党政策转为影响民众日常生活的法律和政策,才能引起选民的更多关注和重视乃至支持。因而,多数参与联合政府或提供议会外支持的资本主义国家共产党都非常关注政府政策的制定或完善,谋求体现共产党的政策色彩。如西班牙共产党领导人、政府消费事务部部长阿尔贝托·加尔松表示,"在新冠肺炎疫情发生后,政府的反应集中在'社会盾牌'上,旨在推出保护工人阶级和社会大多数人免受疫情大流行影响的一揽子措施"。"上述反应明确侧重于社会保护,其与2010年的危机应对方式形成了鲜明的对比,这得益于我们在政府中的存在。"[①]

当然,对于国内统一战线的重要性和作用,一些资本主义国家共产党也有着相对清醒的认识:当前国内统一战线尚不足以从根本上改变资本主义国家共产党的整体处境,但是也不可或缺。因而,多数资本主义国家共产党既看重国内统一战线,但也不过分迷信和依赖国内统一战线,并重点加强自身建设,以打造更为强大的党。如美国共产党近期认为:"在特朗普总统执政期间,美国内部对人民阵线的需求没有停止,但其形式正在发生变化。在过渡期间,新的联盟正在不断出现,这不让任何人感到惊讶。围绕着特定的问题和目标,新的联盟经常会产生并消亡,可谓兴衰起伏无常。事实上,战线越广、团结的基础越广,联盟就越脆弱,一旦实现主要目标,组成联盟的各个部分就

[①] "Spain's First Communist Minister Since the 1930s: 'The Right Can't Accept a Party Like Ours in Government'", https://www.jacobinmag.com/2020/09/spain-communist-alberto-garzon-izquierda-unida-podemos.

可能分崩离析。"①

展望未来，在"资强社弱"的国际大环境短期内难以改变，以及资本主义仍具有一定韧性的情况下，资本主义国家共产党普遍处于相对不利的政治处境，对各自社会主义的探索任重道远。尤其是在国内统一战线建设理论与实践探索方面，资本主义国家共产党取得的任何新进展、新成就无疑都是十分宝贵的。这既是世界社会主义的经验，也是资本主义国家共产党可持续发展的内在需求。考虑到资本主义国家政治体制弊端日益暴露，尤其是政党碎片化日益突出、政治极化日益明显以及选举民主遭受更多质疑，资本主义国家共产党只要深刻把握世情、国情以及党情，妥善利用国内社会政治矛盾，在维护自身独立性的同时不断探索政治联合与合作，就可能实现国内统一战线建设的新发展。这种渐进的量的发展有可能为少数资本主义国家共产党实现质的发展奠定良好的政治基础。当然，受资本主义世界发展的稳定性和不确定性，以及国际反共力量干预等因素影响，部分资本主义国家共产党的国内统一战线探索可能面临一些新的内外干扰，进而面临艰难的局面。这就需要有关资本主义国家共产党科学研判形势并拿出有效的应对策略。

第五节　结语

鉴于当前资本主义多重危机持续不减，以及资本主义国家政党恶斗不断的现状，社会主义作为一种思想和价值受到越来越多的重视和推崇。尤其是部分西方国家青年对社会主义的认可有所增加，成为世界社会主义的一个亮点。根据2019年有关民调显示，"61%的美国青

---

① "The Popular Front is Dead! Long Live the Popular Front!", https://cpusa.org/article/the-popular-front-is-dead-long-live-the-popular-front/.

年（18至24岁）表示对社会主义持积极看法"。① 这在一定程度上表明社会主义思想永远年轻，社会主义影响力在全球范围内有所提升，对资本主义国家社会大众的感召力在增强。同时社会主义仍是一种可行的制度选择，社会主义的未来依然光明。但是也要看到，资本主义国家基层民众对公正、公平等具有社会主义色彩理念的追求，不等于对社会主义的自然支持，也不等于社会主义的必然高歌猛进。资本主义国家共产党对社会主义的探索仍在路上，需要把握世情、国情、党情，进一步加大道路探索力度。它们不仅要继续勇于参与社会思想领域的交锋，加大对资本主义残酷与冷漠的批判，还要把握本国实际提出更符合民意、更有竞争力的左翼替代方案，并努力通过各种方式将其上升为政治实践，进而提升共产党思想价值和政策主张的吸引力。

资本主义国家共产党对实现社会主义的路径看法不一，斗争的战略和策略也有所不同。但无疑需要根据实际情况，在推进国内统一战线建设方面与时俱进、有所创新。这既是斗争的需要也是合作的需要，体现了共产党的创新变革能力。在构建和发展国内统一战线过程中，资本主义国家共产党需要适度解放思想，既充分认识合作的必要性也把握合作的复杂性敏感性；既坚持立场的原则性又突出策略的灵活性；既突出服务当前目标也兼顾长远发展，争取有所作为。同时针对国内社会结构的持续演变，深入把握社会大众的心态变化，努力争取社会中下阶层的理解、认同和支持，不断扩大国内统一战线的社会基础。当然，我们也要看到资本主义国家共产党及其国内统一战线建设受到复杂的国内外因素的影响，不大可能会一帆风顺，理论创新与实践发展有时难以同步，其未来走向及成效需要进一步观察。

---

① 《民调：美国青年对社会主义的态度比资本主义更积极》，http://sputniknews.cn/society/201901311027527540/。

参考文献

1. 阿尔贝托·麦克里尼.非洲的民主与发展面临的挑战[M].李福胜,译.北京:中国人民大学出版社,2007.

2. 包刚升.民主崩溃的政治学[M].北京:商务印书馆,2014.

3. 伯恩斯.仅有选举政治是不够的:少数群体利益表达与政治回应[M].任国忠,译.北京:中央编译出版社,2011.

4. 布赖恩·卡普兰.理性选民的神话[M].刘艳红,译.上海:上海人民出版社,2010.

5. 陈元中.东南亚政治制度[G].桂林:广西师范大学出版社,2015.

6. 海因里希·奥古斯特.西方的困局:欧洲与美国的当下危机[M].童欣,译.北京:中信出版社,2019.

7. 李海鹏.中东多元社会中的政治与族群认同[M].北京:世界知识出版社,2020.

8. 理查德·波斯纳.资本主义民主的危机[M].李晟,译.北京:北京大学出版社,2014.

9. 森口繁治.选举制度论[M].刘光华,译.北京:中国政法大学出版社,2005.

10. 斯特凡·I 林德伯格.非洲的民主与选举[M].程迈,译.南京:译林出版社,2017.

11. 孙壮志等.中亚五国政治社会发展 30 年——走势与评估[M].北京:中国社会科学出版社,2020.

12. 威亚尔达.全球化时代的欧洲政治[M].陈玉刚,等译.北京:北京大学出版社,2010.

13. 吴雨欣.选举民主的有效性与有限性[M].北京:中国社会科学出版社,2018.

14. 徐世澄.拉丁美洲政治[M].北京:中国社会科学出版社,2006.

15. 杨翠柏.南亚政治发展与宪政研究[M].成都:巴蜀书社,2010.

16. 杨光斌.世界政治理论[M].北京:中国社会科学出版社,2021.

17. 杨倩.比较政治学视野中的民粹主义[M].北京:当代世界出版社,2020.

18. 约翰·朱迪斯.民粹主义大爆炸:经济大衰退如何改变美国和欧洲政治[M].马霖,译.北京:中信出版社,2018.

19. 约翰·海尔曼,马克·哈珀林.权力的游戏[M].钱峰,译.北京:中国华侨出版社,2012.

20. 赵心树.选举的困境——民选制度及宪政改革批判[M].增订版.成都:四川出版集团·四川人民出版社,2011.

后　记

在资本主义危机日益严峻及国际社会对资本主义民主政治反思日益深入的情况下，深入梳理研究资本主义国家选举政治的乱象及其反映出的西方民主危机，对于深刻把握世情的发展变化、人类政治文明发展进程以及坚持走中国特色社会主义发展道路有着重要的意义。

本书在谋篇布局过程中，突出整体性、区域性、国别性以及专题性，力争向读者展示21世纪以来资本主义国家选举政治的总体脉络、不同地区的差异性发展、一定范围的比较研究以及选举政治与一些重大政治议题的相互关联与相互作用。在具体写作上，兼顾历史性和现实性、差异性与一致性、理论性和实践性，平衡客观事实阐述与主观评价，努力阐释清楚资本主义国家选举政治的发展逻辑、实践矛盾、未来趋向，让读者对资本主义国家选举政治有一个较为清晰的认知。

本书是北京第二外国语学院区域国别高等研究院围绕服务"学术二外"、展现研究特色推进的系列研究成果中的一个。为提高研究的精准性和客观性，在撰写过程中广泛吸收国内外专家学者的研究成果并结合资本主义国家选举政治的新实践，还就一些热点选举事务进行了广泛求证。北京第二外国语学院区域高等研究院的很多同事及我的家人为本书的撰写提供了大量的智力、人力和精神支持。出版社的有关编辑同志也为本书的编辑、校对、印刷等工作作出了辛勤的努力。没有大家的全力支持和鼓励，本书难以很好地完成。

　　囿于著者的专业水平、认识水平及研究能力，书稿谬误之处难免，欢迎、感谢读者批评指正。

图书在版编目（CIP）数据

资本主义危机中的选举政治 / 石晓虎著. -- 北京：当代世界出版社，2024.1
ISBN 978-7-5090-1796-8

Ⅰ.①资… Ⅱ.①石… Ⅲ.①选举-研究 Ⅳ.①D034.4

中国国家版本馆CIP数据核字（2024）第000389号

书　　名：	资本主义危机中的选举政治
作　　者：	石晓虎 著
出 品 人：	吕　辉
策划编辑：	刘娟娟
责任编辑：	刘娟娟　杨啸杰
出版发行：	当代世界出版社
地　　址：	北京市地安门东大街70-9号
邮　　编：	100009
邮　　箱：	ddsjchubanshe@163.com
编务电话：	(010) 83908377
发行电话：	(010) 83908410 转806
传　　真：	(010) 83908410 转812
经　　销：	新华书店
印　　刷：	北京新华印刷有限公司
开　　本：	710毫米×1000毫米　1/16
印　　张：	15
字　　数：	202千字
版　　次：	2024年1月第1版
印　　次：	2024年1月第1次
书　　号：	ISBN 978-7-5090-1796-8
定　　价：	79.00元

法律顾问：北京市东卫律师事务所　钱汪龙律师团队　（010）65542827
版权所有，翻印必究；未经许可，不得转载。